Yanks treffen Rote
Begegnung an der Elbe

Yanks treffen Rote

Begegnung an der Elbe

Erinnerungen
amerikanischer und sowjetischer Soldaten
des zweiten Weltkrieges

Aus dem Amerikanischen von Karl Heinz Berger

Aus dem Russischen von Heinz Kübart

Militärverlag
der Deutschen Demokratischen Republik

ВСТРЕЧА НА ЭЛЬБЕ

ВОСПОМИНАНИЯ СОВЕТСКИХ И АМЕРИКАНСКИХ УЧАСТНИКОВ ВТОРОЙ МИРОВОЙ ВОЙНЫ

Издательство Агентства печати Новости
Москва, 1988

YANKS MEET REDS

Recollections of U.S. and Soviet Vets from the Linkup in World War II

Edited by
MARK SCOTT *and*
SEMYON KRASILSHCHIK

CAPRA PRESS
SANTA BARBARA
1988

Quellennachweis:
Aus dem Band «Hundert Gedichte» 1918–1950, Aufbau-Verlag Berlin, 1956, wurde mit freundlicher Genehmigung des Verlages ausgewählt:
Bertolt Brecht, „Friedenslied" (frei nach Neruda)
Als Zitate aus demselben Band wurden
die Gedichte von Bertolt Brecht verwendet:
«Rückkehr» und «An meine Landsleute»

ISBN 3-327-00986-4

1. Auflage, 1990
Originaltitel: Yanks meet Reds
© Mark Scott, Santa Barbara 1988
Eine Gemeinschaftsproduktion von Capra Press USA
und der sowjetischen Agentur „Nowosti", Moskau 1988
© der deutschen Übersetzung beim Militärverlag
der Deutschen Demokratischen Republik (VEB) – Berlin, 1990
Redaktionsschluß: Dezember 1989
Lizenz-Nr. 5
Printed in the German Democratic Republic
Satz: Druckerei Neues Deutschland
Druck und buchbinderische Weiterverarbeitung:
Druckerei des Ministeriums für Nationale Verteidigung (VEB) – Berlin-34347-9
Lektor: Waldtraut Meurer
Gesamtgestaltung: Günter Hennersdorf
Bildnachweis: Agentur Novosti: (31), Capra Press: (24), ADN-Zentralbild: (8), Erdmute u. Manfred Bräunlich: (8)
LSV: 7292
Bestellnummer: 747 361 4
00760

Dem Andenken Joseph Polowskys
(1916–1983) gewidmet –
eines jener Amerikaner,
die zusammen mit den Russen
am 25. April 1945 bei Torgau
den historischen Schwur
an der Elbe leisteten

Eine Vorbemerkung der Herausgeber

Aus den USA

Zwei Tage nach der Begegnung der amerikanischen und sowjetischen Soldaten im Herzen Deutschlands sagte Präsident Harry S. Truman in einer Radiobotschaft, die dieses historische Ereignis verkündete: «Nationen, die gemeinsam planen und Schulter an Schulter kämpfen, können angesichts solcher Hindernisse, wie sie räumliche Entfernung, verschiedene Sprachen und Verbindungsprobleme bieten..., können auch zusammen leben und arbeiten in der allgemeinen Weltorganisation für den Frieden.»

Die Veröffentlichung von «Yanks treffen Rote» ist der Beweis dafür, daß diese vor mehr als vierzig Jahren gesprochenen Worte heute noch so wahr sind, wie sie es damals waren. Der Geist der Begegnung von 1945, der «Geist der Elbe», spielte eine entscheidende Rolle beim Zustandekommen dieses Buches. Er vereinigt zahlreiche unterschiedlichste Menschen, die verschiedene Länder und Ideologien repräsentieren, Menschen aus Moskau und Monterey, Torgau und Topeka, Kolki und Kalamazoo, von der Straße Unter den Linden bis zur Michigan Avenue. Als Verbündete überwanden sie erfolgreich räumliche Entfernung und Sprachgrenzen, um uns zu erzählen, wie sie einander zum ersten Mal begegneten.

Die meisten unserer amerikanischen Beiträger betrachten sich nicht als außergewöhnliche Menschen. Zu ihnen gehören Versicherungsvertreter, ein pensionierter Arzt, ehemalige Zeitungsreporter, ein Baumeister, Schriftsteller, der Leiter eines Herrenausstattungsgeschäfts und ein Spirituosengroßhändler. Trotz der dahingegangenen Jahre erinnern sich diese Männer und Frauen lebhaft an den Tag, an dem sie zum ersten Mal «den Russen» die Hände schüttelten, als der zweite Weltkrieg seinem lange erwarteten Ende zuging und viele dauerhaften Frieden in greifbare Nähe gerückt sahen.

Diese gewöhnlichen Menschen und viele andere wie sie sind die wahren Helden und Heldinnen dieses wunderbaren Geschehens. Einige tippten ihre Geschichten in modernen Bürohäusern in hochentwickelte Computer. Andere schrieben sie am Küchentisch mit Bleistift auf Briefpapier. Einer gestand: «Ich bin nicht besonders gut im Schreiben, aber ich werde mein Bestes versuchen.» Ein anderer entschuldigte sich: «Es tut mir leid, daß meine Geschichte so lang geworden ist. Aber ich *mußte* einfach alles aufschreiben.» Wieder andere sprachen ihre Erinnerung auf Tonband.

Und was für Geschichten sie zu erzählen haben! In ihnen begegnen uns Menschen anständigster Wesensart, die durch die verschiedensten Grenzen voneinander getrennt und zuerst nicht in der Lage waren, miteinander zu verkehren. Dennoch gelang es ihnen schließlich über alle Hindernisse hinweg, Kontakt zu finden. Sind sie nicht wie die Ufer der Elbe, die trotz der zerstörten Brücken nicht voneinander zu trennen waren? Dann gibt es noch das dauernde Wechselspiel von Gegensätzen – Ost und West, Freund und Feind, Amerikaner und Sowjets, Nebel und Sonnenschein, Pferde und Jeeps, Erde und Wasser, Türme, die über die Ebenen schauen auf Sieger und Besiegte. Zu all dem die menschliche Tragödie, die in Szene gesetzt ist durch die seltsame Einheit der Extreme – Jungen als Soldaten, Frauen, die kämpfen. Unwillkürlich geraten die Geschichten oft in die Sprache alter Symbole. Krieger zu Pferde erscheinen. Schlachtenmüde Legionen ziehen durch Niemandsland. Apokalypse. Aber auch Hoffnung keimt inmitten des Frühlingsblühens. Häufig drücken einfache Worte den tiefsten Sinn gemeinsamer Menschlichkeit aus.

Keiner unserer Verfasser hat gezögert, an «Yanks treffen Rote» mitzuarbeiten. Alle antworteten mit neuentfachter Begeisterung, als sie erfuhren, daß auch Veteranen aus der Sowjetunion und Deutsche zu dem Buch beisteuern würden. Die Europäer wiederum wurden durch die Begeisterung der Amerikaner ermutigt. Ich glaube, daß diese Art von selbstloser internationaler Zusammenarbeit wirklich ein Beweis für die enormen Reserven an gutem Willen ist, der in Millionen von Menschen in der ganzen Welt lebt. Einer unserer Veteranen schrieb: «Ich hoffe, daß wir eines Tages alle nicht mehr von Russen, Amerikanern, Deutschen oder von anderen Nationalitäten sprechen werden, sondern nur von *Menschen*. Wenn diese Zeit kommt, wird der Geist der Brüderlichkeit an den Ufern der Elbe, der Wolga, des Mississippi und jedes anderen Flusses herrschen.»

MARK SCOTT
US-CHEFREDAKTEUR

Aus der UdSSR

Von den Seiten dieses Buches blicken uns die jungen Gesichter der Soldaten des Jahres fünfundvierzig an – des Jahres des Großen Sieges über den grausamsten Feind der friedliebenden Völker, den Hitlerfaschismus. Am 25. April vereinigten sich bei Torgau an der Elbe, mitten in Deutschland, die vom gleichen kämpferischen Elan erfüllten sowjetischen und amerikanischen Armeen. Dieses historische Ereignis krönte die im Verlauf des Krieges erstarkte und erfolgreich ausgebaute Kampfgemeinschaft der Staaten der Antihitlerkoalition, ihre Einigkeit und Entschlossenheit, die Kräfte des Hasses, der Vernichtung und des Bösen endgültig zu besiegen.

In Appellen hoben die Staatsoberhäupter der Antihitlerkoalition – der UdSSR, der USA und Großbritanniens – die historische Bedeutung der Begegnung hervor. In Moskau schossen dreihundertvierundzwanzig Geschütze vierundzwanzig Salven Salut.

An der Elbe fanden indessen die bewegenden, frohen Treffen der Soldaten der beiden Armeen statt. Freundschaftliches Händeschütteln, brüderliche Umarmungen – dies waren tatsächlich Sternstunden im Leben Hunderter und Tausender Soldaten der verbündeten Armeen. Obwohl Ideologien und Sprachbarrieren sie trennten, waren sie durch Gefühle der Brüderlichkeit und der Sehnsucht nach Frieden geeint.

Auch heute noch, Jahrzehnte später, können die sowjetischen und amerikanischen Veteranen die Atmosphäre der Aufrichtigkeit jener Tage nicht vergessen. Die Erinnerungen von Teilnehmern der Begegnung an der Elbe, einige von ihnen sind leider nicht mehr unter uns, wurden dem vorliegenden Buch zugrunde gelegt. Eine Reihe von Beiträgen wurde erst für diese Publikation, andere schon vor vielen Jahren geschrieben. Zu den Autoren gehören einfache Soldaten und Generale, Berufsschriftsteller und Leute, die zum erstenmal zur Feder gegriffen haben. Ihre Aufzeichnungen sind unterschiedlich, wenn sich auch manches wiederholt. Doch allen Autoren ist eins gemeinsam: Sie sind durch das Feuer des Krieges gegangen, und sie teilen ihre Erinnerungen, die sie nie losgeworden sind, aufrichtig mit. Die Jahre können unwichtige Einzelheiten aus dem Gedächtnis tilgen, die Hauptsache aber ist unauslöschlich – der damals, im April 1945, geleistete Schwur, die Freundschaft zwischen den Völkern der UdSSR und den

USA auf jede Weise zu festigen und einen neuen Krieg zu verhindern.

Dornig war der Weg der Soldaten der amerikanischen 1. Armee von der Normandie zur Elbe, noch länger und verlustreicher der Weg der Einheiten der Roten Armee von Stalingrad zur Elbe. Und die Soldaten der beiden Armeen, die sich im April 1945 als Kampfgefährten begegneten, blieben auch in den friedlichen Tagen treue Freunde. Ihr Lebensziel wurde der Kampf für das wertvollste Gut der Menschheit – den Frieden auf Erden.

General D. Eisenhower schrieb in seinem Buch «Der Kreuzzug nach Europa», der Krieg habe die Völker unserer Länder näher zusammengeführt, und es gelte, dieses hochzuschätzen und niemals zu vergessen ... Leider haben sich aus verschiedenen Gründen, objektiven und subjektiven, die sowjetisch-amerikanischen Beziehungen nach dem zweiten Weltkrieg oft verschlechtert. Aber selbst in den schwierigsten Zeiten des kalten Krieges blieben die sowjetischen und amerikanischen Veteranen der Begegnung an der Elbe ihrer Freundschaft und ihrem Schwur treu, den sie 1945 an der Elbe leisteten und 1985 dort wiederholten: «Zum Gedenken an die auf den Schlachtfeldern Gefallenen und an die inzwischen Verstorbenen sowie im Namen ihrer Nachkommen, dem Krieg den Weg zu versperren!»

SEMJON KRASSILSCHTSCHIK
UdSSR-CHEFREDAKTEUR

Teil I

Von der Normandie zur Elbe

Einleitung

«Das ist er, Junge, DER TAG von Newburyport bis nach Wladiwostok!» So dröhnte die jubelnde Stimme eines amerikanischen GI am Abend des 8. Mai 1945 über die Station von CBS. Es war DER TAG – Victory Day in Europa. Das «Tausendjährige Reich» zerschmettert. Hitler tot. Deutschland in Trümmern. Der Kleine Mann hatte über den Übermenschen triumphiert.

Doch die ersten Feiern des Siegestags fanden nicht in Washington, London oder Paris statt. Sie waren nicht von Präsidenten, Premierministern oder Generalen bevölkert. Sie brachen von selbst los, im späten April in kleinen abgelegenen Gemeinden an dem deutschen Fluß Elbe. Die Feiernden – ganz gewöhnliche Leute – waren amerikanische GIs und Soldaten der Roten Armee.

Sie waren damals Freunde. Sie sind heute Freunde. Das ist ihre Geschichte. Sie waren von den entgegengesetzten Enden der Welt aufgebrochen, um sich im Herzen Nazi-Deutschlands zu vereinigen. Ihr Zusammentreffen im Frühjahr 1945 zerschnitt das Dritte Reich in zwei Hälften und beendete dadurch erfolgreich den zweiten Weltkrieg in Europa. Das wußten sie, und das feierten sie an IHREM TAG, mehr als eine Woche vor dem Jubel des Rests der Welt.

Endlich Frieden! Keiner feuert mehr von Westen, dachte Alexander Olschanski an diesem Tag in Strehla, und niemand feuert mehr von Osten – niemand. Bill Robertson erinnert sich, was er dachte, als er auf sowjetische Truppen in Torgau traf: Wir alle werden die nächste Stunde erleben, den nächsten Tag.

Was für bemerkenswerte Tage das waren, als Yanks mit Roten zusammentrafen! Tage voller überschäumender Fröhlichkeit, die das Ende des zerstörerischsten Krieges der Geschichte anzeigten. Von Westen her hatten die alliierten Armeen den Kanal mit einer mächtigen Armada überquert und ihr Blut an den Küsten der Normandie im Kampf mit der Nazi-Phalanx vergossen. Zu Land und in der Luft kämpften sie sich den Weg frei in die Heimat der Faschisten. Von Osten her riß die Rote Armee, wie Churchill sagte, «der deutschen Militärmaschine die Därme heraus». Sowjetische Kämpfer, gemeinsam mit sowjetischen Kämpferinnen, bahnten sich heldenhaft den

Weg vom bedrängten Moskau, dem verhungernden Leningrad und dem schneebedeckten Friedhof Stalingrad. Einige von ihnen, wie der Sergeant Alexander Olschanski, legten die ganze Strecke zu Fuß zurück, bis sie auf ihre amerikanischen Waffengefährten trafen.

Olschanski gehörte zu den ersten sowjetischen Soldaten, die am 25. April 1945 mit einer amerikanischen Patrouille in Berührung kamen. Sie wurde angeführt von Lieutenant Buck Kotzebue. Zu ihr gehörte auch ein Dolmetscher, der Soldat Joe Polowsky. Das Treffen der beiden Seiten geschah am Ostufer der Elbe, inmitten verkohlter Leichen deutscher Flüchtlinge. Tiefbewegt angesichts dieser toten Zivilisten, legten die amerikanischen und sowjetischen Soldaten den «Schwur an der Elbe» ab, in dem sie einander versprachen, alles in ihren Kräften Stehende zu tun, um einen künftigen Weltkrieg zu verhindern. Am selben Tag fand ein anderes wichtiges Treffen statt, weit weg, in San Francisco – die Vereinten Nationen wurden geboren. Das Meeting an der Elbe und die Geburt der Vereinten Nationen erweckten überall auf der Welt in Millionen Menschen die Hoffnung auf einen dauerhaften Frieden. Wenige von denen an der Elbe oder in San Francisco sahen voraus, daß der kommende Frieden genauso gefährdet sein würde wie seit eh und je. Und niemand ahnte, daß sich beim Treffen an der Elbe die Armeen der Vereinigten Staaten und der Sowjetunion zum letzten Mal ausdrücklich als Freunde begegnen sollten.

Doch über die historische Bedeutung der Begegnung hinaus waren diese Treffen von weit höherem Interesse für den menschlichen Standpunkt. Es war der Tag des Kleinen Mannes, an dem kleine Dinge plötzlich groß wurden. Sogar Dörfer, die schwer zu finden waren auf den exaktesten Landkarten von Deutschland, gewannen internationale Bedeutung, Orte wie Clanzschwitz, Leckwitz und Zausswitz. Auch wird man in den meisten Geschichtswerken die Namen der Amerikaner und Sowjets nicht finden, die einander an der Elbe die Hände reichten. Man wird vergebens suchen nach Joe Polowsky, Grigori Goloborodko, Bill Shank, Nikolai Andrejew, Cecil Ellzey, dem Piloten Titow, nach Ann Stringer, Alexander Silwaschko, George Peck, Ben Casmere und Poochie.

Am «Tag an der Elbe» begegneten einander, weit entfernt von den Zentren der Macht, Menschen im Überschwang reinen Gefühls. Das Herz herrschte über den Kopf, als amerikanische Soldaten auf der Suche nach «den Russen» sich ziemlich selbstherrlich über die Befehle hinwegsetzten, die Patrouille nicht über eine Grenze von fünf Meilen hinauszuführen. Es war ein Tag ohne Zorn, ohne Haß – ein Tag der Liebe. «Nie im Leben habe ich so viele Männer geküßt», erinnerte sich Ben Casmere. Bill Robertson bezeichnete die Atmosphäre des Zusammentreffens mit sowjetischen Truppen als «einmalig in der Welt». Und Art Long bewahrte diesen Eindruck so: «Wir standen auf *einer* Seite. Jeder war Freund.»

Es war ein Tag, an dem aus der militärischen Ordnung eine große Party wurde. «Wir tranken. Und es gab Akkordeons und Balalaikas, Musik und Tanz», erinnerte sich Joe Polowsky. «Die Russen spielten amerikanische Lieder. Ein paar von den Burschen konnten Gitarre spielen. Einige aus den Lagern der Zwangsarbeiter waren da. Russische Mädchen tanzten. Ein seltsamer Anblick. Ich war von dem Ereignis so sehr gefangengenommen, daß es für den Rest des Lebens Besitz von mir ergriff.» In seinem Artikel über das Fest vom 26. April schrieb der Kriegsberichterstatter Andy Rooney: «Die russischen Soldaten sind die sorglosesten Spinner, die sich je zu einer Armee zusammengefunden haben. Man könnte sagen, sie sind wie die Amerikaner, nur doppelt so verrückt ...» Wenn man die sowjetischen Soldaten an der Elbe fragte, wie sie mit den GIs auskämen, erhielt man oft die Antwort: «Die Amerikaner stehen mit beiden Füßen auf der Erde und haben Spaß an einem anständigen Schluck.»

Ja, das war DER TAG, Junge, an dem Gegensätze für den Augenblick aufgehoben waren. Im «Geist der Elbe» – dem Geist makelloser Brüderlichkeit – trafen sich Ost und West, Kommunisten und Kapitalisten, Gläubige und Ungläubige, Männer und Frauen. Der sowjetische General Wladimir Russakow bewirtete die texanische Reporterin Ann Stringer, die fast wie im Märchen «vom Himmel herabgeschwebt» war. Albert Hornyak, ein Veteran aus Cleveland, erinnerte sich lebhaft: «Ich tanzte mit einem russischen Mädchen, das eine Maschinenpistole über der Schulter trug.»

Was nun bedeutet das für die jüngeren Generationen, lange nachdem amerikanische und russische Truppen sich im faschistischen Deutschland getroffen haben? In einer Fernsehsendung zum vierzigsten Jahrestag des Ereignisses stellte der britische Kommentator Jonathan Dimbleby fest: «Was hier geschah, hat einmal die Welt in Freude gestürzt. Nun ist es wie ein weit zurückliegendes Märchen. Aber hier, an der Elbe, fällt es schwer, über diese Geschichte hinwegzugehen.»

Joe Polowsky, der Taxifahrer aus Chicago, konnte nicht darüber hinweggehen. Jahre nach dem Krieg stand er an jedem 25. April an der Michigan-Avenue-Brücke und forderte jeden Passanten auf, gemeinsam mit ihm den «Schwur an der Elbe» zu erneuern. «Wenn ich hier stehe», sagte er, «gebe ich eine Erklärung ab: ‹Stoppt die nukleare Bedrohung!› Wenn ein Vorüberkommender fragt, wer ich bin, erzähle ich ihm von der Begegnung an der Elbe.» In diesem «Geist der Elbe» versuchte Joe vergebens, von den Vereinten Nationen den 25. April als «Tag an der Elbe», einen internationalen Tag des Friedens, offiziell proklamieren zu lassen. 1983 starb er an Krebs und wurde, seinem Wunsch entsprechend, in Torgau beigesetzt.

Wenn sie auch durch Zeit, Raum, Sprache und Ideologie voneinander getrennt sind, so glauben doch die Männer und Frauen, die sich vor mehr als vierzig Jahren in einem verwüsteten Deutschland trafen, noch immer, daß Frieden und Versöhnung der Menschheit möglich sind, besonders heute. «Wir sind davon überzeugt», sagte Generalmajor Alexander Olschanski im Jahre 1985, «daß der ‹Geist der Elbe› lebendig ist. Der Geist unseres militärischen Bündnisses als Alliierte hat die Zeit überdauert. Wir sind davon überzeugt, daß wir in Frieden leben können, weil es lebenswichtig ist.» Und Lieutenant Colonel Buck Kotzebue fügte hinzu: «Ich glaube, es gibt wirklich etwas, das Soldaten gemeinsam ist, nämlich die Erfahrung, was Krieg bedeutet, und die Tatsache, daß es nie wieder Kriege gäbe, wenn ihnen die Entscheidung überlassen würde.»

Das war DER TAG, Junge, an dem unmögliche Träume wahr wurden, an dem der Frieden stärker war als der Krieg, das Leben stärker als der Tod, die Liebe stärker als der Haß. Der Tag des Kleinen Mannes – Jedermanns Tag. Davon handelt dieses Buch. Das Unmögliche scheint nach allem nicht unmöglich zu sein.

MARK SCOTT
US-CHEFREDAKTEUR

Joe Polowsky

Wir schworen, nie zu vergessen

Ich war einfacher Schütze im dritten Zug der G-Kompanie, 273. Infanterieregiment, 69. Division, 1. Armee. Nach vielen Kämpfen lagen wir nun in einem ruhigen Gebiet an der Mulde, einem Nebenfluß der Elbe. Nahe einer Stadt mit Namen Trebsen, fünfundzwanzig Meilen westlich der Elbe.

24. April 1945. Ich wurde in den Kompaniestab befohlen. Dort prüfte man Dokumente von Deutschen – Verdächtigen, früheren Nazis und Leuten, die einen Posten wollten. Ich war der einzige Mann in der Kompanie, der gute Deutschkenntnisse besaß.

Vom Bataillonsstab kam ein Anruf. Sie befahlen, sofort eine Patrouille zusammenzustellen – sieben Jeeps, achtundzwanzig Männer –, die ungefähr fünf Meilen über die Front hinausstoßen und erkunden sollte, ob es Anzeichen dafür gibt, daß die Russen da sind. Sie wurden irgendwo zwanzig bis dreißig Meilen vor uns vermutet. Es war eigentlich nicht vorgesehen, uns mit den Russen zu treffen. Wenn wir auf sie stoßen sollten und es käme aus Mißverständnis zu irgendeinem unliebsamen Zwischenfall, hätten wir die Konsequenzen selbst zu tragen. In Eisenhowers Hauptquartier saßen sie über detaillierten Plänen für ein Zusammentreffen mit den Russen. Wir waren nur auf Patrouille. Man hatte uns gesagt, beim Überschreiten der festgesetzten fünf Meilen würden wir auf unser eigenes Risiko operieren. Ginge etwas schief, wären wir anstatt Helden möglicherweise Angeklagte vorm Kriegsgericht.

Man befürchtete, daß es zu Zwischenfällen kommen könnte, wenn die beiden Armeen in vollem Schwung einander begegneten. Wenn zwei Armeen, auch befreundete Armeen, mit Karacho aufeinanderstoßen, gibt es immer ein paar Verwundete. So hatten Eisenhower und

Joe Polowsky (stehend) mit sowjetischen Soldaten bei Kreinitz, 25. April 1945

Shukow entschieden, die beiden Armeen sollten in einer Entfernung von fünfundzwanzig Meilen voneinander haltmachen. Deshalb blieben wir an der Mulde stehen und sie an der Elbe.

Der beste Zugführer in unserer Kompanie war nach allgemeiner Ansicht Lieutenant Kotzebue. Er war besonnen, jung – ungefähr fünfundzwanzig Jahre alt. Ich war sechsundzwanzig. Schnell brachte er die Jeeps und die Männer zusammen. Er nahm eine Karte von der Gegend. Ich saß mit ihm im ersten Wagen, weil ich deutsch sprach. Man warnte uns; Züge aus anderen Kompanien waren in diesem Gebiet von den Deutschen bös zusammengeschossen worden.

Wir befanden uns siebzig Meilen entfernt von Berlin, wo die Schlacht um die Stadt entbrannt war. Jeder verfügbare deutsche Soldat war eingesetzt, um Berlin zu verteidigen. Dennoch trafen wir auf viele Deserteure. Ein beständiger Strom, und einige von ihnen trugen tatsächlich Frauenkleider. Die große Masse aber bestand aus deutschen Zivilisten, die westwärts flohen. Sie versperrten unaufhörlich die Landstraßen. Meistens Frauen, Kinder und alte Männer.

Um einen Begriff davon zu vermitteln, wie langsam wir vorankamen: Wir brachten gerade ungefähr sieben Meilen hinter uns und waren um die Mittagszeit herum aufgebrochen. In einer kleinen Stadt namens Kühren hielten wir an. Kotzebue studierte den ganzen Abend über die Karte. Wir befragten jeden, ob er eine Vorstellung davon hätte, wo die Russen standen.

Als wir für die Nacht rasteten, hatten wir erst ein Drittel des Weges zurückgelegt. Bei Tagesanbruch entschied Kotzebue: Wir stoßen weiter vor. Das löste tollen Jubel aus. Wir sprangen alle in die Jeeps und fuhren los. Wir wußten nicht, was uns bevorstand. Gegen Mittag sahen wir einen langen Zug von befreiten Häftlingen aus Konzentrationslagern, von Zwangsarbeitern und alliierten Kriegsgefangenen.

Es war kaum zu glauben. Als wir uns dem Elbufer näherten, kam mit Macht der Flieder zum Blühen. Diese ungeheure Erregung, wieder zu leben, nach all den Tagen, da wir in der Falle der Stellungskämpfe gesessen hatten! Man hörte sogar scherzen, es ginge zum Jordan und dann hinein nach Kanaan. Natürlich waren wir traurig gewesen, als wir vor zwei Wochen erfahren hatten, daß Präsident Roosevelt gestorben war. Wir wußten auch, daß an diesem Tag, am 25. April, in San Francisco die Vereinten Nationen gegründet wurden. Könnt ihr euch das vorstellen? Genau an dem Tag, an dem wir mit den Russen an der Elbe zusammentrafen.

Es war ein großartiges Gefühl, die Elbe zu sehen. Es war ungefähr 11.30 Uhr vormittags[1]. Die Elbe ist ein schnellfließender Strom, so um hundertfünfundsiebzig Yards breit. Kotzebue schoß zwei grüne Leuchtraketen in die Luft. Nach etwa zehn Minuten war es soweit, unsere Stimmen, vom Westwind getragen, wurden am jenseitigen Ufer gehört. Die Russen winkten und gaben uns zu verstehen, wir sollten uns ihren Linien nähern. Das Problem war, wie über den Fluß kommen? Die Deutschen waren geflohen, die alliierten Luftstreitkräfte hatten Bomben entlang den Brücken abgeworfen, die russische Artillerie hatte die Brücken zusammengeschossen – es gab keine Möglichkeit, ans andere Ufer zu gelangen.

Wir befanden uns bei Strehla, ungefähr sechzehn Meilen südlich von Torgau. Auf der anderen, der russischen, Elbseite ragten die Reste einer Stahlbrücke vielleicht fünfzig Yards weit in den Strom hinein. Auf unserer Seite lagen ein Lastkahn und zwei Segelboote, durch eine schwere Kette gesichert. Kotzebue sprengte die Kette mit einer Handgranate. Sechs von uns sprangen in eins der Segelboote[2]. In ihm lagen Notpaddel. Mit ungeheurer Anstrengung gelang es uns, das Boot an die Träger zu lenken, die in den Strom hineinragten. Als wir hinaufkletterten, kamen drei russische Soldaten zum Ufer. Warum nur drei? Auf der Landstraße vor uns sahen wir viele Russen.

Fünfzig Yards nach rechts und links war das Gelände mit Leichen buchstäblich bedeckt – Frauen, alte Männer, Kinder. Ich erinnere mich noch heute an ein kleines Mädchen, das mit einer Hand eine Puppe umklammert hielt – gerade vor mir. Es kann nicht älter als fünf, sechs Jahre gewesen sein. Und mit der anderen Hand klammerte es sich an seine Mutter. Die Toten lagen aufgestapelt wie Klafterholz am Ufer.

Was war geschehen? Wer konnte das wissen? Die Brücke war vor wenigstens drei Tagen zerstört worden. Teils durch deutsche Geschosse, vielleicht hatten auch alliierte Flugzeuge den Brückenkopf bombardiert, und wahrscheinlich hatte die russische Artillerie aus meilenweiter Entfernung gefeuert. Es war tiefliegendes Gebiet und

---

[1] Die von Kotzebue geführte Patrouille stieß auf einen einzelnen sowjetischen Reiter, Aitkalia Alibekow, ungefähr um 11.30 Uhr in Leckwitz. Die Patrouille erreichte gegen Mittag die Elbe.

---

[2] Sieben Männer stiegen in das Segelboot: Kotzebue, Polowsky, Ruff, Wheeler, Hamlin, Kowalski und ein vor kurzem befreiter polnischer Zwangsarbeiter.

nicht einzusehen. Es war ein Unfall. Es gab so viele Unfälle in diesem Krieg.

Für die Russen war es schwierig, zu uns zu gelangen, wegen der umherliegenden Leichen. Da waren wir nun, furchtbar aufgekratzt inmitten eines Meers von Toten. Kotzebue, ein streng religiöser Mann, war sehr bewegt. Er konnte kein Russisch. Die Russen konnten nicht englisch sprechen. Er sagte: «Joe, wir müssen mit den Russen zu einer Entschließung kommen, mit denen hier und mit denen auf der Landstraße, daß das ein wichtiger Tag im Leben unserer beiden Länder ist, im Angesicht all der toten Zivilisten. Sprich deutsch zu ihnen.» Während ich für Kotzebue ins Englische übersetzte, übersetzte ein Russe, der Deutsch konnte, für seine Kameraden. In diesem historischen Augenblick des Treffens zweier Nationen schworen alle anwesenden Soldaten feierlich – einfache Soldaten, Amerikaner und Russen –, daß sie alles in ihren Kräften Stehende tun würden, damit so etwas nie wieder auf der Welt geschehe. Wir versprachen einander, daß die Nationen der Erde in Frieden leben sollten und müßten. Das war unser «Schwur an der Elbe».

Es war ein sehr zwangloser, aber auch feierlicher Augenblick. Den meisten standen die Tränen in den Augen. Vielleicht hatten wir eine Vorahnung davon, daß in Zukunft nicht alles so vollkommen verlaufen würde, wie wir es erwarteten. Wir umarmten einander. Wir schworen uns, nie zu vergessen.

Als wir das Ufer hochgestiegen waren, stand dort Oberstleutnant Gordejew. Er begrüßte uns, und wir wiederholten den Schwur. Kotzebues Hauptaufgabe war es nun, sich sofort mit den Amerikanern in Verbindung zu setzen. Die Funkanlagen befanden sich in den Jeeps auf der anderen Seite der Elbe. «Also», sagte Gordejew, «geht zurück und kommt wieder.» Wir hatten getrunken, uns umarmt und Toasts ausgebracht. Die Russen hatten Wodka und deutschen Wein und deutsches Bier eingeschenkt. Wir waren richtiggehend betrunken, aber nicht vom Alkohol. Gordejew sagte: «Es ist wichtig, daß eure Seite vom Treffen erfährt. Wenn ihr diese Aufgabe erledigt habt, klettert wieder in eure Jeeps und kommt mit der Fähre zurück. Dann werden wir weiterfeiern.» Er bestimmte einige Russen, die uns begleiten sollten.

Wieder auf unserer Seite angelangt, setzte sich Kotzebue sofort mit dem Stab in Verbindung. Er meldete, wo wir bei Strehla waren. Doch es gab eine Unterbrechung wie so oft. Nachrichtenverbindungen in der Schlacht funktionieren selten perfekt. Eine Stunde verging. Wir warteten ungeduldig. Kotzebue wollte einen verläßlichen Kontakt zu den amerikanischen Truppen herstellen und erfahren, ob er die Russen zu den amerikanischen Linien bringen sollte oder ob die Amerikaner an die Elbe kommen wollten.

Nachdem die Verbindung zustande gekommen war, sprangen wir gemeinsam mit den zwei russischen Burschen[3] in die Jeeps. Wir fuhren ungefähr drei, vier Meilen nordwärts, wo eine Fähre wartete, die sich von Hand betreiben ließ. Wir setzten zu den russischen Linien über. Als wir über den Uferstreifen gingen, gab Kotzebue mir seine Karte. Er sagte: «Du hast gute Arbeit geleistet. Das ist ein kleines Geschenk für dich.» Ich habe sie als Andenken aufgehoben. Man hat mir viel Geld dafür geboten. Natürlich dachte ich nicht im Traum daran, die Karte wegzugeben. Sie ist nicht verkäuflich.

Wie wir später erfuhren, gab es im amerikanischen Stab gemischte Gefühle. Es war nicht vorgesehen, daß wir die Russen trafen. Natürlich waren sie im geheimen froh darüber, daß die Begegnung ohne Verluste abgegangen war. Sie schickten auch tatsächlich einen Hubschrauber nach Strehla; aber da standen dann nur sieben Jeeps.[4] Offensichtlich war etwas durcheinandergeraten. Inzwischen erlebten wir auf der russischen Seite ungeheure Festivitäten.

Wir tranken. Es gab Akkordeons und Balalaikas, Musik und Tanz. Die Russen spielten amerikanische Lieder. Einige von den Burschen konnten Gitarre spielen. Aus den Lagern der Zwangsarbeiter waren welche dabei. Russische Mädchen tanzten. Ein seltsamer Anblick. Ich war von dem Ereignis so gefangengenommen, daß es für den Rest des Lebens Besitz von mir ergriff. Es hat meinem Leben Farbe gegeben trotz der Schwierigkeiten, in die ich geriet – allgemeine Gleichgültigkeit.

Später erfuhren wir von der anderen Patrouille unter Lieutenant William Robertson. Er und noch drei mit einem Jeep nahmen die of-

---

[3] Vier sowjetische Offiziere setzten mit den Amerikanern über die Elbe. Diese Vierergruppe bestand aus einem Oberstleutnant der Infanterie, einem Major der Pioniere, einem Hauptmann der Artillerie und einem Kameramann.

---

[4] General Reinhardt, Kommandeur der 69. US-Division, beorderte Aufklärungsflugzeuge, nicht einen Hubschrauber, nach Groba, dem Städtchen, das irrtümlich als der Ort der Begegnung gemeldet worden war.

fizielle Verbindung mit den Russen auf. Er erreichte die sowjetischen Linien um halb fünf Uhr nachmittags, vier Stunden, nachdem wir auf die Russen getroffen waren. Ihnen wurde ein feierlicher Empfang bereitet. Dies war die einzige Patrouille, die in dem Kommuniqué Trumans, Churchills und Stalins erwähnt wurde. Robertson erreichte, daß vier Russen in seinen Jeep stiegen, und er brachte sie zu den amerikanischen Linien. Er raste nach Trebsen zurück. An die vierhundert amerikanische und alliierte Korrespondenten warteten dort heißhungrig auf Futter. Sie wußten, es lag etwas in der Luft, und hofften darauf, die Nachrichten bringen zu können, auf die die ganze Welt seit Stalingrad wartete und seit der Normandie. Das war eine bewegende und wundervolle Sache ... Aber es gab noch etwas Besonderes, den «Schwur an der Elbe». Und der war besser.

Man war auch ärgerlich, als Robertson zurückkehrte. Aber man bekam alles schnell in den Griff. Es gab faktisch eine Nachrichtensperre, weil abgewartet werden sollte, bis Truman, Churchill und Stalin ihre Erklärungen veröffentlicht hatten. Es war besser so, wie alles geschehen war. Wenn sich einfache Soldaten begegnen, so wie wir und Robertsons Leute es waren, dann ist alles ungezwungener. Armeen sollten sich überhaupt auf diese Weise treffen.

Es ist mir immer so vorgekommen, als ob die amerikanisch-russischen Beziehungen von Beginn an unter keinem glücklichen Stern gestanden haben. Wenn wir den «Schwur an der Elbe» an die Öffentlichkeit hätten bringen können, wäre ein tieferes Gefühl geweckt worden. Man denke nur an die Millionen, die auf der russischen Seite ihr Leben gelassen haben, und an die furchtbaren Anstrengungen der Amerikaner inmitten all dieser toten Frauen und Kinder und neben dem kleinen Mädchen, das die Puppe umklammert hielt.

Wenn ich an jedem 25. April an der Michigan-Avenue-Brücke stehe, gebe ich eine Erklärung ab: «Stoppt die nukleare Bedrohung!» Fragt mich ein Passant, wer ich bin, erzähle ich ihm von dem Treffen an der Elbe. Ich werde, so Gott will, am nächsten 25. April wieder an der Brücke stehen.

In Torgau gibt es ein Denkmal, mehr als zwei Stockwerke hoch. Es stellt Amerikaner und Russen dar, die einander die Hände reichen. Auf der einen Seite ist die amerikanische Fahne zu sehen, auf der anderen Seite die russische. Es steht auf einem herrlichen Stück Grünland an der Elbe. Ich bin dabei, ein alter Mann zu werden. Ich will in Torgau begraben werden.

Joseph Polowsky gab 1947 seine botanischen Studien an der Universität von Chicago auf, um, oft ohne finanzielle Unterstützung, einen Einmann-Kreuzzug gegen den kalten Krieg zu führen. Polowsky, ein entschiedener Republikaner, gründete die kleine Gesellschaft «Amerikanische Veteranen der Begegnung an der Elbe» und schrieb Tausende von Briefen an Journalisten und offizielle Persönlichkeiten, in denen er verlangte, den «Schwur an der Elbe» nicht in Vergessenheit geraten zu lassen. Unermüdlich, doch ohne Erfolg versuchte er bei den Vereinten Nationen durchzusetzen, den 25. April als «Tag der Begegnung an der Elbe», als internationalen Friedenstag, anzuerkennen.

Millionen Menschen in den Vereinigten Staaten und der Sowjetunion wurde Polowsky als der Chicagoer Taxifahrer bekannt, der jeden 25. April an der Michigan-Avenue-Brücke stand, um seinen «Schwur an der Elbe» zu erneuern und andere zu ermutigen, mit ihm gemeinsam alles zu tun, einen dritten Weltkrieg zu verhindern. Am 18. Oktober 1983 starb er an Krebs und wurde im folgenden Monat in Torgau beigesetzt. «Sein Grab», schreibt sein enger Freund LeRoy Wolins, «ist ein Schrein des Weltfriedens geworden.»

Buck Kotzebue

Wir reichten einander die Hand

Am 24. April, ungefähr um vier Uhr nachmittags, wurde ich von Captain George Caple, dem Kommandeur der G-Kompanie, angerufen. Er erteilte mir den Auftrag, mit sieben Jeeps und siebenundzwanzig Männern sofort eine Patrouillenfahrt östlich der Mulde zu unternehmen.

Ich meldete mich mit meiner Patrouille beim Bataillonsstab in Trebsen, wo Major Fred Craig, der Offizier vom Dienst, mir mitteilte, es sei meine Aufgabe, «mit den Russen Kontakt aufzunehmen». Da die an der Mulde stehenden amerikanischen Truppen Befehl hatten, nicht weiter als fünf Meilen in östlicher Richtung über die Front hinauszustoßen, wurde ich angewiesen, meine Patrouille auf der Suche nach russischen Einheiten höchstens bis Kühren zu führen. Wenn wir Berührung aufgenommen hätten, sollte ich so schnell wie möglich ein Treffen zwischen ihrem C.O.[1] und Colonel Charles Adams, dem Kommandeur des 273. Infanterieregiments, in die Wege leiten.

Wir verließen Trebsen um ungefähr halb fünf am Nachmittag und fuhren nordostwärts in Richtung Kühren. In Burkartshain entwaffneten wir fünfundsiebzig demoralisierte Deutsche und schickten sie nach Trebsen. Wir fanden dort auch ein Krankenhaus, in dem Kriegsgefangene lagen: Amerikaner, Briten, Polen, Franzosen und Soldaten aus verschiedenen anderen verbündeten Ländern. Sie waren zu schwer verwundet, um ins Hinterland transportiert werden zu können; aber ihre Begeisterung war groß, als sie unsere Uniformen sahen. Einige jubelten, andere weinten. Alle lächelten – sie waren endlich frei.

Unsere Patrouille verließ Burkartshain um halb sechs in Richtung Kühren. Wir nahmen die Stadt ein, ohne einen Schuß abgeben zu

---

[1] C. O. ist die Abkürzung für Commanding Officer (Offizier vom Dienst).

Buck Kotzebue

müssen, obwohl sie voll von deutschen Soldaten war. Keiner leistete auch nur den geringsten Widerstand. Wir trieben ungefähr dreihundertfünfzig von ihnen zusammen; annähernd die gleiche Anzahl von Verwundeten lag verteilt auf die Häuser des Orts.

Ich funkte zum Regiment, was wir vorgefunden hatten. Kurz darauf erhielt ich Anweisungen vom Stab. Wir sollten im Umkreis von fünf Meilen weiter nach Russen suchen und dabei die Gefangennahme deutscher Soldaten fortsetzen. Um diesen neuen Auftrag durchführen zu können, ließ ich die meisten Männer meiner Patrouille in der Stadt bei den Kriegsgefangenen zurück. Wir fuhren danach mit zwei Jeeps in Richtung Deutsch-Luppa. Ein Bauernhaus am Wege wurde von ungefähr fünfzehn britischen Kriegsgefangenen besetzt gehalten; sie berichteten, daß es zwischen den amerikanischen und den russischen Linien keinen deutschen Widerstand mehr gebe. Die Briten hatten gehört, daß sich Russen in Oschatz oder in Strehla, einer am Westufer der Elbe gelegenen Stadt, befänden.

Als wir nach Deutsch-Luppa kamen, paßte uns ein deutscher Zivilist auf einem Motorrad ab. Um sich bei uns einzuschmeicheln, berichtete er, ein deutscher Offizier versuche in diesem Augenblick, in einem Wagen nach Nordwesten zu fliehen. Wir lenkten unsere Jeeps nordwärts, sahen das Fahrzeug davonrasen und jagten hinterher. Die Jeeps verfolgten den Wagen in wilder Fahrt, wir schossen aus Maschinengewehren. Der Deutsche durchbrach eine Straßensperre bei einem Bahnübergang. Da ich nicht Gefahr laufen wollte, in einen Hinterhalt zu geraten, befahl ich der Patrouille, langsamer zu fahren. So konnte der Deutsche entkommen; aber letztlich war es diese Verfolgungsjagd, die unsere Rückkehr am selben Abend nach Trebsen verhinderte.

Mit höchster Geschwindigkeit ging es wieder nach Kühren, wo wir um neun Uhr abends ankamen. Das Regiment hatte inzwischen zweimal mitteilen lassen, wir sollten uns vor Einbruch der Dunkelheit in Trebsen zurückmelden. Da wir aber die Nachricht erst nach dem Dunkelwerden empfangen hatten, entschied ich mich dafür, die Nacht in Kühren zu verbringen. Die Männer der Patrouille verteilten sich auf drei Häuser, die von ihren Besitzern nicht verlassen waren.

Am nächsten Morgen, am 25. April, bereiteten uns unsere deutschen «Gastgeber» ein Frühstück aus frischen Eiern und Schinken. Um neun Uhr fuhr ich mit fünf Jeeps ostwärts; zwei Jeeps ließ ich zum Aufrechterhalten des Funkkontakts mit dem Regiment zurück.

Als ich Kühren an diesem kalten Aprilmorgen verließ, hatte ich keinen Befehl, mich weiter nach Osten zu bewegen. Zugegeben, ich legte meine Anweisung, «mit den Russen Kontakt aufzunehmen», sehr weitherzig aus. Da es zwischen Mulde und Elbe wirklich keinen Widerstand mehr zu geben schien und die Gerüchte davon sprachen, daß die Russen ganz in der Nähe seien, hielt ich es für naheliegend, die Patrouille weiterzuführen und zu versuchen, einen Kontakt herzustellen. Außerdem hegte ich ein besonderes persönliches Interesse am russischen Volk. Einer meiner Vorfahren, der Dramatiker August von Kotzebue, war ein Günstling am Hof der russischen Zarin Katharina der Großen gewesen. Ein anderer russischer Verwandter, der Navigator Otto von Kotzebue, hatte den Kotzebue-Sund an der nordwestlichen Küste von Alaska entdeckt.

Die Patrouille fuhr nordostwärts. Bei Dahlen nahmen wir einunddreißig Deutsche gefangen. Einige von diesen Männern sagten, sie wüßten eine Abkürzung nach Strehla. Ich befahl diesen «Führern», auf den Kühlerhauben unserer Jeeps Platz zu nehmen, und wir fuhren in Richtung Strehla. Wir passierten Lampertswalde, bewegten uns auf verschiedenen Landstraßen voran und erreichten den kleinen Ort Leckwitz. Auf der Hauptstraße sah ich einige hundert Yards entfernt einen einzelnen Reiter. Er verschwand in einem Hof.

Er nahm sich seltsam fehl am Platz aus. Was hatte es mit ihm auf sich?

Wir rissen die Jeeps herum und stoppten vor dem Eingang zu diesem Hof. Dort, inmitten einer zerlumpten Schar verschleppter Menschen, saß ein russischer Soldat auf einem Pferd.[2] Es war jetzt 11.30 Uhr.

Das war der erste Kontakt zwischen Angehörigen der Armeen der Vereinigten Staaten und der Sowjetunion.

Der Soldat war ein Kavallerist. Er blieb ruhig und zurückhaltend und schien gar nicht begeistert. Als ich ihn fragte, wo sein Kommandeur zu finden sei, zeigte er nach Osten. Sein Befehlsstand, erklärte er, liege weiter nach Südosten. Aber ein soeben befreiter polnischer Kriegsgefangener würde uns schneller dorthin führen können als er selbst. Der Pole übernahm die Aufgabe sehr gern.

Mit dem Polen auf der Kühlerhaube des führenden Jeeps fuhren wir mit Höchstgeschwindigkeit über die Landstraße, die nördlich von Strehla zur Elbe führt. Wir machten den Strom aus, als wir bis auf einige hundert Yards heran waren, und sofort blickten wir angestrengt über ihn hinweg. Ich sah die Überreste einer Ponton-Brücke und die Wracks einer Fahrzeugkolonne auf einer Landstraße, die parallel zum Ostufer verlief. Inmitten dieser Trümmer gingen Leute umher.

Ich gebot Halt. Alle stiegen aus den Jeeps. Durch meinen Feldstecher erkannte ich Männer in braunen Feldblusen. Ich wußte, daß es Russen waren, denn jemand hatte mir erzählt, die Russen trügen ihre

---

[2] Der einzelne Reiter war ein Soldat aus dem sowjetischen Zentralasien – Aitkalia Alibekow aus Kasachstan.

Orden während des Kampfes. Und Orden blitzten auf den braunen Blusen im Sonnenlicht. Ja, das waren Russen. Es war jetzt 12.05 Uhr.

Ich befahl dem Gefreiten Ed Ruff, zwei grüne Leuchtraketen abzuschießen – das war das Erkennungszeichen, auf das sich die amerikanische und die russische Armee vor kurzem geeinigt hatten. Die Amerikaner sollten grüne Leuchtraketen benutzen, die Russen rote. Die Leuchtraketen, von der aufgesetzten Abschußvorrichtung an der Mündung von Ruffs Karabiner gestartet, segelten über die Elbe.

Die Russen antworteten nicht mit roten Leuchtraketen. Statt dessen kamen sie alle von der Landstraße herunter auf den Fluß zu. Ich befahl Ruff, eine weitere grüne Leuchtrakete abzufeuern, und er tat es. Der Pole begann, wild und aus voller Kehle «Amerikanski!» zu schreien. Die Russen riefen uns etwas über den Fluß zu.

Die Ponton-Brücke war auf der westlichen Seite zerstört; aber vom Ostufer ragte sie noch weit in die Elbe hinein. Man konnte nur mit einem Boot an das andere Ufer gelangen. Nicht weit entfernt von dem Platz, an dem wir standen, lagen zwei Lastkähne und zwei Segelboote mit Ketten festgemacht. Weil wir sie mit den Händen nicht lösen konnten, plazierte ich eine Handgranate auf den Punkt, wo die Ketten verknotet waren, zog den Zünder und ging in Deckung. Die Explosion zerriß die Ketten, und die Boote waren los.

Sieben von uns stiegen in eines der Boote. Außer mir und dem Gefreiten Ruff bestand die Gruppe aus dem Gefreiten Jack Wheeler, einem Maschinengewehrschützen, dem Soldaten Larry Hamlin, einem Schützen, dem Sanitäter Steve Kowalski, der uns als Russischdolmetscher begleitete, meinem Deutschdolmetscher, dem Gefreiten Joe Polowsky, und dem Polen.

Wir schoben das Boot ein Stück stromaufwärts von der Brücke ins Wasser. Die Strömung trug uns schnell flußabwärts. Wir widersetzten uns ihr mit Behelfspaddeln, und es gelang uns, das Boot in die Lücke zwischen den beiden Enden der Brücke zu manövrieren. Ein auf dem Brückenrest stehender russischer Soldat beugte sich vor und warf uns eine Leine zu. Später erfuhr ich, daß es der Sergeant Alexander Olschanski war.

Wir befestigten das Boot am Ponton, stiegen aus und begrüßten Sergeant Olschanski, Oberleutnant Grigori Goloborodko, seinen Kompaniechef, und einen Bildreporter im Range eines Hauptmanns. Um zu den russischen Soldaten zu gelangen, die zu unserer Begrüßung herbeikamen, mußten wir buchstäblich knietief durch die Leichen deutscher Flüchtlinge waten, die zufällig getötet worden waren, entweder als die Brücke in die Luft flog oder durch fehlgeleitetes Artilleriefeuer, das neben den Fahrzeugen auf der Landstraße auch das Flußufer getroffen hatte.

Der Beginn unseres Zusammentreffens verlief sehr förmlich. Wir tauschten Grüße aus und gaben einander die Hand. Ich erklärte Oberleutnant Goloborodko durch meinen Dolmetscher Kowalski, wir seien eine amerikanische Patrouille, kämen von Trebsen und hätten den Auftrag, ein Treffen der amerikanischen und russischen Befehlshaber sobald wie möglich zu arrangieren. Es war 12.30 Uhr.

Oberleutnant Goloborodko ließ mir sagen, sein Regimentskommandeur, Gardeoberstleutnant Alexander Gordejew, sei von unserer Ankunft bereits benachrichtigt worden. Er war schon unterwegs. Innerhalb weniger Augenblicke wurden wir lockerer, lächelten und machten uns gegenseitig Komplimente. Während wir auf den Regimentskommandeur warteten, gruppierte uns der russische Bildreporter, um einige Aufnahmen zu machen.

Oberstleutnant Gordejew traf ein. Er trat auf mich zu. Ich salutierte und berichtete, daß ich der Führer der amerikanischen Patrouille sei und unser Auftrag darin bestehe, Kontakt mit seiner Armee aufzunehmen. Gordejew salutierte auch, und wir gaben uns die Hand. Wir sprachen davon, daß wir Stolz empfänden, hier zu sein, und daß dies einen historischen Augenblick für unsere beiden Völker bedeute.

Ich wiederholte, was ich schon Oberleutnant Goloborodko mitgeteilt hatte. Der Oberstleutnant sagte mir, seine Aufgabe bestehe darin, den Ring um Dresden zu schließen. Sein Regiment stehe schon seit einigen Tagen an der Elbe. Aber sie hätten höheren Befehl, den Fluß nicht zu überqueren. Gordejew hatte, wie er sagte, darauf gewartet, daß die Amerikaner Kontakt aufnähmen. Er wußte nichts von unserem Befehl, eine Fünf-Meilen-Zone vor der Muldegrenze nicht zu überschreiten.

Im Dorf Lorenzkirch traf ich den russischen Adjutanten. Er gratulierte mir zu der Begegnung und teilte mir mit, daß wir zusammen mit einigen russischen Offizieren wieder über den Fluß setzen sollten. Sie würden uns drei Meilen nördlich mit dem General zusammenbringen. Um 13.05 Uhr bestiegen wir wieder dasselbe Segelboot, mit dem wir gekommen waren, und überquerten die Elbe.

Auf dem Westufer stiegen wir und die vier Russen in die fünf Jeeps und fuhren nordwärts zum Fährübergang gegenüber der Stadt Kreinitz. Bevor ich an Bord der Fähre ging, befahl ich Sergeant Fred Jonston, nach Kühren zurückzukehren und alle Fragen des Regiments bezüglich des Zusammentreffens zu beantworten. Ich sandte den folgenden Funkspruch: «Auftrag erfüllt. Treffe Vorbereitungen für die Zusammenkunft der Befehlshaber. Gegenwärtiger Standort (8717). Keine Verluste.»[3]

Die Nachricht wurde 13.30 Uhr aufgegeben. Empfangen wurde sie um 15.15 Uhr. Aber ich hatte Strehla und Groba auf meiner Karte verwechselt, und infolgedessen wurden dem Regiment falsche Koordinaten gefunkt.

Wir fuhren mit einem Jeep auf die hölzerne Plattform der Fähre und zogen sie dann an Seilen, die von einem Ufer zum anderen gespannt waren, über die Elbe. Auf dem Ostufer versammelten sich viele Russen. Kameraleute filmten uns beim Übersetzen. Wir holten noch drei Jeeps mit der Fähre herüber. Dann fuhren wir nach Mühlberg, zum Stab des 175. Regiments.

Der Befehlsstand war in einem großen Bauernhof untergebracht. Auf einem Tisch war ein kaltes Büfett angerichtet. In jedem von uns lebte der festliche «Geist der Elbe», der Geist der Kameradschaft, des Gedenkens an die Opfer auf beiden Seiten, des Glücks und der Erleichterung, daß der Krieg bald zu Ende sein würde. Generalmajor Wladimir Russakow traf bald ein. Wir stießen auf den verstorbenen Präsidenten Roosevelt an, auf Präsident Truman, Premierminister Churchill, Marschall Stalin und auf «immerwährende Freundschaft» zwischen uns allen.

Nach vielem Feiern hatte ich erst einmal die Männer meiner Patrouille in die Jeeps zu verfrachten, denn wir mußten noch nach Trebsen. Als wir die Fähre erreichten, sahen wir auf dem Westufer eine Ansammlung von Jeeps. Ich dachte zuerst, mein Funk-Jeep sei mit Begleitung zurückgekehrt. Aber nachdem ich das Haus am Ostufer betreten hatte, das den russischen Bataillonsbefehlsstand beherbergte, traf ich auf Major Craig, Captain Morey, Lieutenant Howard und Captain Fox. Und weil Colonel Adams uns per Funkspruch mitteilen ließ, «bis auf weiteres alle Vorkehrungen für ein Treffen in der

---

[3] Die Nachricht, die Kotzebue eigentlich senden wollte, lautete: «Wir haben die Bastards in der Mitte durchgeschnitten.» Doch sein Funker, Staff Sergeant William E. Weisel aus Norwood, Ohio, bestand auf der gebräuchlichen Armee-Terminologie.

Schwebe halten», blieben wir, wo wir waren. Wir wußten nicht, daß inzwischen ein zweites Zusammentreffen nördlich von uns, bei Torgau, zustande gekommen war.

Albert L. («Buck») Kotzebue schlug nach dem Krieg die militärische Laufbahn ein, diente in Korea und Vietnam. 1967 nahm er seinen Abschied von der Armee im Rang eines Lieutenant Colonel. Kotzebue starb in Monterey, Kalifornien, am 19. März 1987.

Bill Shank

Die Russen rannten auf unseren Jeep zu, umarmten und küßten uns und schrien aus Leibeskräften

Im April 1945 war ich First Lieutenant, Verbindungsoffizier bei der 104. mot. Schützenabteilung der 104. Infanteriedivision («Timberwolf»). Auf Befehl des VII. Korps hielt die Division auf dem Westufer der Mulde und schlug ihren Befehlsstand in Delitzsch auf. In der Division nahm man an, die Russen ständen östlich der Elbe, wußte aber nicht genau, wo. Lieutenant General Collins, der Korpskommandeur, wollte wissen, ob zwischen Elbe und Mulde irgendwelche Patrouillen operierten. Er fragte unseren Divisionskommandeur, Major General Terry de la Mesa Allen, ob man versuchen könne, das herauszufinden. Allen sagte ihm, er habe dazu genau den richtigen Mann.

Am 23. April, gleich nach dem Mittagessen, erhielten mein Kommandeur Captain Laundon und ich einen Anruf von Major Fosnot, dem stellvertretenden G-2[1]. Man hatte sich entschlossen, drei Leute mit Sonderauftrag auszusenden. Corporal Jack Solowitz von den Sanitätern gehörte dazu; er sprach deutsch. Ein befreiter russischer Kriegsgefangener war der zweite. Und ich der dritte. Unser Befehl lautete, auf der Suche nach den Russen in östlicher Richtung bis Torgau an der Elbe vorzudringen.

Wir drei verbrachten die Nacht auf einem Außenposten in Wellaune, ungefähr drei Meilen nordöstlich von unserem Befehlsstand und drei Meilen westlich von der Mulde. Dort ließen wir zwei gepanzerte Fahrzeuge zurück, deren Funkanlagen auf zwei verschiedenen Frequenzen eingestellt waren, wodurch Hoffnung bestand, daß wir,

---

[1] Ein G-2 war der Aufklärungsoffizier einer Division.

wenn wir den Russen begegnen sollten, Funkkontakt mit dem Befehlsstand aufnehmen konnten. Mit zwei Schützen zu unserer Sicherung im Rücken bestiegen wir ein Sturmboot und setzten an das Ostufer der Mulde über. Das war um 22.30 Uhr.

Im Süden deckte die Divisionsartillerie eine Stadt mit weißen Phosphorgranaten ein. Ich hatte eine Route ausgewählt, die nach Nordosten ging, dann geradewegs östlich nach Torgau führte. Die ersten drei Meilen ausgenommen, verlief unser Weg fast nur durch Wald, da wir Städte und Landstraßen in deren Nähe mieden.

Manchmal schien der Halbmond. Wir richteten uns nach den Sternen und dem Kompaß. Bis gegen 01.30 Uhr am Morgen war uns nichts begegnet als ein Hund und ein Pferdefuhrwerk. Wir hatten drei Gemeinden berührt und zwei Seitenstraßen überquert. Entlang der ersten dieser beiden Landstraßen waren Telegrafendrähte gespannt, die geschäftig summten. Nachdem wir über die zweite Straße gegangen waren, betraten wir einen Wald, der sich als ein Morast herausstellte. Um nicht vom Kurs abzukommen, wateten wir geradeaus weiter. Obwohl die Entfernung sich zu vergrößern schien und das Wasser immer tiefer wurde und uns bis zur Taille reichte, gaben wir nicht auf. Wir waren schon zu weit vorangekommen, um jetzt noch umzukehren.

Fast am Ende unserer Kräfte, durchquerten wir einen Bach, liefen über eine weitere Seitenstraße und kamen bei einem Feld heraus. Eine Weile wechselten Felder und Wälder einander ab. Als wir aus einer Baumgruppe hervortraten, erblickten wir im Mondlicht ein sehr großes Feld, das auf unserer Route lag. Es erwies sich wieder als Sumpf. Wir gingen am Feldrand entlang auf einen Wald im Süden zu. Nachdem wir in diesem Wald ungefähr eine halbe Meile zurückgelegt hatten, befahl uns eine Stimme auf deutsch stehenzubleiben.

Wir hätten sie umgehen können. Aber dann wären wir vielleicht in irgendeine Postenkette geraten, die sie aufgestellt hatten. Außerdem bestand noch die geringe Chance, daß es sich um Russen handelte. Aber bei aller Ungewißheit waren wir nicht völlig unvorbereitet. Wir erwiderten: «*Freunde!*»[2] und traten auf eine kleine Lichtung hinaus. Drei *Wehrmachtsoldaten** richteten ihre Gewehre auf uns. Und es wurden mehr.

---

[2] Die nachfolgend mit einem Sternchen gekennzeichneten kursiv gesetzten Wörter sind auch im Original deutsch.

Ich trug schon seit Monaten meine Pistolentasche mit geöffneter Klappe und trainierte, wo ich ging und stand, das schnelle Ziehen der Waffe. Der Hahn meiner 45er war gespannt. Für einen Augenblick dachte ich daran, mein Glück zu versuchen, wenn sich die Lage als niederschmetternd herausstellen sollte. Ich erinnere mich auch, daß ich mich fragte, wie meine Mutter es aufnehmen würde, wenn sie erführe, daß ich mein Leben in den letzten Tagen des Krieges fortgeworfen hatte. Außerdem hatten wir uns nicht deshalb auf den Weg gemacht.

Ich verlangte, ihren Kommandeur zu sehen. Ein Mann in Zivil trat vor. Er sagte, er sei Techniker, und er schien auch Autorität zu besitzen. Ich mußte mir eine gute Geschichte einfallen lassen – schnell. Über Corporal Solowitz erzählte ich ihnen, es sei nur noch eine Frage von Stunden, bis die russischen und amerikanischen Streitkräfte sich vereinigten. Widerstand erklärte ich für sinn- und zwecklos. Ich betonte, wir seien mit dem ausdrücklichen Ziel unterwegs, Vorkehrungen zu treffen, um unnötiges Blutvergießen zu vermeiden, und riet ihnen, sie sollten unseren nachrückenden Truppen entgegenziehen und sich ihnen ergeben. Wir würden unseren Weg fortsetzen, um anderen deutschen Einheiten zu raten, sich genauso zu verhalten.

Nach einem Haufen Palaver begannen sich die Leute, die uns gefangengenommen hatten, für meinen Vorschlag zu erwärmen – alle, bis auf einen stocksteifen Unteroffizier. Er bestand darauf, das sei eine Sache für den Leutnant. Ich sagte: «Na gut, dann holen Sie ihn.» Der Leutnant steckte wer weiß wo. Sie schickten jemanden nach ihm. Während dieser Mann nach dem Leutnant suchte, wurde es richtig gemütlich, und der Unteroffizier versicherte mir, daß der Leutnant die Lage so wie wir ansehen würde.

Der Leutnant wurde nicht gefunden. So sagte ich zu dem Unteroffizier, jetzt liege es bei ihm. Aber der sture Bock wollte die Verantwortung nicht übernehmen. Er sagte, er müsse sich erst mit dem Stab in Verbindung setzen. Nun wurde es ein bißchen haarig; doch der Stab lag in unserer Richtung, und dort würden wir erfahren, woran wir waren. In hellem Mondlicht ging es einen Waldweg entlang; unsere Eskorte bestand aus acht oder zehn deutschen Soldaten, die wie von einem Fußballspiel kommende Schüler durcheinanderplapperten.

Kurz vor Tagesanbruch langten wir an. Es war ein Kommando der SS vom *Totenkopf**. Ich wurde vor einen Schreibtisch gesetzt. Ein Panzerleutnant kam zu mir und beschimpfte mich. Ich versuchte, ihm die

Geschichte von meiner humanitären Mission zu erzählen, aber hier war offensichtlich nicht die richtige Stelle dafür. Noch ein Leutnant kam, und der fuchtelte mit der Faust vor meinem Gesicht. Er sagte mir, was er davon halte, daß wir angefangen hätten, Städte zu bombardieren. Ich entgegnete, wir hätten nicht damit angefangen, würden aber gern damit aufhören, Leben und Eigentum zu zerstören. Er wurde immer feindseliger, und ich dachte wieder an meine Mutter. Ich steckte diesmal bis über beide Ohren im Schlamassel, stand gegen Kräfte, die ich nicht beeinflussen konnte. Dennoch wurde es schließlich ruhiger, nachdem meine Befrager ihre Wut abreagiert hatten und anfingen, aufgeschlossener zu reden.

Es war um 06.00 Uhr morgens, am 24. April. Endlich sagte ich, wir hätten keine gemeinsame Grundlage, um die Diskussion fortzusetzen. Ich würde zu meinem Kommando zurückkehren und dort von meinen Eindrücken berichten. Sie erwiderten, dies würde gewiß nicht geschehen. Daraufhin bat ich, meine Angebote im nächsthöheren Stab vortragen zu dürfen. Erstaunlicherweise stimmten sie zu. Sie wiesen uns auf den Rücksitz eines Mercedes-Benz, vorn nahmen die beiden Leutnants Platz. Eine doppelte Kräderskorte fuhr vor und hinter dem Wagen.

Die Deutschen fuhren uns kreuz und quer durch das Gebiet, das zu erkunden wir aufgebrochen waren. Wir wurden hintereinander vor zwei Oberste gebracht, erzählten unsere Geschichte und erhielten jedesmal die nächsthöhere Kommandoinstanz als zuständig genannt. Das Ganze wurde zum Witz. Zweimal fuhren wir durch Torgau. Am Morgen des vierundzwanzigsten war die Brücke über die Elbe noch intakt und bewacht. In den Straßen waren Sperren errichtet. Die Stadt lag unter Artilleriebeschuß; unsere Begleiter erwähnten, daß die Russen zwölf Kilometer östlich des Flusses ständen. Wir waren noch naß von dem Wasser der Moraste und froren.

Bei unserer zweiten Fahrt durch Torgau hielt der Wagen vor dem Schloß nahe der Brücke. Ein eindrucksvoll aussehender Mensch nahm uns in Schlepp und brachte uns in einen angenehm warmen Raum, in dem fünfzehn amerikanische GIs auf Matratzen lagen; ich hatte mich schon immer gefragt, was sie wohl mit den Gefangenen machten. Das schien das Ende der Straße zu sein. Ich begann zu schreien und schlug gegen die Tür.

Eine Wache kam und erkundigte sich, was los sei. Ich verlangte, den Kommandeur zu sehen. Wir seien in einer diplomatischen Angelegenheit unterwegs, und ich fände es empörend, wie man uns behandle. Ich sagte, hier liege ein ernster Mißgriff vor, und ich bestand darauf, den Kommandeur zu sprechen. Corporal Solowitz scheint das gut und eindrucksvoll übersetzt zu haben, denn der Wachmann antwortete, wir würden dem General vorgeführt werden. Sie verfrachteten uns wieder in den Mercedes und fuhren uns, auch diesmal mit Kräderskorte, durch ganz Torgau und Umgebung. Aber zu dem General gelangten wir nicht.

Ich schrie: «Irgend jemand *muß* in dieser Angelegenheit doch zuständig sein!»

Es ging auf einer Landstraße nach Westen. Nach einer langen Fahrt hielt das Auto vor einem Haus in einem Städtchen. Einer der Begleiter ging hinein und kam zurück mit Hauptmann von Richthofen, der ein Cousin des «roten Barons»[3] aus dem ersten Weltkrieg war. Der Hauptmann sprach perfekt englisch. Ungefähr eine Viertelstunde lang hörte er vom Trottoir her meinen ernsten Appell an. Höflich, aufmerksam. Dann sagte er, es tue ihm sehr leid, mir mitteilen zu müssen, daß er nichts für uns tun könne. Ich entgegnete, die Sache sei zu wichtig, als daß man sie vom Rücksitz eines Autos aus besprechen könne, und fragte ihn, ob er nicht einen Platz vorschlagen wolle, wo wir die Angelegenheit mit gebotenem Ernst bereden könnten. Er schlug einen Spaziergang vor.

Wir gingen eine Weile vor den Häusern hin und her, und ich sprach so überzeugend, wie ich nur konnte. Ich legte viel Nachdruck auf Wörter wie «Zwecklosigkeit» und «Mitgefühl». Schließlich sagte er, er sei mit mir einer Meinung. Die Kommandantur erkenne die Mißlichkeiten der Lage vollauf und er wolle mit dem Major sprechen. Der Hauptmann verschwand im Haus und blieb dort ungefähr zwanzig Minuten.

Als von Richthofen wiederkam, bat er mich auf eine weitere Stadtrundfahrt. Er äußerte einige Bedenken und fand es verwirrend, daß wir uns so weit und zu Fuß hinter ihre Front begeben hatten, da wir doch genausogut hätten auf dem Fluß heranfahren können. Er fand es seltsam, daß ich so etwas tat, und wies auf die gekreuzten Säbel[4] auf meinen Schulterstücken. Ich fragte ihn, wem sonst wohl der Auftrag

---

[3] Die Familienchronik der heute in der BRD lebenden v. Richthofens bestätigt die Aussage des Verfassers nicht.

hätte erteilt werden sollen, sich durch die feindlichen Linien an den Punkt heranzuschleichen, wo man jemanden mit genügendem Urteilsvermögen und Autorität und der Fähigkeit, eine kluge Entscheidung zu fällen, anzutreffen erwarten könne. Wenn der Hauptmann schon nicht überzeugt war, so zeigte er sich geneigt und versprach, all seine Möglichkeiten auszuschöpfen und seinen Einfluß bei seinem Major geltend zu machen. Er erklärte mir, der Major sei ein altgedienter Soldat und werde einen schweren inneren Kampf mit seinem Stolz auszufechten haben. Von Richthofen sagte, in der Zwischenzeit werde er persönlich die Sache dem General vortragen.

Und wieder ging es weiter, fünf in dem Mercedes, der Hauptmann im Beiwagen eines Krads. Sie fragten in verschiedenen Dörfern nach, fanden aber den General nicht. Ich wußte überhaupt nicht mehr, wo wir herumfuhren, hätte das aber nicht zugegeben. Als wir in die kleine Stadt zurückkehrten, aus der wir abgefahren waren, bekam ich mit, daß sie Eilenburg hieß. Wir hielten vor einem Bunker, stiegen hinunter und gingen durch einige lange Gänge voller Soldaten. Schließlich betraten wir einen großen Raum mit einem sehr langen Tisch in der Mitte, an dem Militärs saßen.

Es war ungefähr 18.00 Uhr. Der Hauptmann sprach mehrmals mit dem Major, kam zu mir zurück und erklärte, daß alles nur vom Stolz des Majors abhänge. Gegen Mitternacht gab von Richthofen zu erkennen, daß er, wenn bis zum Morgen keine Entscheidung getroffen worden sei, die Kapitulation ohne den Major vollziehen werde.

Unsere 69. Division jenseits der Mulde bildete die rechte Flanke von «Timberwolf». Der Bunker, in dem wir uns befanden, lag nahe dem östlichen Muldeufer. Ich wollte, daß die beiden amerikanischen Divisionen in diesem Gebiet von den Kapitulationsabsichten der Deutschen erfuhren. Also sagte ich von Richthofen, man müsse die Nachricht sofort den Amerikanern auf der anderen Flußseite zukommen lassen. Er bat mich um ein diesbezügliches Schreiben; er wolle dafür sorgen, daß der Major zustimmte. Der Hauptmann kam mit einem vom Major unterzeichneten Dolmetscherpaß für mich zurück. Das Schreiben trug er noch bei sich.

Gegen 03.00 Uhr morgens am 25. April sagte mir von Richthofen,

---

[4] Gekreuzte Säbel waren das Abzeichen des militärischen Aufklärungsdienstes in der amerikanischen Armee.

er habe das Schreiben dem Major überreicht. (Später am Tag erfuhr ich, daß er das Schriftstück selber der 69. Division überbracht und das Ultimatum gestellt bekommen hatte, bis 06.00 Uhr morgens die teilweise Kapitulation zu vollziehen; um alles andere müsse er sich selber kümmern.) Der Major war nicht einverstanden.[5]

Von Richthofen wandte sich an die ungefähr fünfzig Soldaten, die sich in diesem Teil des Bunkers aufhielten. Er erklärte ihnen, er habe alles sorgfältig erwogen, als Soldat und als Mensch, und er sei zu dem Schluß gekommen, daß es das beste sei, sich zu ergeben. Er stelle es jedem frei zu handeln, wie ihm beliebe. Mehrere Male erwähnte er meine «großmütigen» Bemühungen. Die Rede wurde wiederholt von Beifall unterbrochen. Als er zu Ende war, trat jeder der im Raum anwesenden Männer auf mich zu, um mir die Hand zu schütteln. Ihre Waffen stapelten sie zu einem großen Haufen auf den Tisch.

Um genau 06.00 Uhr, ich verließ gerade die Latrine, setzte Artilleriebeschuß ein. Der Soldat, der vor mir stand, warf sich wie ich zu Boden. Als die Granateneinschläge weiter nach Süden wanderten, stürzten wir beide, der Amerikaner und der Deutsche, in den Bunker zurück. Anderthalb Stunden beschoß die neunundsechzigste Eilenburg, dann legten sie eine Pause ein.

Während der Pause stürzten hysterisch gewordene Zivilisten in den Bunker. Sie erzählten, die Stadt stehe in Flammen. Mit ihnen kehrte auch ein deutscher Arzt, der die Ansprache des Hauptmanns mit angehört hatte, in den Bunker zurück. Er drohte mir mit der Faust und rief, wir hätten sein Hospital beschossen. Er entfernte sich an der Seite des Majors. Der Beschuß dauerte bis 09.00 Uhr, dann wurde er eingestellt.

Von Richthofen und ich inspizierten die Lage an der Mulde. Deutsche Soldaten krochen aus Gräben und Schützenlöchern entlang dem Ufer und warfen die Waffen ins Wasser. Wir kehrten zum Bunker zurück und formierten die nunmehrigen Kriegsgefangenen zu einer Kolonne. Trotz Beschusses und Feuerbränden liefen Kinder aus der Stadt zusammen und folgten mir, so daß ich mir vorkam wie der Rattenfänger von Hameln.

---

[5] Der Major, wie auch der Unteroffizier, der Shank festgenommen hatte, haben möglicherweise nicht einfach aus Sturheit, Fanatismus oder blinder Treue die Kapitulation verweigert. Zu der Zeit, da Shank von deutschen Soldaten gefangengenommen wurde, lagen aus Berlin Befehle vor, bis zum letzten Mann zu kämpfen. In den vorangegangenen Wochen hatten zahlreiche Standortkommandanten Soldaten hängen lassen, die eine Kapitulation auch nur befürworteten.

Mir war, als bewege sich etwas hinter einem Straßenschild nahe der Mulde. Dann trat langsam ein amerikanischer Soldat hervor und sagte: «Mein Gott! Bist du ein GI?» Und ich antwortete: «Wer zum Teufel soll ich sonst sein? Vielleicht Betty Grable?»

Ein anderer GI kam hinter einer Hausecke zum Vorschein. Ich sagte ihnen, sie würden am Bunker erwartet. Dann schwamm ich durch die Mulde und meldete mich über ein Feldtelefon bei meiner Einheit und beim Stab des 1. Bataillons der 69. Division. Danach kehrte ich über die mit einer Leiter notdürftig geflickte Brücke zum Bunker zurück, traf wieder mit Corporal Solowitz und dem Russen zusammen und nahm die Kapitulation von hundertfünfzig Polizisten entgegen. Wir drei entwaffneten die Polizisten sowie dreihundertfünfzig deutsche Soldaten und ließen sie abführen. Ihre Pistolen transportierten wir in zwei Decken, die wir kaum tragen konnten. Von Richthofen händigte mir seine Pistole aus, die ich bis vor einigen Jahren aufbewahrt habe.

Ein Jeep fuhr von Richthofen und mich direkt zum Bataillonsstab. Der Colonel schnauzte mich an, weil ich seine Operation durcheinandergebracht hätte, und wollte wissen, was dieser deutsche Gefangene hier zu suchen habe. Er übernahm von Richthofen und erklärte mich für nicht zuständig, ihn persönlich zu übergeben. Als ich den Colonel fragte, warum er die Stadt beschossen habe, sagte er, sie hätten die Munitionsreserven noch aufgebraucht. Zu allem Überfluß erfuhr ich bei der Division, daß es der neunundsechzigsten an diesem Nachmittag gelungen war, mit den Russen Kontakt aufzunehmen.

Die nächsten zweieinhalb Stunden brachte ich damit zu, General Allen kurz zu berichten und das Donnerwetter von meinem Alten, Captain Laundon, über mich ergehen zu lassen. Es war 01.30 Uhr, am Morgen des 26. April. Ich hatte nicht mehr geschlafen, seit ich am Abend des 22. April ins Bett gegangen war. Nach einem Frühstück mit meinem Alten war ich gerade erst in mein Quartier zurückgekehrt, hatte mir die Socken ausgezogen und das Radio angestellt, als ein Kamerad hereinkam und sagte, der Alte wolle, daß ich mich wieder auf den Weg mache. Die Division hatte Sergeant Jack Adler ausgewählt, der versuchen sollte, mit den Russen in Pretzsch an der Elbe in Kontakt zu kommen – ungefähr achtzehn Meilen nördlich von Torgau. Adler wählte Corporal Bob Gilfillan, Corporal Sam Stanovich und denselben Russen, der schon mit mir gewesen war, für seine Patrouille aus. Ich sollte die Männer im Jeep begleiten, so weit man mit dem Fahrzeug kommen konnte, sie dann zu Fuß weiterschicken, versehen mit Verpflegung und der Instruktion, sich notfalls zu verschanzen und auf die Russen zu warten.

Wieder ließen wir einen Panzerwagen in Wellaune. Wir fuhren bis zu einem Punkt nördlich von Düben, überquerten die Mulde auf einer handbetriebenen Fähre und stießen vier Meilen nach Osten bis Rösa vor. Von Rösa aus ging es nach Schwemsel. Pretzsch lag ungefähr zwanzig Meilen entfernt. Berlin sechzig.

Wir hatten eine große amerikanische Fahne mitgenommen, um uns wenigstens kenntlich machen zu können. Nachdem wir Schwemsel einige Meilen hinter uns gelassen hatten, holten wir die Fahne hervor und banden sie an einen zwei Meter langen Stab, den wir an der rechten Seite der Windschutzscheibe befestigten. Auf der Landstraße waren wir den Blicken schutzlos preisgegeben, und so schien es nur logisch, daß wir die Aufmerksamkeit auf uns lenken mußten, da wir keine Gelegenheit hatten, uns zu verstecken.

Am späten Nachmittag fuhren wir über eine Anhöhe östlich von Bad Schmiedeberg. Dort fielen uns am Rand der Landstraße sieben Deutsche auf, die ihre Gewehre auf uns richteten. Wir lüfteten unsere Helme, erhoben uns im Jeep, machten freundliche Gesten und hielten auf sie zu. Von fernher hörten wir Gewehrfeuer. Ich fragte die Männer, was sie hier täten, und sie antworteten, sie bildeten die Nachhut einer Einheit, die in einen Kampf mit den Russen verwickelt sei.

So nahe also waren die Russen.

Wir fünf fuhren weiter nach Pretzsch und passierten das verlassene Dorf Splau. Von einer Anhöhe nahe Pretzsch sahen wir, wie zu unserer Linken aus einem Feld zwei russische Soldaten auftauchten, vorsichtig zu uns herüberschauten und dann Luftsprünge vollführten. Sie – ein Hauptmann und ein Soldat – rannten auf unseren Jeep zu, umarmten und küßten uns und schrien aus Leibeskräften. Sie kletterten auf die Stoßstange und die Kühlerhaube und dirigierten uns zu einer Fähre an der Elbe. Wir fuhren den Jeep auf die Fähre und zogen sie mit der Hand ans andere Ufer.

Auf der anderen Seite des Flusses begrüßte uns ein Trupp von sechzehn Russen mit einem dreifachen donnernden «Hurra ...!» Wir legten noch ungefähr sechzehn Kilometer zurück bis zum Stab der 118. Infanteriedivision in Annaburg. Dort kamen wir um 19.30 Uhr an und wurden vom kommandierenden Offizier, Generalmajor Suchonow, begrüßt.

Während des Gesprächs mit dem General trat jemand hinzu und drückte mir einen Blumenstrauß in die Hand. Ich war leicht verwundert über das mir unmännlich scheinende Gebaren. Dann gab mir einer einen Strauß Flieder in die andere Hand. Später stellte ich fest, daß die Russen einfach Blumen sehr mögen. Eine Landkarte wurde gebracht, und ich versuchte, dem General zu zeigen, wo unsere Truppen standen. Aber die Beschriftung war russisch. Schließlich fanden wir uns doch zurecht und konnten Informationen austauschen. Ich fragte nach den Funkern, da ich selber ein Funkspezialist war. Zuerst kamen sie mit unserem Frequenzsystem nicht zurecht. Dann verstanden sie, schafften es aber nicht, auf unserer Wellenlänge zu senden.

Die Russen luden uns fünf in eine behelfsmäßige Speisehalle mit einem langen Tisch in der Mitte zum Essen ein. Wir und die russischen Offiziere nahmen beide Seiten des Tisches ein. Ein gebildeter russischer Hauptmann saß neben mir. Er sprach gut deutsch, und so konnten wir uns einigermaßen verständigen. Toasts wurden ausgebracht, und wir waren in bester Laune. Der Russe sagte mir, daß jemand telefonisch versuche, einem höheren Stab von unserem Treffen zu berichten. Wir sollten Auszeichnungen erhalten. (Im folgenden Monat wurde mir in Leipzig in einer außergewöhnlichen Zeremonie der «Alexander-Newski-Orden» verliehen.)

Das Essen bestand aus Makkaroni und Fleisch, Salami, kleinen rohen Fischen, frischem Speck, Fleischpasteten, Schwarzbrot, hartgekochten Eiern, heißem Kakao und Plätzchen. Wodkaflaschen kamen in regelmäßigen Abständen auf den Tisch, und vor jedem stand ein halb mit Wodka gefülltes Wasserglas. Die Bedienenden trugen hellblaue Uniformröcke. Jedesmal, wenn ich aus meinem Glas trank, füllte der Bursche, der hinter mir stand, es wieder. Da ich mit meinen russischen Gastgebern gleichziehen wollte, schüttete ich das Zeug in mich hinein. Aber der Bursche füllte immer wieder nach.

Schließlich fand ich ein Bett im Obergeschoß eines Bauernhauses. Irgendwann während der Nacht wachte ich auf. Jemand rüttelte mich an der Schulter. Es war ein Kriegsberichterstatter, der unbedingt unsere Namen und Adressen wissen wollte, weil er eine Geschichte über uns schrieb.

Am nächsten Morgen drohte mir der Kopf zu zerplatzen. Ich ging in den Hof hinunter, wo die Männer sich wuschen. Wasser auf meinem Gesicht war eine Wohltat. Ich war seit acht Monaten in Übersee. Im Land der Trauben und des Hopfens hatte ich, außer im Kaffee,

Der mit Blumen sowie mit der amerikanischen und der sowjetischen Flagge geschmückte Jeep der amerikanischen Patrouille

---

nur zweimal klares Wasser getrunken. An diesem Morgen wusch ich mich nicht nur mit Wasser, ich trank es auch.

Die Speisehalle an diesem Morgen zu betreten kostete mich mehr Willenskraft als alles, mit dem ich in den letzten drei Tagen konfrontiert gewesen war. Als ich Wodkaflaschen auf dem Frühstückstisch stehen sah, wußte ich, daß mein Ende gekommen war. Sogar W. C. Fields hat einmal gesagt, er sei ein Mann der Mäßigung – vorm Frühstück nehme er nie einen Drink. Aber um der Ehre der amerikanischen mot. Schützen willen nahm ich mein Trankopfer auf mich. Jetzt lernte ich, warum die Russen so viel Wodka trinken. Mein Kopf klärte sich, und ich fühlte mich großartig. Man muß das Zeug eben immer trinken, um klar zu bleiben.

Als wir den Speisesaal verließen, fanden wir unseren Jeep mit Blumen geschmückt, wie zu einem Blumenkorso. Die Motorhaube war bedeckt mit großen Sträußen von Flieder, Tulpen und Rosen. An der linken Seite der Windschutzscheibe steckte eine rote Fahne von derselben Größe wie unsere amerikanische. Außerdem hatten unsere Gastgeber Zeitungsbilder von Roosevelt, Churchill und Stalin auf die Windschutzscheibe geklebt.

Wir gingen zum Stab zurück und dachten, daß wir wohl den ganzen Zierat abnehmen sollten, bevor wir die nächste deutsche Stadt erreichten. Dann schauten wir einander an, und ein Gefühl des Stolzes durchflutete uns. Wir fuhren ab mit flatternden Fahnen und Blumen. Wir passierten lange Züge von Flüchtlingen, die sich nach Westen bewegten und ihre wenigen Habseligkeiten schleppten oder auf Karren zogen. Sie starrten uns zuerst ungläubig an und jubelten uns dann wie Siegerhelden zu. In Söllichau wartete ein Regiment, ohne seinen Oberst – der hatte sich davongemacht. Zwölfhundert Männer ergaben sich uns fünfen.

Am 27. April flog Major Turner, Fliegeroffizier der Divisionsartillerie, Colonel Cochran, den Kommandeur des 415. Infanterieregiments; Lieutenant Colonel Hoegh (G-3)[6] und Sergeant Sitnik, Dolmetscher, zum russischen Stab in Annaburg. Am 28. April brachte ein Flugzeug Generalmajor Suchanow zu unserem Stab in Delitzsch. Ich erwartete Suchanow in meinem Jeep am Flugfeld. General Allen holte ein «Timberwolf»-Abzeichen und eine Sicherheitsnadel aus seiner Hosentasche, befestigte es an Suchanows Ärmel und machte ihn so zu einem Ehren-«Timberwolf».

Von allem, was ich erlebt habe, ist das Suchen und Finden der Russen am erinnernswertesten. Als ich meine russischen Kameraden an jenem Tag im Jahr 1945 umarmte, hätte ich mir kaum vorstellen können, daß einst in Palästina so viele Menschen gekreuzigt worden sind, bis kein Holz mehr vorhanden war, um noch irgend jemanden zu kreuzigen. Die Menschen sind gequält und lebendig verbrannt worden – nur um sie loszuwerden. Der Krieg, als er endlich vorüber war, hat die Menschen dazu gebracht, einander zu lieben. Wenn man sich so vereinigt, wie wir es getan haben, als wir uns mit den Russen trafen, kann es keinen Krieg mehr geben.

H. W. («Bill») Shank ist seit vierzig Jahren Versicherungsagent.

---

[6] Ein G-3 war der Operationsoffizier einer Division.

Jürgen Herzog

Räumungsbefehl erhalten. Stadt wird kampflos den Russen übergeben

Schlagartig fiel das Licht der Weltgeschichte in den letzten Apriltagen des Jahres 1945 auf die Ereignisse in und um unsere Stadt Torgau. Die Alliierten, Soldaten der Roten Armee und der amerikanischen Streitkräfte, waren an der Elbe aufeinandergetroffen. Über die zerstörte Torgauer Elbbrücke kletternd, reichten sich die Sieger über den deutschen Faschismus die Hände. Die Soldaten umarmten sich voller Freude in Erwartung des nun sichtbaren Endes des schrecklichen Krieges.

Menschenleer war es an diesem historischen Tag hinter den alten Mauern der Stadt Torgau. Sie war vom Krieg fast unberührt geblieben. Seit März 1945 wurde die Stadt auf die Verteidigung vorbereitet. Das Oberkommando der Wehrmacht hatte alle Städte zwischen Elbe und Oder zur Festung erklärt. Jeder Ort sollte verteidigt werden. Die Bevölkerung der Stadt Torgau wurde am 9. März zum Schanzen aufgerufen. Eine Rundumverteidigung war vorbereitet. Es entstanden Panzersperren, Feldbefestigungen und Panzergräben. Der Unruhe, Angst und Hoffnungslosigkeit der Bevölkerung wurde faschistische Ideologie entgegengesetzt. Demagogisch wurde während des sogenannten Heldengedenktages in der ehemaligen Klosterkirche Treue zum Führer Adolf Hitler verlangt. Nur mit ihm könne man den Krieg gewinnen.

Doch bereits am 13. April erfolgte der Räumungsbefehl für alle Dörfer des Kreises östlich der Elbe und für die Stadt Torgau selbst.

Luftaufnahme von Torgau um 1935

Ansicht von Torgau. Schloß Hartenfels mit Brücke

Am 19. April verließen die Einwohner, Greise, Frauen und Kinder, mit dem notwendigsten Gepäck beladen, zu Fuß, auf Fahrrädern und mit Handwagen die Stadt und suchten in den westelbischen Dörfern Unterkunft und Bleibe. Damals war ich vier Jahre alt. Ich erinnere mich, daß meine Mutter, meine kleine drei Monate alte Schwester im Kinderwagen und ich mit wenig Gepäck mit anderen auf einem offenen Anhänger, der von einem Traktor gezogen wurde, die Stadt verließen. Die Großeltern fuhren auf Fahrrädern. Der Vater vermißt, der Onkel gefallen, übernahm es der Großvater, sich um drei ängstliche Frauen und uns Kinder zu kümmern. Für mich war das alles ganz neu, der Strom der flüchtenden, angstvollen Menschen, das Dorf, in dem wir Unterkunft fanden, und auch, daß wir in die Straßengräben flüchteten, sobald Flugzeuge am Himmel auftauchten.

Bei Todesstrafe war die Räumung befohlen. Nur militärische Einheiten, die Polizei und die Feuerwehr blieben zurück. Verstärkt war das Torgauer Gebiet in diesen Tagen Luftangriffen ausgesetzt.

Ortseingangsschild von Torgau, fotografiert von Paul Staub aus der Robertson-Patrouille, 25. April 1945

Ihr Kinder, daß sie euch mit Krieg verschonen,
Müßt ihr um Einsicht eure Eltern bitten.
Sagt laut, ihr wollt nicht in Ruinen wohnen
Und nicht das leiden, was sie selber litten:
Ihr Kinder, daß sie euch mit Krieg verschonen!

Ihr Mütter, daß es euch anheimgegeben,
Den Krieg zu dulden oder nicht zu dulden,
Ich bitt euch, lasset eure Kinder leben!
Daß sie euch die Geburt und nicht den Tod dann schulden:
Ihr Mütter, lasset eure Kinder leben!

BERTOLT BRECHT

Am 17. April explodierte ein Munitionszug auf dem Bahnhof, zwei Tage später flogen Großtankanlagen an der Elbe in die Luft. Auch die Torgauer Glashütte brannte. Am 24. April spitzte sich die Lage dramatisch zu. Sollte es zur Zerstörung der Stadt kommen, oder würde der Kampfkommandant die Festung aufgeben? In den Mittagsstunden eröffneten sowjetische Geschütze vom Ostufer der Elbe das Feuer

auf die Stadt. Pausenlos mußte die Feuerwehr für Löscharbeiten eingesetzt werden. In der Nacht zum 25. April entschied sich der Kampfkommandant zum Abbruch der Kampfhandlungen und erteilte den noch in Torgau, im Brückenkopf und an der Elbe stehenden Einheiten den Rückzugsbefehl. Im Einsatzbuch der Feuerwehr heißt es dazu am 25. April 02.15 Uhr: »Räumungsbefehl erhalten. Stadt wird kampflos den Russen übergeben, abzusetzen nach dem südwestlichen Teil des Kreises.« Gegen 03.30 Uhr ließ der Brückenkommandant die beiden Elbbrücken, die Hafenbrücke und mehrere kleine Brücken rund um die Stadt sprengen. Die mit der sinnlosen Zerstörung verbundene gewaltige Detonation kündete vom Abzug der faschistischen Truppen. Die Stadt war bis auf ein Lager Kriegsgefangener menschenleer und für einige Stunden Niemandsland. Sie war der Zerstörung entgangen!

Mit Interesse verfolgte man auch in den Bunkern der Berliner Reichskanzlei die Annäherung der alliierten Verbände. Die faschistischen Führer gaben sich noch in letzter Minute sinnlosen Hoffnungen hin. Sie wünschten ein unvermutetes Zusammentreffen, bewaffnete Auseinandersetzungen und das Auseinanderbrechen der Antihitlerkoalition.

Aber es sollte anders kommen. Am 25. April gegen 16.00 Uhr raste ein Jeep, an dessen Lenkrad der zwanzigjährige amerikanische Second Lieutenant Robertson saß, in die Stadt Torgau hinein. Vom Turm des alten Schlosses kam es zur Verständigung mit den Soldaten der Roten Armee jenseits des Flusses. Auf den Trägern der zerstörten Elbbrücke reichten sich die sowjetischen und amerikanischen Soldaten die Hand. Es war ein Händedruck der Sieger! Das sehnsuchtsvoll erwartete Kriegsende war nahe. Die Kunde von der Begegnung bei Torgau ging um die ganze Welt.

Der alte Turm, auf dem Robertson am 25. April 1945 hinüberwinkte, das alte mächtige Schloß zu seinen Füßen, die steilen Dächer der alten Stadt, das alles kündet von einer großen Zeit, in der Torgau Hauptstadt und Residenzstadt des Kurfürstentums Sachsen war, in der Wirtschaft und Kultur blühten, in der aber auch Kämpfe um sozialen und ideologischen Fortschritt tobten. In diesem Schloß, das im Jahr 1485 in seiner heutigen Form entstand, hat sich manches Ereignis von europäischer Bedeutung zugetragen. 1533 bis 1536 wurde der neue Palastbau mit dem großen, in der Baugeschichte berühmten Wendelstein erbaut. In ihm befand sich der Fest- und Residenzsaal des Kurfürsten Johann Friedrich. Im Jahr 1544 wurde die neue Schloßkirche, die erste evangelische neuerbaute Kirche, von dem Reformator Martin Luther eingeweiht. Bildhauer aus vielen Teilen Deutschlands, aber auch Torgauer Bildhauer, arbeiteten an der reichen Bauplastik; der kurfürstliche Hofmaler Lucas Cranach aus Wittenberg sorgte mit seinen Gesellen für die prächtige farbige Innen- und Außengestaltung des Bauwerks. Heute ist das Schloß Hartenfels das bedeutendste Renaissanceschloß unseres Landes.

Der Reichtum und wirtschaftliche Wohlstand des Kurfürstentums Sachsen, vor allem aus dem Silbererzbergbau des Erzgebirges stammend, wirkte sich auch auf die Stadt Torgau aus. Das Handwerk blühte, erste Tuchmanufakturen entstanden. Wichtige Märkte fanden statt. Neue Bürgerhäuser wurden errichtet. Das Renaissancerathaus wurde 1563 bis 1579 erbaut. Um 1500 hatte die Stadt etwa 3000 Einwohner, bis 1600 erhöhte sich die Einwohnerzahl auf etwa 8000, die Stadt wuchs über die alten Grenzen weit hinaus. Vor diesem Hintergrund spielten sich wichtige politische und kulturelle Ereignisse ab. Die evangelisch-lutherische Reformation vollzog sich bereits 1522 sehr rasch. Martin Luther, Melanchthon und Bugenhagen arbeiteten hier die «Torgauer Artikel», eine evangelische Bekenntnisschrift, aus.

Obwohl Torgau nur bis zum Jahre 1547 Residenzstadt blieb, hielt der wirtschaftliche Aufschwung bis zu den vernichtenden Verheerungen des Dreißigjährigen Krieges an. Mit ihm kamen für Torgau ab 1637 Hungersnot, Pest und Zerstörung. Wie für viele sächsische Städte führte dieser Krieg, einer der schlimmsten überhaupt, zu wirtschaftlichem Niedergang für Jahrhunderte.

Erst am Anfang des 19. Jahrhunderts tritt die Stadt wieder in das Blickfeld der Geschichte. Nach der Niederlage der deutschen Länder in den Napoleonischen Kriegen und dem Anschluß Sachsens an Napoleon bestimmte dieser 1810, die an einem wichtigen Elbübergang gelegene Stadt zur Festung ausbauen zu lassen. Im Frühjahr 1811 begannen die Bauarbeiten: 160 Häuser, 2 Kirchen, das Hospital, das Waisenhaus und die alten Stadtmauern und Stadttore wurden niedergerissen. Bis zum Jahre 1813 wurde die Festung, an der etwa 5000 Menschen arbeiteten, im wesentlichen fertiggestellt. Neue moderne Festungsanlagen umschlossen die alte Stadt. Uneinnehmbar war sie für die Belagerer.

Während des Befreiungskrieges standen deutsche und russische Soldaten vor ihren Toren. In der Festung hielten sich neben den

4500 Einwohnern 27 000 vorwiegend französische Soldaten auf. Die meisten von ihnen waren verwundet oder krank. Hunger, Seuchen und grimmige Kälte führten zu massenhaftem Sterben. In Massengräbern wurden 20 000 Tote beigesetzt. Erst am 10. Januar 1814 öffneten sich nach der Kapitulation die Tore der völlig verseuchten Festung. Der König von Sachsen verlor auf Grund seines Bündnisses mit Napoleon etwa zwei Drittel seines Landes auf dem Wiener Kongreß 1815 an Preußen, darunter auch Torgau. Torgau wurde preußische Grenzfestung, Militär- und Beamtenstadt. Industrie und Fortschritt fanden während des ganzen Jahrhunderts keinen Einlaß in die Tore der Festung. Der Charakter als Kreisstadt eines vorwiegend agrarischen Kreises blieb trotz beginnender Ansiedlung der Industrie auch in der ersten Hälfte unseres Jahrhunderts bestehen.

Die Befreiung vom Hitlerfaschismus war für Deutschland eine Chance und Aufgabe zugleich. Mit sowjetischer Hilfe wurde unmittelbar nach dem Krieg in der damaligen sowjetisch besetzten Zone mit dem Wiederaufbau begonnen. Noch 1945 nahmen in der Stadt Torgau die Industriebetriebe die Produktion wieder auf. Es begann eine friedliche, antifaschistisch-demokratische Entwicklung.

Heute leben in der Stadt Torgau 23 000 Einwohner. Industrie und Landwirtschaft haben sich bedeutend entwickelt. Eine Generation gebildeter Menschen ist herangewachsen, die die sozialistische Gesellschaftsordnung weiter aufbaut. Dazu gehört auch die Pflege der Geschichte, der Baudenkmale und Zeugen der Kultur vergangener Generationen. In unserer Stadt stehen die Bauten der Vergangenheit, die historische Altstadt unter Denkmalschutz.

Wir besinnen uns nicht nur auf die Geschichte unserer Heimat, sondern leben mit ihr, die Kenntnisse über die Vergangenheit wirken unmittelbar auf unser heutiges Handeln. In diesem Sinn ist die Begegnung vom 25. April 1945 an der Elbe für unsere Generation das wichtigste Ereignis in der Geschichte der Stadt. Joseph Polowsky schrieb 1947: «In diesem historischen Augenblick der Begegnung unserer Völker schworen alle anwesenden Soldaten – Amerikaner und Russen – feierlich, alles in ihrer Macht Stehende zu tun, damit so etwas nie wieder geschieht und daß die Völker der Welt in Frieden leben sollten und müssen.» Damit wurde das Ereignis zum Symbol der Waffenbrüderschaft zwischen den Streitkräften der Antihitlerkoalition, zum Symbol friedlicher Koexistenz, des Sieges der Menschlichkeit und des Friedensgedankens. Mit dem Namen Torgau verbindet sich heute im Bewußtsein der Völker der Sieg über den alles vernichtenden Krieg, der Wunsch nach immerwährendem Frieden.

Am 25. April – dem Tag der feierlichen Wiederbegegnung der Veteranen der Antihitlerkoalition nach vierzig Jahren – demonstrierte die Bevölkerung Torgaus gemeinsam mit den Friedenskämpfern aus aller Welt für die friedliche Koexistenz und für den Frieden, den wir alle so notwendig brauchen und der die Grundbedingung für jedes weitere Leben auf dieser Erde ist. In einem Friedensgottesdienst in der Stadtkirche bekräftigten die Christen ihr Engagement für den Frieden.

In seiner Grußbotschaft an das Treffen in Torgau 1985 schrieb Michail Gorbatschow, der Generalsekretär des Zentralkomitees der Kommunistischen Partei der Sowjetunion: «Unser in den Jahren des Krieges entstandenes Kampfbündnis führte vor Augen, welches Potential der Zusammenarbeit der gemeinsame Kampf für den Frieden und für eine bessere Zukunft der Menschheit wirksam macht. So ist auch der Händedruck sowjetischer und amerikanischer Soldaten, die sich im Frühjahr 1945 an der Elbe getroffen haben, als Symbol der Hoffnung und Freundschaft für immer in die Geschichte eingegangen.»

Uns ist das Denkmal der Begegnung an der Elbe, das noch 1945 vor den Mauern des Schlosses Hartenfels errichtet wurde, zum Wahrzeichen für unser Leben und Wirken in Frieden geworden. Von dieser Stelle aus nahm die Stadt Torgau vor über tausend Jahren ihren Anfang, mögen unsere Nachkommen in künftigen Jahrhunderten es einst als Symbol eines weltweiten Kampfes und Sieges des Friedens über den Krieg in unseren Tagen erleben können.

Jürgen Herzog ist stellvertretender Chefingenieur der Flachglasfabrik in Torgau.

Gekürzte Fassung

Heinz Blüthchen

Das war das Ende eines mörderischen Krieges

Die ersten Apriltage des Jahres 1945 sind vorüber. Unter der Torgauer Bevölkerung herrscht Unruhe. Aus der Ferne kündet Gefechtslärm vom Vorrücken der Fronten. Aus dem Osten rücken sowjetische, aus dem Westen amerikanische Verbände gegen die Elbe vor. Und in tausend Ängsten schwebend, harren die Bürger Torgaus auf das Ende des Krieges.

Noch spannen sich die weiten Bogen der Eisenbahnbrücke über die Elbe, noch haben die faschistischen Truppen keinen Befehl zum Sprengen gegeben. Noch hoffen die Menschen, daß die Flußübergänge erhalten bleiben.

Stimmen wurden laut, und man erzählte, daß die Sowjetarmee bereits kurz vor der Elbe stehe. Das bedeutete, bald von dem angstvollen Warten auf das Ende erlöst zu sein. Doch da kam der Befehl: «Bis Torgau sind alle Orte wegen der zu erwartenden Kämpfe zu räumen.»

Aufgeregt rafften die Menschen ihre Habseligkeiten zusammen. Panikartig stürzten sie mit Handwagen, mit Rucksäcken und Tragkörben, in denen das Notdürftigste verpackt war, zu den Bahnhöfen. Alle wollten sie noch mit; denn vielleicht war dies der letzte Zug.

Die Abteile der Waggons waren mehr als überfüllt. Männer und Frauen drängten sich, um noch einen Platz auf der Lokomotive oder zwischen den Personenwagen zu bekommen. Nur fort, dachten sie; es geht ums Leben – ums Überleben –, denn den faschistischen Kommandeuren war es gleichgültig, ob noch in den letzten Minuten Frauen, Greise und Kinder getötet wurden.

Wie zum Hohn tauchte die strahlende Frühjahrssonne dieses Bild des Elends in gleißendes Licht. Leicht geblendet schweiften die Blicke des Lokführers den eisernen Schienenstrang entlang. Blaß und erregt stürzte der Heizer August Schäfer auf ihn zu. «Siehst du nicht, Kollege Rieback?» stammelte er, zog ihn am Arm und zeigte auf ein nahe gelegenes Wäldchen, in dem Granaten aufblitzten, begleitet von grauenvollem Donner.

Die Brücke – durchzuckte es ihn, die Eisenbahnbrücke! Fliegt sie schon in die Luft?

Der Lokführer gab Dampf, und ächzend bewegte sich der überladene Zug. Dann die Erlösung – die Brücke war noch frei. Damit war Hunderten von Torgauern der Weg aus der Hölle gelungen.

Unruhige Tage waren verstrichen. Der Stadtkommandant von Torgau befahl, die Stadt gänzlich zu räumen. Wahnsinnige militärische Strategen wollten in den letzten Minuten – der Krieg war längst entschieden – auch noch das Städtchen Torgau verteidigen. Von beiden Seiten rückten die alliierten Streitkräfte zur Elbe vor.

Nur noch Stunden konnte es dauern, ehe sowjetische und amerikanische Truppen zusammentrafen. Draußen war es noch dunkel, doch im Osten graute der Tag. Die Sirenen heulten und schreckten die letzten in Torgau Verbliebenen auf.

Der Tag der Begegnung war nahe. Das Sprengkommando der faschistischen Wehrmacht bemühte sich an den Elbbrücken, in letzter Minute Ufer von Ufer zu trennen. In der Nacht des 24. April zerrissen gewaltige Detonationen die Luft, und berstend stürzte die Brücke in die Fluten der Elbe. Es war das letzte teuflische Werk fanatischer Anhänger des Nazi-Reiches in unserer Stadt. Wenige Stunden später reichten sich sowjetische und amerikanische Truppen am Ufer der Elbe die Hände. Das war das Ende eines mörderischen Krieges ...

Tage sind vergangen. Still und einsam ist es in der Stadt geworden. Gähnend leer sind die Straßen Torgaus, und nur selten ist jemand auf ihnen zu sehen.

Langsam, zögernd kehrten die Einwohner Torgaus einzeln oder in kleinen Trupps zur Stadt zurück. Einige Tage später: Ein Aufruf des ersten sowjetischen Stadtkommandanten rief die Torgauer Bevölkerung auf den Turnplatz. In einer Ansprache mahnte der Kommandant zur Ruhe und Besonnenheit. Er sagte Hilfe und Unterstützung zu, um die große Not zu lindern, und er forderte die Bevölkerung auf, ihre Arbeitsplätze wieder einzunehmen.

Die Eisenbahner begannen als erste mit ihrer Arbeit. Trümmer mußten beseitigt, die Schienenwege von zerfetzten Waggons freigelegt und der Torgauer Bahnhof aufgeräumt werden. In unermüdlicher harter Arbeit wurde das Chaos beseitigt. Bis Pratau war die Strecke frei, doch in Richtung Osten über die Elbe ging es noch nicht. Die zerstörte Eisenbahnbrücke unterbrach den Weg.

Langsam normalisierte sich das Leben. Offiziere und Soldaten der Sowjetarmee halfen überall mit. Eine der wichtigsten Arbeiten, die Eisenbahnbrücke wiederaufzubauen, wurde begonnen. Der Stadtkommandant, der Bürgermeister Listing und Funktionäre der Arbeiterklasse gemeinsam mit dem antifaschistisch-demokratischen Block beschäftigten sich ernsthaft damit. Mir wurde die Hauptverantwortung für den Wiederaufbau der Eisenbahnbrücke übertragen. Keine einfache Sache, ja eine schwere Bürde in diesen schweren Tagen. Aber es wurde die schönste, die wichtigste Aufgabe meines Lebens. In gemeinsamer Arbeit gingen alle Beteiligten ans Werk.

Beim Neubeginn gab es damals viele Probleme, die uns Baueisenbahner und die Baubetriebe bewegten, jedoch schließlich mit sowjetischer Hilfe unbürokratisch gelöst wurden.

An Hand weniger – zum Teil selbstgefertigter – Ausführungsskizzen konnte endlich Anfang August 1945 mit ungefähr 300 Mann aus Dienststellen der Deutschen Reichsbahn, allen Schichten der Bevölkerung Torgaus und einigen sowjetischen Pionieren im Tag- und Nachteinsatz mit dem Räumen der schweren Brückenteile aus dem Strombett der Elbe begonnen werden.

Außer einigen Kabelwinden, hydraulischen Pumpen und Schweißgeräten waren damals weder Kräne noch sonstige Baumaschinen vorhanden. So mußten die meisten Arbeiten von Hand ausgeführt werden, und dies von Männern, die nach den langen, schweren und entbehrungsreichen Kriegsjahren zum Teil abgemagert und erschöpft waren. Ich erinnere mich daran, mit welcher Begeisterung trotzdem in den ersten Stunden friedlicher Aufbauarbeit zugepackt wurde, um aus dem Chaos herauszukommen.

Die Räumungsarbeiten gestalteten sich recht schwierig, da sich die etwa 50 Tonnen schweren Brückenteile im Wasser ineinander verkeilt hatten und zunächst mühsam auseinandergeschnitten werden mußten. Dank umsichtiger Zusammenarbeit aller beteiligten Arbeiter, der technischen Fachkräfte von der Hoch-Tief-Baugemeinschaft Torgau gelang auch diese einmalige technische Leistung. Nach den mühevollen Bergungsarbeiten war das Strombett der Elbe, in dem die Wassermassen nun wieder ungehemmten Durchlauf hatten, endlich wieder frei.

Eine nicht minder schwere Arbeit lag noch vor uns, denn in die entstandenen Lücken mußten Ersatzbrücken eingebaut werden. Gemäß der Entscheidung der Sowjetischen Militäradministration und der Reichsbahndirektion Halle sollten dafür Brücken aus dem zweiten Gleis Cottbus–Leipzig–Halle aufgebaut werden, um damit zunächst eingleisigen Betrieb über die Elbe schnellstens einrichten zu können. Auch das wurde geschafft.

Mit dem Aufbau und Anschluß des Gleisoberbaues an die Strecke und sonstigen Kleinarbeiten war praktisch der «Brückenschlag über die Elbe» nach nur sechs Wochen Bauzeit beendet worden.

An einem sonnigen Tag, dem 14. September 1945, erfolgte vorfristig die Wiederinbetriebnahme der Torgauer Eisenbahnbrücke über die Elbe. Viele Torgauer fanden sich an diesem Tage an der Eisenbahnbrücke ein, um Zeuge ihrer Einweihung zu sein. Neben den Arbeitern der Baufirmen, neben den Ingenieuren und Bauleitern standen 30 Pioniere der Sowjetarmee, die uns tatkräftig geholfen hatten. Zur Einweihungsfeier sagte ich unter anderem: «Mögen nun über die als Gemeinschaftswerk wiedererstandene Eisenbahnbrücke die Züge für einen friedlichen Wiederaufbau unseres zerstörten Heimatlandes rollen.»

Heinz Blüthchen war der ehemalige Bauleiter für den Wiederaufbau der Eisenbahnbrücke Torgau. Von Beruf ist er Eisenbahn-Bauingenieur.

Gekürzte Fassung

Bill Robertson

Ungefähr über der Elbmitte glitten der russische Soldat und ich jeder auf einer Seite eines riesigen «V» hinunter, das durch den verbogenen Träger gebildet wurde

Nach der Einnahme von Leipzig im April 1945 stieß die 69. Division weiter nach Osten vor. Mein Regiment, das 273., erreichte die Mulde ungefähr am 20. April. Jedem GI war bekannt, daß die Russen uns entgegenkamen. Wir wußten, die endgültige Niederlage von Nazi-Deutschland war sicher. Aber wann das sein würde, wie viele von uns überleben würden – das waren die bedrückenden Fragen.

Wir hatten Befehl, an der Mulde haltzumachen. Keine Aufklärungsunternehmen durften östlich des Flusses vorgetragen werden. Dann entschieden höhere Befehlsstellen, daß amerikanische Patrouillen östlich der Mulde operieren konnten, jedoch nur bis zu einer Entfernung von fünf Meilen.

Ich war Second Lieutenant, S-2, also Aufklärungsoffizier, unseres Bataillons und befehligte eine kleine Einheit. Unser Regiment war an der Mulde gegenüber der Stadt Wurzen in Stellung gegangen. Am 24. April setzte der Bürgermeister auf das westliche Ufer über und überbrachte die Kapitulation. Danach zogen wir in Wurzen ein. Meine Einheit hatte an diesem Abend damit zu tun, ein Gefangenenlager einzurichten und die Umgebung zu erkunden.

Zu dieser Zeit war die Möglichkeit, auf die sowjetische Armee zu

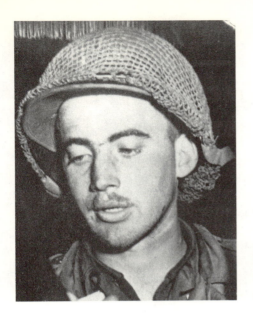

Der erschöpfte Bill Robertson berichtet der Presse am Morgen des 26. April 1945

treffen, das einzige Gesprächsthema. Wir alle waren von Neugier und Erwartung erfüllt. Wir fragten uns, was die Russen wohl tun würden. Wer waren sie? Wir wußten, daß sie sich die ganze Strecke von Stalingrad und Moskau vorangekämpft hatten, daß sie zähe Soldaten waren. Aber wie waren sie wirklich? Wie würden sie sich verhalten? Waren sie Freunde oder nicht? Alles, was wir wußten, war, daß wir sie vor uns hatten – irgendwo dort draußen. Und wir waren uns im klaren, daß es eine große Ehre wäre für die 69. Division, als erster Verband der Westfront mit der Ostfront zusammenzutreffen.

Bald nach unserem Einmarsch in Wurzen stießen wir auf ein Kriegsgefangenenlager, vier Meilen östlich der Stadt. Mehr als viertausend ehemalige Kriegsgefangene strömten nun vom Lager herein. Wenn sie auch schwach und ausgemergelt waren, begrüßten sie uns mit freudeglänzenden Augen. Ich war beeindruckt davon, wie sehr sie den globalen Aspekt des Krieges personifizierten. Einige waren in der Schlacht um Nordafrika in Gefangenschaft geraten. Es gab viele Russen, Polen, Franzosen, Engländer, Kanadier, Inder, Australier und natürlich auch Amerikaner. Ihr Glück war unbeschreiblich – sie folgten uns mit den Blicken, als ob sie sich an uns nicht satt sehen könnten.

Die befreiten Kriegsgefangenen, die nach Wurzen gekommen waren, wurden bald durch Hunderte von Flüchtlingen und befreiten Zwangsarbeitern ergänzt. Letztere waren Polen, Serben, Tschechen, Franzosen und Angehörige noch anderer Nationalitäten. In steigender Zahl trafen deutsche Flüchtlinge ein, zu Fuß, auf Fahrrädern, mit Handwagen, auf denen sich ihre Habe häufte.

So klar wie der Morgen des 25. April war unsere Lage durchaus nicht. Die 69. Division stellte Zelte und Feldküchen für die ehemaligen Kriegsgefangenen und die Flüchtlinge auf der westlichen Seite der Mulde auf. Mehr und mehr deutsche Truppen ergaben sich, kamen in großen und kleinen Gruppen in die Stadt gezogen. Die Bedienung eines automatischen 88-mm-Geschützes, das auf einem «Panther»-Chassis montiert war, übergab uns die intakte Waffe.

An jenem Morgen erhielt ich einen Auftrag vom Bataillonsstab. Die Aufgabe lautete, die Landstraßen, die nach Wurzen führten, zu beobachten, um einen ungefähren Eindruck davon zu erhalten, wie viele Flüchtlinge der Stadt zustrebten, damit die 69. Division entsprechende Vorkehrungen in bezug auf Verpflegung und Unterkunft treffen konnte. Ferner wurde ich beauftragt, Kriegsgefangenenlager und deren Bewachung zu planen. Ich wählte drei Männer aus unserer Aufklärungsgruppe aus: den Corporal James McDonnel aus Peabody, Massachusetts; den Gefreiten Frank Huff aus Washington, Virginia und den Gefreiten Paul Staub aus den Bronx, New York. Paul sprach deutsch.

Wir vier stiegen in unseren Jeep. Er war mit einem Maschinengewehr ausgerüstet. Doch wir hatten weder Leuchtraketen noch ein Funkgerät. Wir fuhren einige Meilen nach Osten, begegneten aber nur wenigen Flüchtlingen. Wir forderten sie auf, sich auf schnellstem Weg nach Wurzen zu begeben. Wir kehrten in die Stadt zurück und fuhren gegen 10.00 Uhr vormittags auf einer anderen Straße in nordöstlicher Richtung wieder hinaus. Auf dieser Landstraße stießen wir auf viele Flüchtlinge. Auch sie trieben wir an, in die Stadt zu ziehen. Wir selber fuhren weiter die Straße entlang.

Das war der Beginn der Patrouille, die schließlich einige zwanzig Meilen weit weg in Torgau endete, der Patrouille, die als zweite mit der sowjetischen Armee zusammentraf. Als wir Wurzen verließen, verfolgten wir durchaus nicht die Absicht, nach Torgau zu fahren, das in ziemlicher Entfernung vom Standort auf feindlichem Gebiet lag. Wenn wir auch ein Maschinengewehr besaßen, so waren wir doch immerhin nur ein Jeep – auf keinen Fall eine motorisierte Patrouille.

Auf unserem Weg nach Nordosten ergab sich uns eine Schützenkompanie, ungefähr dreihundert Mann plus Offiziere. Ich befahl den Deutschen, die Gewehrkolben zu zerschlagen und die Waffen auf einen Haufen zu werfen. Wir konfiszierten die Handfeuerwaffen und stellten einen Paß auf «Freies Geleit» bis Wurzen aus. Danach stoppten wir ein deutsches Militärfahrzeug, das mit Sanitätsoffizieren vollbesetzt war, und dirigierten auch das nach Wurzen.

Die Patrouille bewegte sich vorsichtig voran, denn ich hatte das Gefühl, daß wir an irgendeiner Stelle auf deutsche rückwärtige Truppeneinrichtungen stoßen könnten – auf ein Versorgungsdepot, ein Feldlazarett, eine Küche oder was auch immer. Wir nahmen zwei SS-Leute gefangen, die nur geringen Widerstand leisteten, entwaffneten sie und setzten sie auf die Motorhaube des Jeeps.

Kurz vor Torgau stießen wir auf einen kleinen Trupp englischer Kriegsgefangener, die aus der Stadt entkommen waren und nun ihren Weg zu den amerikanischen Linien suchten. Sie berichteten uns von einigen verwundeten Yanks, die in Torgau gefangengehalten würden. Da entschied ich mich, nach Torgau hineinzufahren.

Bis dahin waren wir in keinen Schußwechsel geraten, ausgenommen den mit den SS-Leuten, die jetzt verdrießlich auf der Motorhaube saßen.

Von einigen Brandherden in der Stadt, die wahrscheinlich Folgen eines vorangegangenen russischen Artilleriesperrfeuers waren, sahen wir Rauch aufsteigen. Wir erkundeten die südlichen Außenbezirke der Stadt und fühlten uns völlig ausgeliefert, da wir uns durch nichts identifizieren konnten als durch unsere Uniformen. Wir hatten keine grünen Leuchtraketen dabei – das vereinbarte Signal der Amerikaner für die Russen. So nahmen wir einem deutschen Zivilisten, den wir auf der Straße trafen, ein weißes Bettlaken weg, rissen ein fünf Fuß mal acht Fuß großes Stück ab, rollten es ein und verstauten es hinten im Jeep. Wir dachten, die Russen würden nicht schießen, wenn wir ihnen mit einer weißen Fahne entgegenträten.

Wir erreichten Torgau um 13.30 Uhr. Es war eine Geisterstadt. Ich glaube, ich habe die ganze Zeit, die wir uns dort aufhielten, nicht mehr als vierzig deutsche Zivilisten gesehen. Wir entdeckten das kleine Gefangenenlager, von dem die Tommies gesprochen hatten, in der Festung Zinna. Es handelte sich um vierzig Männer, die alle wegen Spionage zum Tode verurteilt worden waren. Wir fanden auch die beiden verwundeten und erst vor wenigen Tagen in Gefangenschaft geratenen GIs. Ein jugoslawischer Arzt behandelte sie. Wir versprachen, für schnelle Hilfe zu sorgen.

Von Osten, von der Elbe her, hörten wir Gewehrfeuer. Wir ließen die beiden SS-Leute in dem Gefangenenlager zurück und fuhren in die Richtung der Schüsse. Ein entgegenkommender deutscher Zivilist erzählte Paul, die Sowjetarmee habe die andere Seite des Flusses erreicht.

Wir entschlossen uns zu einem Kontaktversuch. Es war zwei Uhr.

Dann wurden wir aus dem Hinterhalt in eine Schießerei verwickelt. Wir sprangen aus dem Jeep, schwärmten aus und schlugen um die Heckenschützen einen Bogen. Übrigens hatten sich uns die beiden Amerikaner aus dem Gefangenenlager angeschlossen, so daß wir jetzt eine Patrouille von sechs Männern waren.

Da wir mit den Russen auf der anderen Seite des Flusses in Berührung kommen wollten, schien es mir geraten, uns besser kenntlich zu machen. Also brachen wir in die erstbeste Drogerie ein, die am Weg lag, und fanden dort farbigen Puder, rot und blau. Wir rührten ihn mit Wasser an und bemalten das Bettuch mit fünf waagerechten roten Streifen und einem blauen Feld in der oberen linken Ecke. Jetzt war es 15.00 Uhr.

Vorsichtig bewegten wir uns auf die Elbe zu. Ich hielt Ausschau nach einem hohen Gebäude oder einem Turm, von dem wir die Fahne wehen lassen könnten. Da sahen wir das Schloß Hartenfels sehr nahe am Westufer der Elbe mit einem herrlichen Turm.

In das Schloß gelangte man durch einen mit Mauern umfriedeten Hof. Ich ging hinein mit James McDonnell, Paul Staub und dem Fähnrich George Peck, einem der beiden befreiten amerikanischen Kriegsgefangenen. Frank Huff und den anderen ehemaligen Kriegsgefangenen ließ ich im Jeep.

Wir vier stiegen über eine Wendeltreppe im Innern des Turms nach oben. Ich ließ die drei Begleiter auf dem letzten Absatz zurück, kroch auf das Dach hinaus, schwenkte die Fahne, so daß die Russen sie sehen konnten, und schrie «Amerikanski!» und «Towarischtsch!». Das war gegen 15.30 Uhr.

Das Feuer wurde eingestellt.

Ich sah russische Soldaten fünf- bis sechshundert Yards entfernt jenseits des Flusses, etwa zweihundert Yards vom Ufer weg auf einer steilen grasbewachsenen Böschung. Sie bewegten sich unter dem Schutz von Bäumen am Rand eines Waldes.

Sie riefen. Ich verstand nichts.

Ich rief. Sie verstanden nichts.

Dann schossen sie zwei grüne Leuchtraketen ab, keine roten! Ich konnte nicht antworten, weil wir keine Leuchtraketen mitführten. Daraufhin eröffneten sie wieder das Feuer, diesmal nicht nur auf den Turm, sondern auf die ganze Stadt. Inzwischen schossen auch die Deutschen aus dem Hinterhalt auf uns.

Ich schwenkte unsere amerikanische Fahne und mußte dabei noch darauf achten, so gut es ging, in Deckung zu bleiben. Ich schrie immer wieder «Amerikanski» und «Towarischtsch!», versuchte auf englisch klarzumachen, daß wir eine amerikanische Patrouille seien.

Sie stellten das Feuer ein und begannen erneut zu rufen. Ich streckte die Fahne im rechten Winkel aus dem Turm, damit sie leicht die Streifen erkennen konnten. Den Jeep schickte ich zurück ins Lager – ich brauchte einen russischen Gefangenen, der deutsch sprach.

Die Russen nahmen das Feuer wieder auf, diesmal schoß auch ein Panzerabwehrgeschütz aus der linken Ecke des Waldes – ich konnte die Abschußwölkchen sehen. Der Turm wurde getroffen, fünf, sechs Fuß von mir entfernt.

Dann ließ das Feuer wieder nach.

Der Jeep traf mit einem befreiten russischen Kriegsgefangenen aus dem Lager ein. In Eile informierte ihn Paul auf deutsch, was er seinen Landsleuten jenseits des Flusses sagen sollte. Der Russe lehnte sich zum Turm hinaus und rief einige Sätze.

Das Feuer wurde ganz eingestellt.

Eine kleine Gruppe russischer Soldaten lief zum Flußufer hinunter.

Wir verließen den Turm, rannten über den Hof und rasten zum Fluß. Nahe dem Schloß hatte eine Brücke gestanden. Sie war gesprengt worden, vermutlich von der zurückflutenden deutschen Armee. Ihre Träger waren verbogen und verdreht, nur einer ragte über die Wasseroberfläche hinaus. Auf unserer Seite der Elbe sah ich keine Boote.

Ich bewegte mich auf die Brücke zu, doch der befreite russische Kriegsgefangene erreichte sie als erster. Er schwang sich auf den Träger und begann voranzukriechen. Von der anderen Seite näherte sich uns ein russischer Soldat über denselben Träger. Ich kroch dem russischen Kriegsgefangenen nach. Gleich hinter mir folgten Fähnrich Peck und Frank Huff. Der Rest der Patrouille blieb beim Jeep. Paul fotografierte uns.

Der Gefangene erreichte den Soldaten und turnte an ihm vorbei, während sich sein Landsmann weiter auf uns zubewegte. Ungefähr über der Elbmitte glitt der russische Soldat und ich jeder auf einer Seite eines riesigen «V» hinunter, das durch den verbogenen Träger gebildet wurde. Die Symbolik des Vorgangs lag darin, daß «V» das Zeichen für «Victory» war. Aber in diesem Augenblick dachten wir nicht daran.

Der Russe war Sergeant Nikolai Andrejew. Wir reichten uns die Hände und klopften uns gegenseitig vorsichtig auf die Schultern, wobei wir achtgaben, nicht in den schnellfließenden Strom zu fallen. Es war 16.00 Uhr.

Der Russe kroch weiter auf das Westufer zu, während wir unseren Weg auf dem Träger nach Osten fortsetzten, an dessen Ende wir von Soldaten mit begeisterten Rufen empfangen wurden. Immer mehr Soldaten liefen zusammen.

Um 16.45 Uhr standen wir drei Amerikaner mit den Russen am Ufer, lachten und schrien, klopften uns gegenseitig auf den Rücken und schüttelten viele Hände. Frank, George und ich schrien auf englisch, unsere Gastgeber auf russisch. Keiner verstand den anderen, aber das Gefühl der Gemeinsamkeit war unmißverständlich. Wir alle waren Soldaten, Kameraden in Waffen. Wir hatten einen gemeinsamen Feind besiegt. Der Krieg war vorbei, der Frieden nahe. Wir alle würden die nächste Stunde, den nächsten Tag erleben.

Mehr und mehr Russen erschienen, und das Fest nahm seinen Lauf. Einer brachte eine erbeutete Kiste voller Lebensmittel – Sardinen, Plätzchen, Dosenfleisch, Schokolade. Plötzlich waren Wein und Schnaps da. Wir tranken auf die Vereinigten Staaten, auf die Sowjetunion, auf unsere Verbündeten. Wir tranken auf unsere Befehlshaber und auf die Führer unserer Nationen.

Wir betrachteten einander mit offener Neugier. Die russischen Soldaten schienen sehr jung zu sein; aber ich schätze, wir waren es auch. Sie sahen aus wie alle Soldaten, die aus der Schlacht kommen, waren aber sauberer als viele sonst. Sie trugen ihre Auszeichnungen auf ihren Kampfuniformen, jedoch keine Stahlhelme – ich weiß nicht,

---

Treffen von Robertson und Andrejew auf der zerstörten Brücke von Torgau, 25. April 1945, 16.00 Uhr. Georg Peck und Frank Huff klettern hinter Robertson den «V»-Bogen der Brücke hinunter

warum. Einige hatten weitergekämpft, trotz der Verbände über ihren Verwundungen. Ich war überrascht, so verschiedenartige, freundlich aussehende, fröhliche Burschen vorzufinden. Wir tauschten Andenken wie Mützenkokarden oder Abzeichen aus. Ich tauschte meine Armbanduhr mit der eines russischen Hauptmanns, der seit Stalingrad fünfmal verwundet worden war. Ein Soldat gab mir seinen goldenen Ehering.

Dann traf ein Major ein, der englisch sprach. Ich schlug vor, Vorbereitungen für eine Zusammenkunft unserer Regiments- und Divisionskommandeure am nächsten Tag um 10.00 Uhr in Torgau zu treffen. Ich sagte ihm, ich müsse zu unseren Linien zurückkehren. Der Major erklärte mir, unsere Patrouille sei mit Einheiten der 58. Gardedivision der von General Konew befehligten 1. Ukrainischen Front zusammengetroffen. Garde bedeutete, daß es sich um eine Elitetruppe handelte, die wegen Tapferkeit bei der Schlacht um Stalingrad lobend erwähnt worden war.

Es wurde spät, und ich wollte gern vor Einbruch der Dunkelheit wieder in Wurzen sein. Ich bat darum, uns eine Gruppe Verbindungsleute mitzugeben. Vier Russen meldeten sich freiwillig. Das waren Major Anfim Larionow, Hauptmann Wassili Neda, Gardeleutnant Alexander Silwaschko, Zugführer der Soldaten an der Brücke, und Sergeant Nikolai Andrejew, mit dem ich als erstem auf der Brücke von Torgau zusammengetroffen war.

Um fünf Uhr überquerten wir wieder die Elbe, diesmal in einem Rennboot, das die Russen entdeckt hatten. Zu acht stiegen wir in den Jeep und fuhren los. Bei Dunkelwerden erreichten wir ohne Zwischenfall Wurzen. Als bekannt wurde, daß unsere Begleiter russische Soldaten seien und die erste Begegnung stattgefunden hatte, gab es im Bataillonsstab wieder Händeschütteln, Feiern und Toasts. Fotografen machten Bilder von uns, wie wir alle auf der Treppe vor dem Stabsgebäude stehen.

Plötzlich fiel ein Schuß.

Ein deutscher Zivilist, der in der Nähe gestanden hatte, fiel zu Boden – seine Schädeldecke war weggeschossen. Er lag zuckend auf dem Trottoir, und Blut sprudelte aus der zerrissenen Schlagader.

Was war geschehen? Wir erfuhren, daß der Mann unter dem Verdacht festgenommen worden war, ein Anführer des «Werwolf» zu sein und als Gefangenenwärter in der Festung Zinna gedient zu haben. Unsere Leute hatten ihn noch nicht überprüft. Als er nun die vier

Von links nach rechts:
William Robertson, James McDonell, Paul Staub und Frank Huff
mit ihrer selbstgefertigten US-Flagge

Russen vor dem Stabsgebäude sah, mag er gedacht haben, sein letztes Stündlein sei gekommen. Während alle feierten, riß er einem GI das Gewehr von der Schulter, preßte die Mündung unters Kinn und betätigte den Abzug.

Nicht lange nach diesem Zwischenfall begaben wir uns zum Regimentsstab in Trebsen. Hier war man schon von dem Zusammentreffen unterrichtet. Colonel Charles Adams, der Kommandeur des 273. Regiments, hieß die russische Delegation willkommen. Ein freundlicher Empfang für unsere Patrouille war viel weniger gewiß, weil wir uns weit über die Fünf-Meilen-Zone hinausgewagt hatten. Was wir nicht wußten, war, daß Colonel Adams noch zwei weitere Patrouillen ausgesandt hatte, die auch jenseits dieser Grenze operierten, und er deswegen schon vom Kommandeur der 69. Division, General Reinhardt, einen Anschnauzer einstecken mußte.

Eine viel größere Menge begleitete uns, als wir zum Divisionsstab nach Naunhof fuhren. General Reinhardt begrüßte die Russen, ordnete aber gleichzeitig an, daß die Robertson-Patrouille im Dienstzimmer des G-3 eingesperrt werden sollte. Dort hieß es, wir würden vor ein Kriegsgericht gestellt, weil wir gegen den Befehl gehandelt hatten, uns nicht über die Fünf-Meilen-Zone hinauszubewegen. Wir saßen ganz schön in der Tinte.

Aber die Macht und die Gegenwart der Presse bewirken Erstaunliches. Das Gerücht, die 69. Division, die in vorderster Linie der 1. Armee lag, werde bald mit den Russen zusammentreffen, gelangte ins Presse-Camp der 1. Armee. Korrespondenten und Bildreporter belagerten daraufhin den Divisionsstab. Sie wußten, ein Ereignis stand bevor.

Reinhardt setzte General Huebner vom V. Korps von unserer Kontaktaufnahme in Kenntnis. General Huebner kanzelte General Reinhardt ab und meldete dann das Ereignis General Hodges von der 1. Armee. General Hodges wurde gegen Mitternacht mit der Nachricht geweckt, die Robertson-Patrouille sei mit den Russen zusammengetroffen und momentan halte sich eine russische Delegation im Divisionsstab auf.

Wie reagierte General Hodges? Er erklärte sich «entzückt» über die Nachricht. Er sagte General Huebner, er solle General Reinhardt gratulieren. Alles war vergeben.

Unsere Patrouille und die Russen wurden dann einer Schar Reporter vorgestellt. Das Ereignis wurde mitgeteilt; Aufnahmen wurden gemacht, einschließlich des AP-Fotos von Gardeleutnant Silwaschko und mir, das rund um die Welt auf den Titelseiten der Zeitungen erschien. Dann traten die Reporter ab, um ihre Geschichten zurechtzu-

---

Die Robertson-Patrouille am Elbufer, nachmittags am 25. April 1945
Von links nach rechts:
Frank Huff, James McDonell, Bill Robertson und Paul Staub

Oberst Charles Adams, Kommandeur des 273. Regiments, stößt mit sowjetischen und amerikanischen Soldaten in seinem Regimentsstab bei Trebsen auf den Sieg an.
Von links nach rechts:
Leutnant Alexander Silwaschko, Major Anafim Larionow, Oberst Charles Adams, Sergeant Nikolai Andrejew und Second Lieutenant Bill Robertson

feilen. Bei den Treffen am nächsten Tag würden sie wieder dasein.

Inzwischen war es weit nach Mitternacht, also schon am 26. April. Wir Männer von der Patrouille waren sehr müde, weil wir in der Nacht zuvor kaum zum Schlafen gekommen waren. Aber die Russen mußten zu ihren Linien zurück. Es war vereinbart, daß sich unsere kommandierenden Offiziere um 10.00 Uhr morgens in Torgau treffen sollten. Also fuhren wir noch zum Regiment, um eine Patrouille von vierzehn Jeeps zusammenzustellen. Da meine Männer und ich den Weg nach Torgau bereits kannten, wurde unser Jeep an die Spitze des Konvois beordert. Der Zug, in dem sich auch Colonel Adams befand, erreichte Torgau bei Morgengrauen. Die Presse traf ein. An diesem 26. April erst wurden die meisten Bilder vom Zusammentreffen in Torgau einschließlich der Filmaufnahmen gemacht.

Die Nachricht, daß Lieutenant Albert Kotzebue und seine Jeep-Patrouille von achtundzwanzig Männern aus unserem 273. Regiment in Wirklichkeit die ersten gewesen waren, die den Russen begegneten, erfuhren wir erst jetzt, am 26. April. Buck Kotzebues Patrouille war ebenfalls mit Angehörigen der 58. Gardedivision zusammengetroffen. Sie hatten den Kontakt am selben Tag bei Strehla an der Elbe hergestellt, siebzehn Meilen südlich von Torgau. Kotzebue hat die Russen um 12.30 Uhr getroffen, dreieinhalb Stunden vor uns. Deshalb gebührt der Kotzebue-Patrouille die Ehre, die *erste* amerikanische Einheit gewesen zu sein, die mit den Russen zusammengetroffen ist.

Als wir von der Robertson-Patrouille am Abend des 25. April mit der russischen Delegation zu den amerikanischen Linien zurückkehrten, hatte man uns unverzüglich der Presse vorgestellt. Die Nachricht war um die Welt gegangen. Wir bekamen den größten Teil der Publicity ab, auch das Verdienst wurde uns zugeschrieben, die erste «offizielle» Begegnung, die Begegnung von Torgau, herbeigeführt zu haben. Buck Kotzebue mit seinen Leuten war über Nacht bei den Russen geblieben. Er hatte keine Verbindung mit der Division herstellen können, erst recht nicht mit der Presse, ehe die «offiziellen» Meetings in Torgau vorüber waren.

Dr. William D. Robertson setzte nach dem Krieg sein Medizinstudium in Kalifornien fort. Er praktizierte in Großbritannien und in den Vereinigten Staaten als Nervenarzt und wirkte später als Neurochirurg in der Umgebung von Los Angeles. 1984 schied er aus dem Beruf aus.

GEORGE PECK

Wir winkten wild und rannten auf die Brücke zu

Am Nachmittag des 25. April 1945 saßen Sergeant Victor Berruti und ich an einer Landstraße kurz vor Torgau, nicht weit entfernt von der Festung Zinna. Wir beobachteten die Straße und erblickten dann einen einzelnen Jeep, der aber hinter einer Biegung verschwand.

«Sieht aus, als wollten sie woandershin, Lieutenant», stellte Victor fest.

«Vielleicht kommen sie zurück», erwiderte ich. «Wir bleiben hier sitzen und passen sie ab.»

Für Victor und mich war dieser Apriltag der erste in Freiheit.

Am 13. Oktober 1944 wurden wir, fünf Amerikaner, in Italien in der Gegend von Turin nach einem Feuergefecht hoch in den Alpen, das den ganzen Tag über angedauert hatte, gefangengenommen. Die Deutschen, denen ich in die Hände fiel, begriffen nur schwer, was ich, ein Fähnrich zur See, in einer Höhe von achttausend Fuß zu suchen hatte. Als sie dann aber herausbekamen, daß wir zur Aufklärung gehörten, waren sie im Bilde.

Unsere Gruppe wurde nach Deutschland transportiert – aus der Reichweite der italienischen Partisanen, die versucht hatten, uns zu befreien. Am 9. November gelang mir die Flucht aus dem Gefängnis von Mossburg in Bayern. Ich wurde aber vier Tage später wieder eingefangen. Diese Flucht trug nicht eben dazu bei, mich bei den Deutschen beliebt zu machen. Ich bekam dafür fast fünf Monate Einzelhaft – eine Lektion in Geduld. Ungefähr um den 1. April herum wurden meine Kameraden und ich nach der Festung Zinna übergeführt. Zu der Zeit war dies das einzige noch funktionierende Militärgefängnis in Nazi-Deutschland. Hier sollten wir als Spione vor Gericht gestellt werden.

Als wir in der Festung Zinna ankamen, brachten uns die Deutschen in eine Art Außendienststelle, wo wir überprüft wurden. Ein Kalfaktor von zweifelhafter Erscheinung näherte sich uns heimlich. Er wies auf einen Stapel Ordner auf dem Schreibtisch. Jeder war mit einem großen «T» beschriftet. Das, sagte er, seien unsere Akten, und er fügte hinzu: «*T meint Tod!*»*

Furcht ergriff uns.

Erneut wurde ich von meinen Kameraden getrennt. An diesem Abend hörte ich Geräusche, die über die Felder zu mir hereindrangen, Geräusche, als würden kleine Stöcke zerbrochen. Und wieder hörte ich sie. Da erkannte ich, daß das Exekutionskommando in Aktion war – eine nächtliche Begebenheit in der Festung Zinna. Ich meditierte in der zunehmenden Dunkelheit und kam zu dem Schluß, daß es auch ganz in der Ordnung wäre, wenn Gott beschlossen haben sollte, mich auf Erden zu belassen. Ein tiefes Gefühl des Friedens kam über mich, als ich des Wortes gedachte: «Du bewahrest die in großem Frieden, deren Gedanken auf Dich gerichtet sind.»

Ungefähr eine Stunde später erhielt ich Besuch. André Levacher, ein französischer Captain, erschien mir wie ein Engel des Segens. Er sagte, er wisse alles über unseren Fall. Wir sollten uns nicht sorgen, denn die Militärrichter der Nazis würden gegen uns nicht so bald Anklage wegen Spionage erheben, da sie in naher Zukunft wahrscheinlich selber im Gefängnis säßen. So kam es auch wirklich.

Als André mich verließ, fragte er, ob ich auf seine Zelle verlegt werden möchte, die er mit Bertelsen, dem ehemaligen dänischen Generalkonsul, teilte. Und ob ich das wollte! Am nächsten Tag zog ich bei ihnen ein. Wir sprachen pausenlos zwölf Stunden lang. André war in Châlon-sur-Marne zu Hause und hatte zweimal die Zerstörung seiner Heimat erlebt – 1914 und 1940. Sein Verbrechen bestand darin, daß er, nachdem er mit der ganzen Armee an der Maginot-Linie gefangengenommen worden war, eine Untergrundorganisation zur Flucht von französischen Kriegsgefangenen unterhielt.

Bertelsen wahrte Zurückhaltung bezüglich seiner Verbindungen zum britischen Untergrund, da sein Fall noch in Verhandlung war. Sein Beitrag zu der Unterhaltung bestand darin, gute Laune zu verbreiten und mit uns all die köstlichen Sachen zu teilen, die ihm das dänische Außenministerium zukommen ließ. Von ihm erhielt ich vierhundert Zigaretten, mit denen ich eine ausgezeichnete deutsche Armeeuhr, Schweizer Fabrikat, kaufte.

Ein prominenter deutscher Gefangener, der uns gelegentlich in unserer Zelle besuchte, war General Oskar Ritter von Niedermayer, ein Sproß des bayerischen Adels und ehemaliger Chef des Wehrpolitischen Instituts in Berlin. Als die amerikanischen und russischen Armeen sich von entgegengesetzten Seiten auf Torgau zu bewegten, teilte er André, der in gewisser Weise der illegale Leiter des Gefängnisses geworden war, bereitwillig sein hervorragendes strategisches Wissen mit.

Wie von Niedermayer wußten die meisten der etwa zweitausend Gefangenen durch eine Meldung des «Völkischen Beobachters», daß die Russen am 20. April zwei Meilen östlich der Elbe und die Amerikaner ungefähr zwanzig Meilen westlich der Mulde standen.

Als die Front näher rückte, wurde ein Feldlazarett in die Festung verlegt, und die Keller füllten sich mit verwundeten Soldaten. Am 23. April wurde der Befehl erteilt, die Festung zu evakuieren. Die verbliebenen deutschen Truppen sollten alle Insassen nach Bayern mitnehmen, wo die Nazis eine letzte Bastion, die sogenannte Alpenfestung, errichten wollten. Am nächsten Tag teilte André der Gefängnisleitung mit, sie könnten mit den deutschen Gefangenen tun, was sie wollten, die alliierten Kriegsgefangenen aber und die Verwundeten würden die Festung Zinna nicht verlassen. Zu meiner Überraschung stimmte die Leitung zu. Die deutschen Gefangenen wurden am Abend des 24. April abgeführt. Die Festung befand sich nun in den Händen der Franzosen, Briten, Russen, Italiener und Amerikaner.

Der 25. April, der große Tag, zog mit einem kalten Nieselregen herauf. Früh versammelten wir uns im vorderen Hof des Gefängnisses, um unsere neue Freiheit zu erproben. Dabei wurden wir Zeugen einer herzzerreißenden Szene, die an den Dreißigjährigen Krieg erinnerte, die große Tragödie der Deutschen.

Die Nazis räumten das Feldlazarett. Verwundete, die sich zu Fuß fortbewegen konnten, humpelten vondannen, einige von ihnen notdürftig bekleidet und in Decken gewickelt, andere waren barfüßig. Die schwerer Verwundeten wurden auf Bauernwagen gefahren, die man gewöhnlich zum Transport von Kartoffeln oder Mist benutzt. Als die Pferde die Wagen über das Kopfsteinpflaster zogen, wurden die Verwundeten erbarmungslos hin und her geworfen.

Einige von uns gingen zu dem obersten Nazi-Militärarzt und baten ihn, die schwerverwundeten Deutschen hierzulassen, als einen Gnadenakt. Natürlich war es sein Job, die zerrissenen Leiber wieder zusammenzuflicken, damit sie wieder als *Kanonenfutter** Verwendung fanden. Doch davon sprach er nicht. Er wandte sich uns wütend zu und überschüttete uns mit Beschimpfungen, die in der Voraussage gipfelten: «In zwei Monaten werden wir euch Amerikaner zurück in die Nordsee werfen!»

Wir glaubten, er sei verrückt geworden. Schließlich fuhr der letzte Pferdewagen durch das Tor der alten Festung. Auf seiner hinteren Klappe saß eine Rote-Kreuz-Schwester und ließ die Beine baumeln. Ich sah, wie Tränen über ihr offenes deutsches Gesicht liefen.

Jetzt hatte André die Befehlsgewalt über die Festung. Eine der ersten Anordnungen, die er traf, war, eine Wache vor dem Weinkeller zu postieren. Er stand auf dem Standpunkt, daß der Wein, zumeist französischer, zu Recht uns gehörte. Dennoch handelte er nicht schnell genug, um einen sehr großen und sehr wilden Iren in britischem Dienst zurückhalten zu können, der schon gegen acht Uhr gestrichen voll war. Der Paddy – ein Spitzname für Ire – zertrümmerte die Einrichtung und machte mächtig Wind. Wir wußten nicht, was wir tun sollten, bis unser solider amerikanischer Sergeant Victor Berruti aufkreuzte. Er überredete den Paddy, ihn zum Eingang des Zellenblocks C zu begleiten, öffnete das Gitter und bot ihm an, sich die Zelle auszusuchen, in die er eingesperrt werden möchte. Paddy, durch diesen freundlichen Trick zur Ruhe gebracht, geriet jetzt in sein weinerliches Stadium und ließ sich zu einer Pritsche führen, auf der er seinen Rausch ausschlafen konnte.

Wie der Paddy versuchte jeder von uns auf seine Weise die Freuden der Freiheit auszuprobieren. Zusätzlich zur Leitung der Festung hatte André es übernommen, gemeinsam mit den ehemals hier inhaftierten Franzosen die Vorbereitungen für ein überwältigendes Freudenfest zu treffen. Der russische Leutnant Titow, ein Pilot, hatte bis zu unserer Befreiung im Geflügelhof gearbeitet; er steuerte Dutzende Eier und junge Hühner bei. Der englische Captain Lewis Graham, der wie durch ein Wunder Jahre bedrohlicher Unterernährung, eine Lungenentzündung und einen Bombenangriff auf das Gefängnis überlebt hatte, verlangte jetzt ein langes, heißes Bad – und er bekam es. Ein italienischer Oberst versuchte seine verblaßte Autorität dadurch wiederzugewinnen, daß er seine Leute seine Stiefel putzen ließ.

Was mich anging, so wurde ich von einer Angst vor Anarchie ergriffen. Denn der Abzug der Deutschen hatte ein Autoritätsvakuum hinterlassen, und ich fühlte mich verpflichtet, es ausfüllen zu helfen. Ich fragte André, ob ich mich um die alliierten Verwundeten kümmern solle. Er stimmte sofort zu und lieh mir eine gutgeschnittene französische Uniformjacke, die ich anstelle meiner schäbigen GI-Bluse anlegte. Jetzt sah ich wieder eher wie ein Offizier aus. Victor trieb einen Silberstreifen auf, den ich mir ans Käppi heftete. Die Illusion war wirksam, wenn auch vielleicht verwirrend. Die Verwundeten – an die vierzig Russen und eine Handvoll Amerikaner – wurden sorgsam aus dem Keller herausgeholt und in sauberen Betten in luftigen Baracken untergebracht.

Kurz nach Mittag stürzte einer in die Festung mit der elektrisierenden Nachricht: «Die Amerikaner sind da!» Aber sie stellte sich als blinder Alarm heraus. Victor und mich packte die Ungeduld, und so gingen wir gegen drei Uhr hinaus, um uns nach den Amerikanern umzusehen. Eine wärmende Sonne war zum Vorschein gekommen, und wir setzten uns am Straßenrand nieder. Die Kastanien begannen gerade zu blühen. Wir waren froh, draußen und allein zu sein.

Die Straße war lang, gerade, flach. Sie führte über die Ebene nach Westen und – wie wir hofften – zu den Amerikanern. Wir warteten.

Um 15.15 Uhr machten wir an dem Punkt, wo die Linien der Landstraße am Horizont perspektivisch in eins verliefen, ein winziges Fahrzeug aus. Als es immer größer wurde, erkannten wir einen Jeep. Auf dem Rücksitz lag ein Haufen von Handfeuerwaffen, auf dem ein GI-Corporal thronte.

«Heh! Leute!» rief er.

Nie ist mir mein heimatlicher New Yorker Akzent lieblicher vorgekommen. Wie Victor stammte der Mann aus der East Bronx. Im Nu waren die beiden in ein eifriges Gespräch über Heimatadressen, Delikatessenläden und Restaurants vertieft – Essen war überhaupt ein Lieblingsthema, bei Kriegsgefangenen und GIs.

Der Patrouillenführer war Second Lieutenant William Robertson, der sich mit «Bill» vorstellte. Er stammte aus Los Angeles und hatte Wichtigeres im Kopf als essen.

«Sind die Deutschen noch in Torgau?» fragte er.

«Nein», antwortete ich eilig und froh, ihm zu Diensten sein zu können. «Heute früh gegen sieben sind sie abgezogen. Mag sein, es laufen noch ein paar Volkssturmmänner herum.» Der *Volkssturm** war jene erbärmliche Miliz aus alten Männern und Jungen, die ihre Häuser verteidigen sollten.

«Wo stehen die Russen?» fragte Bill.

«Am *Brückenkopf**, auf der anderen Seite des Flusses», antworteten wir. «Sie sind vor zwei Tagen eingetroffen und haben dort haltgemacht.»

«Wollen mal sehn, ob wir sie finden!» sagte Bill.

Robertson räumte ein, daß er überhaupt nicht hier sein dürfe. Seine Patrouille sei der amerikanischen Front vorausgeeilt, verlockt von den vielen Deutschen, die wild darauf waren, ihre Waffen den Amerikanern statt den gefürchteten Russen zu übergeben. Deshalb auch der Haufen Pistolen, Maschinenpistolen und Maschinengewehre auf dem Rücksitz des Jeeps.

Bill stattete uns mit Waffen aus und lud uns ein, die Patrouille zu begleiten. Zu sechst fuhren wir nach Torgau hinein. Bill stieg dann aus und führte vier von uns, je zwei und zwei auf jeder Seite, über die Straße. Victor folgte im Jeep. Hier und dort brannte ein Haus still vor sich hin. Niemand beachtete es.

Wir kamen am Marktplatz heraus. Bill hatte ein großes weißes Laken, das er als Fahne benutzen wollte, wenn wir auf die Russen stoßen sollten. Victor und ich meinten, das sei kein guter Einfall, weil die Deutschen diese Taktik in der letzten Zeit überstrapaziert hätten und die Russen uns deshalb bestimmt für Deutsche halten würden. Jemand sagte: «Dann pinseln wir das Laken doch an, so daß es aussieht wie eine amerikanische Fahne.»

Danach ging Bill zu einer Eisenwarenhandlung, schoß mit seiner Maschinenpistole das Schloß heraus und zertrümmerte eine Scheibe, um hindurchzulangen und den Riegel zurückschieben zu können. Drinnen fanden wir Aquarellpulver, rührten die Farben mit Wasser an und malten drei breite rote Streifen und in einer Ecke ein blaues Feld auf das Laken. Die Stellen, an denen die blaue Farbe nicht hielt, konnten als Sterne gelten. Das war eine richtige Fahne! Ich habe mir ein Stück von ihr abgerissen, als Vorsichtsmaßnahme, um Zweiflern beweisen zu können, daß das alles kein Traum gewesen ist. Später hat Bill sie General Eisenhower übergeben, der sie, wie es heißt, an das Smithsonian-Institut, die Rumpelkammer der Nation, weiterleitete.

Vom Laden aus machten wir uns auf den Weg zum Schloß Hartenfels am Fluß, dem direkt gegenüber am anderen Ufer die Russen lagen. Das Schloß besaß einen Wachtturm mit einer Plattform unter einer kronenförmigen Kuppel.

Nachdem wir durch das Hoftor an das Schloß herangefahren waren, liefen wir die Treppen hinauf und kamen hoch über dem unter uns wirbelnden Fluß heraus. Die Brücke war gesprengt, die Fahrbahn ganz zerstört worden; nur die Querstreben des Überbaus waren übriggeblieben. Auf der anderen Seite der Elbe, ungefähr fünfhundert Yards entfernt, erstreckten sich die russischen Linien. Sie hatten sich vor dem *Brückenkopf**, einem kleinen Militärgefängnis, verschanzt. Ein russischer Panzerwagen stand im Schutz eines der wenigen Häuser. Zwischen uns und den Russen erstreckten sich ein weites grünes Gelände, der von zwei spinnwebenähnlichen Brücken überspannte Fluß und der Torgauer Uferstreifen.

Hinter den Verschanzungen sahen wir sich bewegende Gestalten.

Wir überblickten kurz die Lage, dann stieg Bill über eine wacklige Leiter im Turm nach oben und gelangte durch eine Falltür in den Raum unter der Kuppel. Von dieser Plattform kletterte er hinaus auf den Turm – mehr als hundert Fuß über der Elbe – und begann in dieser heiklen Stellung die Fahne zu schwenken.

Von den Russen kam keine Antwort.

Ich schrie von unten: «Ruf amerikanskije soldaty!» In Gefangenschaft hatte ich oft davon geträumt, von den Russen befreit zu werden, und mir ein deutsch-russisches Wörterbuch für Soldaten verschafft. Hieraus hatte ich die wichtigsten Ausdrücke gelernt, besonders Wörter wie drug, daitje mne chleb, gde und so weiter.

Diesmal hatte Robertson Erfolg. Wir sahen Köpfe über das aufgeworfene Erdreich lugen.

Dann stieg eine rote Leuchtrakete in die Luft.

«Verdammt!» rief Bill, «ich habe die Leuchtraketen vergessen.» Amerikanische Patrouillen sollten grüne Leuchtraketen abschießen, wenn sie auf die Russen trafen.

Auf unserer Seite der Elbe flackerte spärliches Heckenschützenfeuer des *Volkssturms** auf. Das genügte den Russen schon: Sie schossen herüber.

Es war sehr eindrucksvoll. Die ganze Front entlang leuchteten Feuergarben auf. Von dort, wo wir uns befanden, sah es aus, als würden Feuersteine gegeneinander geschlagen, und die Funken entfalteten sich zu Pilzen. Ich konnte beobachten, wie die Granate auf uns zukam.

Wir gingen alle in Deckung. Nur nicht Bill. Er schwang weiter die Fahne. Nach einer Weile kam er ermüdet auf die Plattform herunter.

«Hör mal», sagte ich ihm, «ich habe in der Festung einen Freund, einen Leutnant Titow. Das ist ein russischer Pilot, wurde bei Stalingrad abgeschossen. Er kann mit denen da drüben russisch sprechen.»

Bill rief Victor zu, der noch im Wagen saß, er solle in die Festung Zinna zurücksausen und den russischen Leutnant holen. Nach einer uns unendlich lang erscheinenden Zeit kam der Jeep zurück, und Leutnant Titow keuchte die Treppe herauf. Ich erklärte ihm die Lage in deutscher Sprache, die er nur schlecht beherrschte. Dennoch hatte er offenbar mein Anliegen verstanden; denn er kletterte im Turm hoch und schrie mit der ganzen Kraft seiner starken Lungen etwas auf russisch nach drüben, die Silben zu langen, traurigen Rufen dehnend. Ich dankte dem Schicksal, daß er ein stimmgewaltiger Bursche war – im Zivilberuf war er ein Jäger aus der Gegend von Wladiwostok –, weil er nämlich fünf Minuten lang brüllen mußte.

Am Ostufer tauchten wieder einige Köpfe auf. Soldaten traten hinter Bäumen hervor, stiegen aus Gräben. Titow mochte sie aufgefordert haben, zum Fluß hinunterzugehen. Einige sprangen über die Erdwälle.

Bill rief: «Los denn!» Und wir alle drängten uns die Treppe hinunter, sprangen in den Jeep und rasten zum Ufer.

Die gegenüberliegenden Wiesen füllten sich mit Soldaten. Wir winkten wild und rannten auf die Brücke zu. Ich fragte Bill, ob ich ihn begleiten sollte, da ich deutsch sprach und dort drüben womöglich keiner Englisch verstand.

Doch Bill kroch schon über die verdrehten Träger der Brücke. Ich folgte dicht hinter ihm. Ein russischer Sergeant war uns von der anderen Seite schon ein gutes Stück entgegengekommen. Er traf mit Bill zusammen. Und dann näherte auch ich mich. Der Träger war nicht breit, und es fiel nicht leicht, sich auf ihm zu halten und nicht in den reißenden Fluß zu fallen. Doch wir schafften unseren Weg zum Ostufer, wo uns eine Gruppe Russen willkommen hieß. Wir alle schwatzten drauflos, schüttelten Hände und schlugen einander auf den Rücken.

Ich fragte die Russen, woher sie kämen, und sie antworteten: «Stalingrad.» Sie gehörten zu einer Einheit der 1. Ukrainischen Front und sahen aus, als hätten sie den ganzen Weg zu Fuß zurückgelegt. Man sah fast keine Fahrzeuge, ausgenommen einen LKW und einige erbeutete Pferdewagen – das genaue Gegenteil zu unseren hochtechnisierten Truppen. Auch ihre Uniformen setzten mich in Erstaunen. Waren unsere schon nicht farbenfroh, so wirkten die ihren monoton. Sie trugen alle abgenutzte Monturen, alle außer dem kommandierenden Offizier, einem schick uniformierten Major. Er war groß und blond und sah aus wie Alexander Newski – wie der wirkliche, nicht wie der Schauspieler, der ihn in dem Film von Eisenstein gespielt hat.

Bill und der Major setzten sich, tauschten Beglaubigungen aus und wechselten Worte. Ich bot mich ihnen als Dolmetscher an, weil in diesem Teil Europas, anders als heute, die *lingua franca* nicht das Englische, sondern die deutsche Sprache war. Der Major blickte mich durchdringend an und bellte: «Net!» Ich hatte nicht die russische Haltung bedacht, jeden Kriegsgefangenen, solange er nicht das Gegenteil beweisen konnte, als einen verräterischen Deserteur zu betrachten.

Während die beiden sich unterhielten, fiel mir ein anderer wichtiger Unterschied zwischen unseren Armeen auf: Hier gab es eine Anzahl Frauen, die genau wie die Männer gekleidet waren. Sie dienten als Sanitäterinnen. Ich hatte eine solche Sanitäterin kennengelernt, die von den Deutschen gefangengenommen worden war. Die Aufgabe dieser Frauen bestand darin, erste Hilfe zu leisten, ohne Rücksicht darauf, wie heftig der Kampf tobte. Viele von ihnen wurden in der Schlacht getötet. Später erfuhr ich, daß die Zahl der überlebenden Verwundeten in der russischen Armee höher lag als in jeder anderen, die unsere eingeschlossen.

Inzwischen entwickelte sich allmählich die Feierei. Ein russischer Soldat feuerte eine deutsche Panzerfaust in den Fluß ab; das Geschoß plumpste ins Wasser und detonierte mit einem zufriedenstellenden Knall. Die Russen reichten Flaschen mit deutschem Schnaps herum, auch deutschen Käse, deutsches Brot, deutsche Wurst und Schokolade. In Ermangelung sprachlicher Kommunikation gab es viel Umarmen und Schulterklopfen.

Ein russischer Hauptmann behandelte mich wie seinen Freund. Seine Brust war bedeckt mit zur Schau gestellten Orden – nicht nur den Bändern, sondern den richtigen Orden. Er zog mich an seine Heldenbrust und drückte mich heftig; aber es stellte sich heraus, daß er weniger von mir angezogen wurde als von meiner Uhr, die ich für vierhundert Zigaretten erstanden hatte. Der historische Augenblick, sagte er, sollte durch einen Uhrentausch würdig begangen werden, und er bot mir eine Damenuhr aus Messing an, die nicht mehr funktionierte. Er sagte, meine Frau würde sich über sie freuen. Ich war so überrascht, daß ich nach anfänglichem Widerstreben einwilligte. Später machte ich mir Gedanken darüber, daß dieser gerissene Bursche historische Ereignisse zu seinem eigenen Vorteil nutzte.

Als ich in der sich dem Westen zuneigenden Sonne saß, hatte ich Muße zum Nachdenken. Das war in der Tat ein historisches Ereignis. Bei einem anderen wäre eine solche Stimmung inmitten des Jubels als unangemessen erschienen. Aber ich war Historiker und dazu seit einigen Jahren in der politischen Aufklärung. An diesem Nachmittag am Elbufer dachte ich daran, daß der Spanische Bürgerkrieg, in dem viele der «frühen Antifaschisten» wie ich gekämpft hatten, vor fast zehn Jahren ausgebrochen war. Jetzt näherte sich der lange Kampf gegen die faschistische Diktatur seinem Ende. Großbritannien war gerettet, auch Frankreich und Italien, wenngleich ausgehungert und durch Schlachten verwüstet. Jüdische Überlebende wurden aus den Todeslagern befreit. Warm überflutete mich eine Welle von Hoffnung. Am selben Tag wurden die Vereinten Nationen in San Francisco gegründet. Der Frieden der Welt mußte auf der Freundschaft unserer beiden großen Nationen erbaut werden – der Vereinigten Staaten und der Sowjetunion.

Bill und der Major brachten ihre Verhandlung zu einem Ende. Sie vereinbarten ein Treffen zwischen ihren kommandierenden Offizieren, das am nächsten Tag an einer etwas weiter flußabwärts gelegenen Brücke stattfinden sollte.

«Ich muß vor Sonnenuntergang wieder an der Mulde sein», sagte Bill plötzlich. «Es ist fast fünf. Machen wir uns also auf!»

Ein russischer Soldat entdeckte im Fluß ein zurückgelassenes Motorboot und sprang ins Wasser. Aber der Motor ließ sich nicht starten, und so besorgte ein anderer Soldat ein Ruderboot. Damit setzten wir über. Auf dem Westufer schloß sich uns eine Sanitätsabteilung der Russen an, die uns zur Festung Zinna begleitete. Sie transportierte die russischen Verwundeten ab und überließ uns die amerikanischen. Bill verabschiedete sich von Victor und mir und sagte, Hilfe würde gegen Morgen eintreffen – was dann auch geschah.

Die Russen zogen nicht sofort wieder ab. Einer von ihnen kam zu André und deutete auf einen siebzehnjährigen deutschen Jungen in SS-Uniform. Durch Zeichensprache machte er klar, daß er ihn erschießen wollte. André wußte über die Greueltaten des Nationalsozialismus genau Bescheid. Er wußte von den barbarischen Handlungen, die von der SS nicht nur in der Sowjetunion, sondern auch in seinem eigenen Land verübt worden waren. Doch er weigerte sich, den jungen Deutschen auszuliefern. Statt dessen schickte er den Jungen nach Hause – zu seiner Mutter.

Die Sonne ging jetzt unter. Das Fest, das die französischen Insassen der Festung Zinna vorbereitet hatten, fand an langen Tischen statt, die aus Böcken und Brettern zusammengesetzt worden waren. Wir saßen alle bunt durcheinander, Offiziere und einfache Soldaten, Franzosen, Briten, Italiener und Amerikaner. Unsere Unterhaltung wurde auf französisch geführt, in der Sprache, die die meisten verstanden und einige sprachen. Wir brachten unsere Siegestoasts mit Wein aus, der aus Andrés Heimat, der Champagne, stammte. Die Köche und Kellner unter uns hatten manche Saison in Trouville, St. Malô und dergleichen Orten verbracht, und so wurde unser Festmahl eine Freude für jeden Gourmet: gegrillte junge Hühner, frischer Spargel und neue Kartoffeln – und das Ganze wurde hinuntergespült mit Wein aus Barsac. Zum Dessert gab es Äpfel – das erste frische Obst, das viele von uns seit Monaten genossen –, Käse, Schwarzbrot und immer wieder Champagner.

Doch ehe ich mich an dem einzigartigen Festmahl beteiligte, legte ich mich auf meine Pritsche. Zum ersten Mal seit dem Morgen kam ich dazu, mich auszuruhen, seit ich mich in meiner Furcht vor Anarchie darangemacht hatte, daß die Toten begraben, die Verwundeten versorgt, die Betrunkenen beruhigt und die Plünderungen in Grenzen gehalten wurden. Der Tag hatte mich geschafft. Ich begann heftig zu zittern, unkontrolliert. Meinem Nervensystem, das so lange brachgelegen hatte, war zuviel zugemutet worden.

André kam zu mir herüber, um mir etwas zu sagen. Er sah mich durchdringend an und ging still wieder davon. André war ein zivilisierter Mensch.

George T. Peck lehrte nach der Heimkehr aus dem Krieg Geschichte an der Universität von Lehigh, wechselte dann als Vizepräsident und Verkaufsleiter zu den New-Yorker Bekleidungswerken Peck & Peck über. 1970 nahm er seine Lehrtätigkeit am Sarah Lawrence College wieder auf, war später beim SUNY-Vertrieb beschäftigt und ging 1980 in Pension.

Bill Fox

Der Kavallerist galoppierte auf uns zu

25. April 1945. Der Morgen war noch jung und die Luft kalt, als sechs Jeeps von der E- und der H-Kompanie sich mit zwei anderen Jeeps am Sammelplatz trafen. Der eine war der Funk-Jeep vom Regimentsstab, der andere kam vom Stab des V. Korps.

Der Schauplatz: die schmale gebrechliche Holzbrücke über die Mulde bei Trebsen. Das Ziel: Kontakt mit den russischen Streitkräften aufzunehmen, die sich von Osten her durch das von Deutschen gehaltene Gebiet näherten.

Die Patrouille bestand aus einundfünfzig Männern. Unser Vorstoß nach Osten war auf fünf Meilen jenseits des Flusses begrenzt. Aber die allgemeine Stimmung, die unter den Männern vorherrschte, war die, daß wir so weit vorgehen sollten, bis wir auf die Russen trafen. Uns erfüllte ein Geist des Eifers, der Unternehmungslust und des alles überwindenden Verlangens, die Verbindung herzustellen. Ich selbst war entschlossen, an diesem Tag mit den Russen zusammenzukommen – Befehl oder nicht.

Um 04.45 Uhr verließen unsere Jeeps den Standort Trebsen, und dann warteten wir an der Brücke. Der Aufenthalt im scharfen Morgenwind war unangenehm; aber das Grollen der Artillerie in der Ferne – vielleicht russische, vielleicht deutsche – versprach uns Abenteuer.

Herzliche spontane Begegnung von amerikanischen und sowjetischen Soldaten im Raum Torgau

---

Die Robertson-Patrouille überreicht ihre Flagge General Dwight D. Eisenhower

Schließlich rasselte noch eine Patrouille vom I & R Platoon[1] über die alte Holzbrücke auf das andere Ufer. Um 05.35 Uhr fuhren beide Patrouillen gemeinsam ostwärts. Zehn Minuten später, nachdem wir uns von der I & R-Patrouille getrennt hatten, passierten wir den letzten Vorposten und stießen hinein in den kalten Morgennebel.

Theoretisch standen wir unter dem Kommando von Second Lieutenant Thomas P. Howard von der E-Kompanie. In Wirklichkeit aber befehligte Major Fred W. Craig, der 2. Bataillonskommandeur und ranghöchste anwesende Offizier, die Patrouille. Captain George J. Morey, Stellvertretender S-2, war an Stelle des Regimentskommandeurs mit dabei, während mein Auftrag lautete, das Treffen der Russen und Amerikaner schriftlich festzuhalten. Ich hatte mir diese Patrouille ausgesucht, weil sie wahrscheinlich die erste sein würde, die den Kontakt an der Front unseres Korps herstellte.

Die Patrouille folgte einer Route auf verzweigten, kurvenreichen Neben- und Hauptstraßen über Gornewitz, Denwitz und Fremdiswalde nach Roda. Bei der Annäherung an jede Ortschaft drosselten wir die Geschwindigkeit und führten sorgfältige Aufklärung durch; erst dann fuhren wir hinein. Es waren kleine, friedliche Landgemeinden, in denen fast noch alles schlief, als wir sie mit unseren Jeeps passierten. Andere amerikanische Patrouillen hatten zuvor bereits diese Dörfer erkundet; von den meisten Häusern hingen weiße Fahnen herab und flatterten im Wind. Hier und dort steckte ein neugieriger junger Bursche den Kopf aus einem Fenster des Obergeschosses heraus. Kleine Gruppen Dorfbewohner sahen teilnahmslos zu, wie die Amerikaner sich lautlos durch die Straßen bewegten. Es gab keinen Widerstand. Eine unwirkliche Ruhe herrschte. An diesem frühen Aprilmorgen schien der Krieg weit entfernt zu sein von diesen grauen Häusern und den einsamen, gewundenen Landstraßen.

Das Wetter blieb kalt, der Nebel löste sich nicht auf. Die Jeeps arbeiteten sich langsam, mit großer Vorsicht voran. Wir hatten ein waches Auge auf alles um uns herum. Als wir Roda verließen, befahl Major Craig, nach Wermsdorf weiterzufahren. Aus der Ferne sahen wir ein riesiges rotes Kreuz vom Dach eines Gebäudes leuchten, das ein Krankenhaus in der Stadt zu sein schien.

Wermsdorf erreichten wir um 09.15 Uhr. Nachdem wir ins Zen-

---

[1] I & R Platoon – Abteilung für Nachrichten und Aufklärung.

trum der Stadt gefahren waren, steuerten einige Jeeps direkt das Krankenhaus an, während die anderen die Lage im allgemeinen erkundeten. Französische, belgische, russische und polnische Zwangsarbeiter, die in der Landwirtschaft eingesetzt gewesen waren, zeigten sich. Bestrebt, uns zu helfen, wiesen sie uns die Verstecke deutscher Soldaten. Die meisten von denen hatten ihre Truppe verlassen.

Unsere Männer schleppten den Bürgermeister herbei. Major Craig befahl ihm mit Hilfe eines Dolmetschers, der Bevölkerung mitzuteilen, daß alle Häuser weiß beflaggt werden müßten und alle deutschen Soldaten sich bis 15.00 Uhr im Krankenhaus einzufinden hätten; Soldaten, die nach diesem Zeitpunkt außerhalb des Krankenhausgeländes angetroffen würden, drohe Erschießung. Sollten sich unliebsame Zwischenfälle ereignen, warnte Major Craig den Bürgermeister, würde er erschossen und die Stadt durch Artilleriebeschuß dem Erdboden gleichgemacht.

Der Bürgermeister kletterte auf einen der Jeeps und verkündete diese Befehle der zusammengelaufenen Bevölkerung. In der Menge befanden sich auch alliierte Zwangsarbeiter, die zwar noch ziemlich verwirrt, aber dennoch glücklich über ihre wiedergewonnene Freiheit dreinschauten. Craig hatte weise die Tatsache verschwiegen, daß ihm keine Artillerie zur Verfügung stand, um seine Drohung wahrzumachen. Wir, eine Handvoll Männer, verkörperten die ganze amerikanische Armee in diesem Gebiet.

Wir befanden uns noch innerhalb der autorisierten Erkundungszone; aber Wermsdorf lag dicht an der Linie, die uns vom Regiment gezogen worden war. Als die Patrouille kurz zuvor eine Positionsmeldung durchgegeben hatte, lautete die Antwort des Regiments: «Patrouille dort anhalten, wo sie jetzt steht. Nicht weiter vorgehen. Umgebung erkunden.»

Nachdem wir die Besetzung des Wermsdorfer Krankenhauses gemeldet hatten, erteilte uns das Regiment die Erlaubnis, weiter nach Norden vorzustoßen. «Patrouille soll bis in die Nähe von (636166) vorrücken», hieß es. Das bedeutete, bis Deutsch-Luppa-Wendisch. «Umgebung erkunden und Meldung erstatten.»

Gegen 11.00 Uhr verließ die Patrouille Wermsdorf und durchfuhr das zwischen den Forsten Wermsdorf und Hubertusburg gelegene Waldstück. Unsere Kolonne machte halt am nördlichen Waldrand. Dort nahmen wir eine komplette deutsche Sanitätskompanie gefangen, die keinerlei Widerstand leistete. Trotzdem bedeutete das weiteren Zeitverlust, denn viele von uns fieberten schon ungeduldig einem baldigen Treffen mit den Russen entgegen.

Kurz vor zwölf begegneten wir zwei russischen Zwangsarbeitern. Sie erzählten uns, die Russen hätten bei Strehla eine Ponton-Brücke über die Elbe geschlagen, im Lauf des Morgens in Oschatz erkundet und sich danach wieder auf Strehla zurückgezogen. Wenn die Russen wirklich noch so weit entfernt waren, dann hieß das, wir mußten uns über die uns befohlene Grenze hinwegsetzen, wollten wir auf sie treffen.

Doch nach der Bestätigung unserer Meldung von der Besetzung des Wermsdorfer Krankenhauses hatte das Regiment noch einmal mitgeteilt: «Wiederholen Instruktion: Nicht über die Grenze hinausbewegen!»

Daraufhin sagte ich zu Major Craig, daß ich, wenn seine Befehle ihm eine ausgedehntere Erkundungsfahrt untersagten, allein weitermachen würde, um auf die Russen zu treffen, vorausgesetzt, er überließe mir einen Jeep und seinen Russischdolmetscher.

Gemäß der Anordnung ging die Patrouille bis Deutsch-Luppa-Wendisch vor. Hier empfing sie um 13.05 Uhr erneut einen Haltebefehl. Die Angehörigen der Patrouille waren mehr und mehr erpicht darauf, über die gesetzte Grenze vorzustoßen. Ich wiederholte meinen Wunsch, allein weiterzufahren.

Um 15.00 Uhr verließen die Jeeps Calbitz. Überall sahen wir Ströme von befreiten Zwangsarbeitern und ehemaligen alliierten Kriegsgefangenen. Manche waren betrunken, andere plünderten. Alle winkten uns zu, grüßten uns, jubelten. Sie waren das Treibgut Europas – aber sie waren frei. Diese Flut führte auch viele deutsche Zivilisten mit sich, die im Angesicht der Niederlage von Panik ergriffen waren. Sie saßen auf Bauernwagen, auf Fuhrwerken und Einspännern, auf jeder Art von Gefährt, das sie tragen konnte. Sie flohen – die ganz Alten und die ganz Jungen, die Kranken und die Verkrüppelten. Sie waren in den Strudel des Zusammenbruchs ihrer Nation geraten und ein Teil der umherziehenden Massen Europas geworden.

Gegen 16.00 Uhr bewegte sich die Patrouille auf Terpitz zu. Nicht weit vom Elbufer hielten wir auf einer Hügelkuppe an, um einen Überblick über das Gelände zu gewinnen. Wir glaubten, den russischen Brückenkopf von dort aus sehen zu können.

Jedermann war plötzlich erregt. Durch Feldstecher machten wir verschiedene Kolonnen aus, die sich über die sanften Erhebungen

Die überraschende Begegnung der Craig-Patrouille mit sowjetischen Kavalleristen bei Clanzschwitz

---

jenseits von Liebschütz nordwärts bewegten. Wir befragten einige versprengte deutsche Soldaten. Sie gaben uns die Auskunft, daß es deutsche Truppen seien, die sich nach Norden zurückzögen, keine Russen.

Weiter östlich erreichten wir Clanzschwitz. Inzwischen waren die Landstraßen sehr staubig geworden. Die Luft hatte sich erwärmt, dennoch wehte ein kühler Wind. In diesem Ort wurde unser Konvoi von schnellen Jeeps eingeholt. Wir hielten an. Die Männer in den Jeeps gehörten zur Patrouille von Lieutenant Kotzebue. Sie überraschten uns mit der Neuigkeit, daß Kotzebue am Morgen einen ersten Kontakt mit den Russen aufgenommen habe und er sich selbst noch auf dem östlichen Elbufer befinde, gar nicht weit von hier entfernt.

Craig gab sofort das Zeichen zum Aufbruch. Wir rasten aus dem Ort in Richtung Leckwitz und Elbe. Nachdem unsere Jeeps das letzte Haus hinter sich gelassen hatten und das führende Fahrzeug sich ungefähr einhundertfünfzig Yards von der östlichen Ortsgrenze entfernt befand, kam die Kolonne in einer Wolke von aufgewirbeltem Staub zum Stehen. Alle sahen mit offenen Mündern nach rechts. Dort, auf einer baumgesäumten, parallel verlaufenden Landstraße, die von Zausswitz herführte, galoppierte eine Reiterabteilung nach Westen. Wir stießen nur ein einziges Wort des Erstaunens aus: «Russen!»

Die Reiter erblickten offenbar zur selben Zeit die Jeeps. Sie ritten auf uns zu. Unter den Kavalleristen befanden sich einige Soldaten auf Fahrrädern und Motorrädern. Wir stürzten alle aus den Jeeps. Die Zeit stand still, als der erste Russe auf uns zukam.

«Ich dachte, der erste Bursche würde nie bei uns ankommen», erzählte mir später ein GI. «Meine Augen starrten wie gebannt auf sein Fahrrad. Er schien größer und größer zu werden und gleichzeitig langsamer und langsamer. Ein paar Yards vor mir warf der Mann das Rad zur Seite, salutierte, grinste und streckte mir die Hand entgegen. Dann waren auch die übrigen schon da.»

Das war das Treffen. Es fand um 16.45 Uhr statt. Die Sonne verblaßte bereits. Es war ein klarer Tag geworden. Jeder lächelte. Keinem fiel etwas Nettes ein, das er hätte sagen müssen. Die Amerikaner sagten: «Amerikanski.» Die Russen sagten: «Russki.» Das war's auch schon. Es war ein historischer Augenblick, und jeder wußte das. Aber keiner brachte einen unsterblichen Satz zustande. Das einzige, was nach Beredsamkeit klang, war die steife Ansprache, die der Gefreite Igor N. Belousovitch von der E-Kompanie hielt. Belousovitch, geboren in einer russischen Familie in Shanghai, begleitete die Patrouille als Dolmetscher. Er sagte zu dem russischen Oberleutnant, der als erster erschien: «Ich begrüße Sie im Namen der amerikanischen Armee und unserer Kommandeure zu diesem historischen Ereignis. Es ist ein Vorzug und eine Ehre, daran teilnehmen zu dürfen.»

Und der Russe, auf ähnliche Weise beredt, erwiderte: «Das ist ein historisches Ereignis. Es ist der Augenblick, für den unsere beiden Armeen gekämpft haben. Es ist für mich eine große Ehre, hier zu stehen. Es ist herrlich, daß wir uns hier getroffen haben. Es ist ein Augenblick, der in die Geschichte eingehen wird.»

Aber das waren die einzigen Proben unserer Redegewandtheit. Denn sonst herrschte mehr der Geist tiefempfundener Freundschaft zwischen unseren beiden Gruppen. Das beste, das einer tun konnte, war, einfach zu lächeln und «Towarischtsch» zu sagen. Kameras kamen zum Vorschein. Aufnahmen wurden gemacht. Zigaretten wurden ausgetauscht. Ein GI schwang sich auf eins der russischen Pferde und ließ es umhertänzeln. Jeder lächelte und kam sich blöde vor, weil er nicht viel sagen konnte. Jeder verfluchte die Sprachbarriere.

Das Treffen war ein buntes Durcheinander und nur von kurzer Dauer. Die Russen waren in Schwadronstärke. Sie gehörten zum 1. Schitomir-Gardekavallerieregiment. Sie erklärten, sie befänden sich auf dem Weg nach Dresden und hätten sich zu beeilen. Viel war geschehen, und doch war nichts geschehen. Nach wenig mehr als drei Minuten befanden sich beide Gruppen wieder auf ihrem Weg. Das Treffen war vorbei. Es war jetzt kurz nach 16.48 Uhr.

Nach dieser Begegnung fuhren wir weiter in Richtung Strehla. Wir rasten in einer Staubwolke dahin, um uns mit Kotzebues Leuten am Schauplatz der ersten Überquerung der Elbe zu vereinen. An der Stelle trafen wir aber niemanden an, und wir beeilten uns, durch Gorzig und über den ebenen Uferstreifen gegenüber von Kreinitz zu kommen. Auf dem Ostufer sahen wir eine Gruppe von Russen. Eine roh zusammengezimmerte, von Hand zu betreibende Ponton-Fähre führte über den Fluß.

Sofort gingen einige Russen daran, sich überzusetzen. Sie landeten am Westufer, befestigten die Fähre und sprangen auf uns zu. Wieder herrschten allgemeines Lächeln und Händeschütteln, weil keiner wußte, wie er sich sonst ausdrücken sollte. Die russische Gruppe und mehrere Männer aus unserer Patrouille zogen sich über die rasch dahinfließende Elbe ans andere Ufer. Dort waren die unvermeidlichen russischen Kameraleute schon am Werk.

Wir stiegen von der Fähre und kletterten die ansteigende gepflasterte Böschung hoch. Da stand eine Gruppe Russen um einen stämmigen kleinen Mann mit gesetztem Gesichtsausdruck herum. Durch Belousovitch wurde uns der kleine Mann als Generalmajor Wladimir Russakow, Kommandeur der 58. Gardeinfanteriedivision, vorgestellt. Der General verhielt sich zunächst vorsichtig und wollte unsere Identifikationspapiere sehen.

Dann erklärte er uns über Belousovitch, daß seine Division von der 5. Armee unter Generaloberst Shadow sei, die zur 1. Ukrainischen

General Wladimir Russakow, Oberbefehlshaber der 5. Gardearmee, begrüßt die Craig-Patrouille am Ostufer der Elbe bei Kreinitz

Front Marschall Iwan S. Konews gehöre. Sie hatten sich von Stalingrad bis zur Elbe durchgekämpft. Er sagte, er sei stolz darauf, daß seine Division als erste mit Amerikanern zusammengetroffen sei. Er war sich des «historischen Augenblicks» bewußt.

Er wünschte zu erfahren, wo sich der Rest der amerikanischen Armee befinde. Wann würden die Amerikaner die Elbe erreichen? Wie war die Infanterie bewaffnet? Wie viele Panzer standen in der Nähe? Eine Patrouille von einigen Jeeps war nicht vorgesehen. Er sagte, sein Befehl laute, die Elbe nicht zu überqueren. Er war verwirrt, als wir ihm mitteilten, daß unser Befehl laute, nicht über die Mulde vorzustoßen.

Dann sprach General Russakow davon, daß die Deutschen vor den Russen wegliefen, um sich den Amerikanern ergeben zu können. Ihm wurde sofort versichert, daß die amerikanische Armee schwer und gut gekämpft habe und daß sie jetzt mit dem Feind nicht törichterweise weichherzig umgehe. Das schien ihn zu befriedigen. Er beeilte sich hinzuzufügen, daß er die amerikanische Armee tief bewundere. Jetzt, da wir uns vereinigt hätten, sagte er, könnten wir gemeinsam den Krieg schnell beenden.

Schließlich war der Austausch von Freundlichkeiten am Flußufer beendet. Russakow sagte, daß die Mitglieder der Kotzebue-Patrouille «woanders bewirtet» würden. Er sagte, man würde sich der Männer unserer Patrouille annehmen, und begleitete uns Offiziere in ein nahe gelegenes Haus, wo wir gemeinsam Trinksprüche ausbrachten.

Der Tisch war gedeckt. Alkohol floß in Strömen. Außer mir waren folgende Offiziere anwesend: Craig, Morey, Howard, Russakow, der Adjutant des Generals im Rang eines Obersten und Oberstleutnant Alexander Gordejew, auf den Russakow mit Stolz deutete und sagte: «Er ist mein bester Regimentskommandeur.» Belousovitch dolmetschte.

Wir tranken auf das Wohl der führenden Männer Rußlands, Großbritanniens und der Vereinigten Staaten. Wir tranken auf die Gesundheit jedes Kommandeurs und Soldaten beider Armeen. Immer wurde ex getrunken – und bald schlingerte jedermann. Ein ernster Augenblick kam, als wir auf den verstorbenen Präsidenten Roosevelt tranken, den jeder Russe zu kennen schien und für den sie höchste Achtung und Zuneigung hegten.

Während das militärische und diplomatische Protokoll solchermaßen ablief, setzte unser Funker das Regiment von dem Zusammentreffen in Kenntnis. Die Division schlug vor, zwei Flugzeuge zu entsenden. Die Russen präparierten eine Landebahn. Unser Patrouillenführer versuchte, eine Begegnung von Colonel Charles Adams und General Russakow zu arrangieren. Der General sagte, seine Instruktionen lauteten, sich nicht über die Elbe zu begeben; alle Emissäre müßten zu ihm kommen.

Nachdem das gesellige Beisammensein beendet war, boten die Russen an, uns zu einem Gefangenenlager für alliierte Soldaten zu bringen, das vor einigen Tagen befreit worden war. Wir nahmen das Anerbieten an und setzten uns kurz vor Einbruch der Dunkelheit in Richtung auf das Oflg IV-B bei Mühlberg nördlich von Kreinitz in

Bewegung. Ein Stabsoffizier von Oberstleutnant Gordejew diente uns als Führer.

Als die Jeeps das Lagertor passierten, war es schon fast dunkel, doch nicht so finster, daß verborgen geblieben wäre, daß wir Amerikaner waren. Die uns zuerst erkannten, riefen überrascht: «Mein Gott! Yanks!» Während die Jeeps durch die Lagerstraßen fuhren, wurden Begrüßungsrufe laut und steigerten sich zu Donnerstärke. Amerikaner, Briten, Franzosen, Jugoslawen, alliierte Offiziere und Soldaten aus allen Nationen jubelten uns zu, schrien und weinten ihre Freude heraus.

Wir waren nur eine Handvoll Amerikaner, keine große Streitmacht. Die Lagerinsassen befanden sich schon seit einigen Tagen in Freiheit. Doch die Jeeps und die amerikanischen Uniformen stellten Symbole dar, die ihnen sehr nahe standen. Sie stürmten unsere Jeeps, setzten sich an die Lenkräder und gaben Gas. So viele wie möglich drängten sich auf die wenige Quadratfuß große Fläche der Fahrzeuge und fuhren durchs Lager. Sie waren wild darauf, nur «Hello!» zu sagen und Hände zu schütteln und einfach die Männer aus den Vereinigten Staaten zu berühren.

Ein ehemaliger Kriegsgefangener rannte neben einem Jeep her und zerrte wie wahnsinnig an einem Schulterstück der 69. Division, um es von der Jacke des betreffenden Soldaten herunterzubekommen. Schließlich riß er es mit den Zähnen los. «Bloß ein Andenken!» sagte er grinsend und küßte es, bevor er es in die Tasche steckte. In diesen Minuten erlebten wir die Gefangenen nur als unglückliche Burschen, die es sichtlich nötig hatten, nach Hause zurückzukehren nach den Monaten und Jahren der Unfreiheit.

«Wo kommst du her?»
«Sie haben mich bei der Schlacht um Aachen erwischt!»
«Die Schweine haben mich in Dünkirchen geschnappt!»
«Mich am Westwall, letzten September!»
«Mich haben sie in der Normandie gefangengenommen!»
«Ich bin über Bremen abgeschossen worden!»
«Ich komme aus New York!»
«Ich komme aus London!»
«Ich komme aus San Francisco!»
«Ich komme aus Paris!»
«Parlez vous français? Je suis belgique!»

Das waren wilde, verwirrte, begeisterte Gefühlsausbrüche. Das

Angehörige der Craig-Patrouille und Sowjetsoldaten besuchen ein befreites Kriegsgefangenenlager bei Mühlberg, 25. April 1945

Wichtige, das ungesagt blieb, ihr Glücksgefühl, endlich frei zu sein, war so überwältigend, daß es sich mit Worten nicht ausdrücken ließ. Sie zogen uns in die Baracken und traktierten uns mit Kaffee und Gesprächen. Mehr als alles andere wollten sie mit uns sprechen, Fragen stellen.

«Stimmt es, daß Roosevelt tot ist?»

«Ja, die Krauts haben uns gegen Ende zu besser behandelt, gaben uns sogar ein Radio. Aber die verdammten SS-Kerle waren schlimm und gemein.»

«Hast du jemals hilflos dabeigestanden, Junge, wie ein anderer Amerikaner auf der Straße gestorben ist, nachdem die Nazis auf ihn geschossen haben? Wir waren dabei. Das ist kein angenehmer Anblick. Wir haben nichts mehr für diese Burschen übrig.»

«Wir wissen ja, daß ihr auf Patrouille seid. Und der Rest steht hinten an der Mulde? Warum ausgerechnet in so einer gottverlassenen Gegend? Befehl von ganz oben, wie? Na gut, es wird ja nicht mehr lange dauern.»

«Gibst du mir dein Autogramm? Klar, du bist keine Berühmtheit. Aber für uns bist du furchtbar wichtig. Danke.»

«Trink doch noch Kaffee. Es ist nicht viel, aber es ist alles, was wir im Moment haben.»

«Ihr müßt weg? Das ist zu schade. Okay. Sicher, sicher, wir verstehen das. Alles Gute! Bis dann, Jungs! Viel Glück, Kameraden! Bald ist alles vorbei!»

So redeten sie. So handelten sie. Es bedeutete nichts, es bedeutete alles. Als wir das Lager verließen, waren wir voller Demut. Obwohl wir nichts getan hatten, verkörperten wir doch die Symbole, an die diese Männer in all den Tagen ihrer Gefangenschaft geglaubt hatten. Wir fühlten Stolz auf unsere Uniform und auf unsere Sache.

William J. Fox war Kriegsberichterstatter bei der 1. Armee, beim «Second Information and Historical Service» des V. Korps. Nach dem Krieg arbeitete er als Korrespondent für «United Press International» und die «Los Angeles Times». Es ist ein unglaublicher Zufall, daß Fox am 25. April 1986, dem «Tag an der Elbe», starb.

Ann Stringer

Bravo, Amerikanski!

Das sollte mein letzter Bericht von der Front sein. Die Serie hatte begonnen mit der Schlagzeile «In der Festung Jülich, Deutschland, am 26. Februar, 18.30 Uhr». Diese Geschichte beschrieb die Überquerung der Roer und die Überwindung ihrer Dämme im Winter 1944. Die Überquerung der Roer war die erste alliierte Offensive seit der Schlacht um Aachen, die im vorangegangenen Monat ihr Ende gefunden hatte. Seitdem waren meine Schlagzeilen gewesen: «Die Einnahme von Köln» (5. März), «Im Remagener Brückenkopf auf dem Ostufer des Rheins» (10. März), «Bei den amerikanischen Truppen in Leipzig» (11. April) und «Das Konzentrationslager Buchenwald» (21. April). Mein letzter Bericht indes sollte sich als der historisch wichtigste erweisen.

Ich hätte mich gar nicht an der Elbe aufhalten dürfen – das verstieß ganz klar gegen die Anweisungen. Mein erster Bericht aus der Festung Jülich hatte das SHAEF[1] veranlaßt, seine Instruktionen zu wiederholen, die mich in der Form eines Ultimatums «zu Anns Kenntnis» erreichten. Man forderte von mir die Beachtung der Regeln, nach denen ich mich «nicht weiter nach vorn begeben darf als die weiblichen Angehörigen der Streitkräfte». Und das hieß: Ich hätte weit hinter der Front bleiben müssen. Aber ich war ein «United-Press»-Reporter und keine Reporterin. Und ich konnte es mit jedem Mann aufnehmen. Ich hatte es mir vorgenommen, die erste Story von der Begegnung der amerikanischen mit der sowjetischen Armee an der Elbe herauszubringen. Und sie würde eine Schlagzeile von der Front tragen.

Torgau machte am 26. April einen völlig verlassenen Eindruck, als Allan Jackson, der Bildreporter des «American News Service» und ich

---

1 SHAEF – Hauptquartier der Alliierten Expeditionstruppen – die Red.

es in zwei verschiedenen L-5-Maschinen überflogen. Wir wußten, daß am Tag zuvor GIs mit Russen zusammengetroffen waren. Schließlich landeten wir in einem Kleefeld am Westufer der Elbe und stiegen aus unseren Flugzeugen. Um in die Stadt zu gelangen, mußten wir über einige Straßensperren klettern.

Da sah ich dann meinen ersten Russen – einen jungen Mann, nur mit blauen Shorts und einem Käppi mit Hammer und Sichel bekleidet. Die Elbe wimmelte von russischen Soldaten, die, nackt bis zur Hüfte, herüberschwammen, um uns zu begrüßen. Der junge Mann rannte triefend naß über die Straße. Als er uns sah, rief er «Bravo, Amerikanski!» und «Bravo, Genossen!». In großer Erregung und gleich sehr freundschaftlich führte uns der Soldat zum Flußufer, wo wir einige beschädigte Rennboote fanden. Da alle Brücken von den Deutschen zerstört worden waren, ruderten wir über die Elbe.

Als die Russen auf dem Ostufer uns kommen sahen, rannten sie durch das hohe, feuchte Gras zum Fluß herunter und begrüßten uns mit Geschrei. Durch den Jubel und das Knattern der Maschinenpistolen, die in die Luft abgeschossen wurden, hörten wir Rufe wie: «Vive Roosevelt!» und «Vive Stalin!».

Die Soldaten halfen uns, die Rennboote durch das hohe, nasse Gras aufs Land zu ziehen. Dann standen alle stramm in Habachtstellung. Einer nach dem anderen trat vor, salutierte, gab uns die Hand und trat ins Glied zurück. Dann trat Leutnant Grigori Otentschuk vor, ein Stalingradkämpfer, um die offizielle Rede von russischer Seite zu halten.

«Vor wenigen Jahren», sagte er, «standen deutsche Soldaten in Stalingrad. Jetzt stehen sowjetische Soldaten in Berlin, und sowjetische Soldaten stehen hier, mitten in Deutschland, mit ihren amerikanischen Verbündeten.»

Danach war es für die Russen selbstverständlich, daß wir mit ihrem Divisionskommandeur, Generalmajor Russakow, zusammentrafen. Wir gingen los. Mir fiel auf, daß fast alle Männer unserer Begleitung auf ihren grünlichen Uniformblusen wenigstens einen blitzenden bunten Orden trugen.

Ann Stringer interviewt General Wladimir Russakow. Allan Jackson (mit Hand in der Jackentasche) schaut zu

Wir wurden Generalmajor Russakow vorgestellt, einem ruhigen untersetzten Mann mit pechschwarzen Haaren. Flankiert wurde er sowohl von seinen eigenen Leuten als auch von GIs von der 69. Infanteriedivision, die schon auf dem Schauplatz angekommen waren. Wir gaben den Russen Autogramme von uns, sie gaben uns ihre. Der Kommandeur lud uns zum Mittagessen ein. Er sagte mir, ich sei die erste amerikanische Frau, die er und seine Truppe je gesehen hätten, und ließ mich zum Essen auf dem Ehrenplatz, rechts neben sich, Platz nehmen. Dann fingen die Toasts an! Toasts auf den Sieg, auf dauerhafte Freundschaft und immerwährenden Frieden. Ich erkannte bald, daß es ein ernstes Geschäft ist, wenn die Russen Toasts ausbringen. Wir toasteten mit Kognak. Dann mit Wein. Dann mit Schnaps. Dann mit Wodka. Dann mit anderem Alkoholischen, das ich nicht genau identifizieren konnte, obwohl es wie Kornschnaps schmeckte.

Das Essen selbst begann mit Sardinen in Cremesauce, es folgten scharfgewürzte Fleischpasteten. Viele Platten mit hartgekochten Eiern wurden herumgereicht und auch Schüsseln mit rohen Eiern. Die Russen stachen ein Loch in ein Ende des Eies und sogen dann den Dotter und das Eiweiß heraus.

Nach dem Essen unterhielten wir uns mit unseren Gastgebern fast eine Stunde lang.

Da hatte ich also meine tolle Geschichte – vielleicht die großartigste seit dem Tag der Invasion –, aber sie war nichts wert, solange ich sie nicht an den Mann gebracht hatte. Ich wußte, daß ich schnell nach Paris zurück mußte. Widerstrebend verließ ich das Fest von Torgau, stieg wieder in das Rennboot und fragte meinen Piloten, ob er mich nach Paris fliegen könnte. Ganz geduldig erklärte er mir, daß er auf keinen Fall mit dieser L-5 nach Paris fliegen könne, versprach mir aber, mich so weit wie möglich westwärts zu bringen.

Mit meiner Schreibmaschine und dem Film, den Allan mir mitgegeben hatte, kletterte ich an Bord der kleinen Maschine. Wir flogen westwärts. Plötzlich verkündete der Pilot, er habe eine C-47 ausgemacht, und er folgte ihr. Aus unerklärlichen Gründen landete die C-47 auf einem Feld, und wir gingen neben ihr zu Boden.

Ich stürzte zu den beiden amerikanischen Fliegern hinüber und

Amerikanische GIs und Sowjetsoldaten in herzlicher Umarmung

Amerikanische und sowjetische Offiziere tanzen mit Mädchen der Roten Armee

fragte sie, ob sie mich nach Paris bringen könnten. Ziemlich belustigt und verwirrt fragten sie mich, was diese Hast zu bedeuten habe. Ich erklärte ihnen, daß ich gerade von einem Treffen mit den Russen käme. Und daß es wirklich eine große Geschichte sei. Ich müsse nach Paris und sie unterbringen. Mit viel Humor und ziemlicher Ungläubigkeit nahmen sie das zur Kenntnis und lächelten wissend.

«Ja, ja», sagte der eine. «Ich bin Stalin, und er ist Roosevelt.»

Da es keinen Sinn hatte zu argumentieren, setzte ich mich frech ins Gras, unter eine Tragfläche der C-47, öffnete meine Schreibmaschine und begann zu tippen. Das verwirrte die beiden Flieger, und sie fingen an, über meine Schulter hinweg zu lesen. Als ich aufblickte, um sie um ihre Namen und die Heimatadressen zu bitten, änderte sich ihre Haltung schnell.

«He!» riefen sie. «Die hat wirklich die Russen getroffen. Also los denn!»

Wir kletterten an Bord der C-47 und flogen Richtung Paris und landeten auf dem nächstgelegenen Flugfeld. Von dort aus mußte ich noch per Anhalter mit einem Jeep in die Stadt hineinfahren. Im Hotel «Scribe», dem Pressezentrum für Korrespondenten, die bei der amerikanischen Armee akkreditiert waren, ging ich gleich zum Schalter des Zensors. Hier gab ich die Geschichte ab, die ich unter der C-47 angefangen und während des Flugs zu Ende geschrieben hatte, und auch Allans Film. Wir hatten einen klaren Vorsprung mit der Story vom Zusammentreffen an der Elbe. Als Krönung verschaffte mir Boyd Lewis, der Chef von «United Press» bei SHAEF, die Gelegenheit, übers Radio von dem aufregenden Treffen zu berichten.

Nach dem Krieg hatte ich noch andere große Stories: Interviews mit dem österreichischen Premier Schuschnigg, mit Papst Pius XII. und Mussolinis Witwe. Ich berichtete über die Nürnberger Prozesse für die «United Press». Aber die Geschichte von meinem Treffen mit den Russen in Torgau war die größte von allen.

Ann Stringer heiratete vor dem Krieg ihren Reporterkollegen Bill Stringer, als sie beide an der Universität von Texas studierten. Bill erlag im August 1944 einer Verwundung, die er durch ein deutsches Panzergeschoß erlitt, während er für Reuter von der Schlacht berichtete. Kurz danach wurde Ann Korrespondent der «United Press» für den europäischen Kriegsschauplatz. Sie, Iris Carpenter vom «Boston Globe» und Lee Carson vom «International News Service» erhielten von der amerikanischen Armee den Titel «die Rheintöchter». Nach dem Krieg blieb Ann Stringer als Reporterin in Europa. Später kehrte sie in die Vereinigten Staaten zurück. Heute lebt sie als freischaffende Schriftstellerin.

Allan Jacksons berühmtes Bild, als sich sowjetische und amerikanische Soldaten auf der zerstörten Brücke von Torgau die Hände reichten (S. 102/103)

Bericht von Allan Jackson

... Weil alle Brücken gesprengt worden waren, überquerten Ann und ich die Elbe in einem heruntergekommenen Ruderboot, das anscheinend irgendwann eine Art von Rennboot gewesen sein mag. Auf der russischen Seite gerieten wir in einem alten Gebäude in eine Party, die in vollem Gange war. Es floß der Wodka, und auf den Tischen standen allerlei Speisen. Wir trafen auf einige amerikanische Soldaten und Offiziere von niederem Rang, keine hohen Tiere, und, was für uns sehr wichtig war, keiner von ihnen war ein Korrespondent. Russische Soldaten in den verschiedensten Uniformen, die jede Sorte von Waffen trugen, gab es haufenweis. Sie waren alle sehr freundlich. Aber die Sprachbarriere erschwerte die Unterhaltung. Meistens wurde das Gespräch in gebrochenem Deutsch geführt.

Ich entschied mich dafür, daß das Zusammentreffen am besten dargestellt werden konnte, wenn wir einige amerikanische und russische Soldaten auf der zusammengebrochenen Brücke einander die Hände reichen ließen. Mit Hilfe eines französisch sprechenden russischen Soldaten, der so etwas wie ein offizieller Pressevertreter war, brachte ich ein paar Russen und Amerikaner dazu, auf die Brücke hinauszugehen. Ich erklärte ihnen, was ich von ihnen wollte, und brachte sie in Stellung für meine Fotoaufnahme. «Seht nicht in die Kamera!» Ich machte einige Aufnahmen, wobei ich darauf achtete, daß sie nicht direkt in die Linse blickten.

Zwei Tage später, am 28. April, prangte mein Foto auf den Titelseiten der größten Londoner Zeitungen. Es war, wie die «News Chronicle» berichtete, «ein Bild, das die Welt nie vergessen wird». Am selben Tag noch erschien es auf der Titelseite der «New York Times» und vieler anderer amerikanischer Zeitungen. Über die Jahre hinweg wurde mein Bild von den händeschüttelnden amerikanischen und russischen Soldaten auf der Brücke von Torgau für die zweitbeste Fotografie des zweiten Weltkrieges angesehen. Nur Joe Rosenthals Foto von der Flaggenhissung auf Iwo Jima ist bekannter.

Allan Jackson

Andy Rooney

Handelstag an der Elbe

Aus «Stars and Stripes» vom 28. April 1945

Bei Konews Ukrainischer Armee[1], am 26. April (verspätet).

Heute gab es verrückte Jubelszenen auf dem östlichen und dem westlichen Ufer der Elbe bei Torgau, wenn Infanteristen aus Lieutenant General Courtney H. Hodges' 1. Armee und Soldaten von Marschall Konews 1. Ukrainischer Armee K-Rationen gegen Wodka tauschten und trotz der Sprachbarriere einander beglückwünschten zu der Begegnung, die den Zusammenbruch der deutschen Armee als kampffähige Truppe besiegelte.

Heute saßen Leute von der 69. Infanteriedivision im warmen Sonnenschein an den Elbufern, hatten keinen Feind mehr vor sich, tranken Wein, Kognak und Wodka, ließen ihre neuen russischen Freunde nicht aus den Augen und hörten ihnen zu, wie sie Akkordeon spielten und russische Lieder sangen.

Russische Soldaten, stark und jung aussehend und ein bißchen schwerer und kleiner als die meisten Amerikaner, inspizierten amerikanische Ausrüstungen, und Amerikaner nahmen die Gelegenheit wahr, aus russischen automatischen Waffen zu schießen. Als der Tag vorüber war, ging so mancher amerikanische Soldat in russischen Stiefeln zu seinem Jeep zurück, während der russische Soldat, mit dem er handelseins geworden war, mit den Schnürsenkeln seiner neuerworbenen GI-Schuhe zu kämpfen hatte.

Wäre heute nicht ein außergewöhnlicher Tag im Leben der meisten russischen Soldaten an der Elbe bei Torgau gewesen, dann könnte man die russischen Soldaten als die sorglosesten Spinner bezeichnen, die sich je zu einer Truppe zusammengefunden haben. Man könnte sie dann am besten damit beschreiben, daß sie genauso wie die Amerikaner sind, nur doppelt so verrückt.

---

1 Gemeint ist die 1. Ukrainische Front – d. Red.

Wenn man weiß, wie ein deutscher Soldat ist, so erscheint einem ein russischer Soldat als das gerade Gegenteil. Es ist unmöglich, sich einen eingeordneten Russen im Gänsemarsch vorzustellen. Sie singen und lachen und schießen mit ihren Maschinenpistolen Muster in Ziegelmauern.

Die Straße nach Torgau bot einen seltsamen Anblick. Russische Arbeiter, die auf deutschen Bauernhöfen zur Feldarbeit eingesetzt waren, strömten in die Stadt, um ihrer Armee zu begegnen, die endlich gekommen war, sie zu befreien. Auf der anderen Straßenseite und in entgegengesetzter Richtung zog eine Kolonne von trüben, müden und verängstigten Leuten – Deutsche, die vor den Russen flohen.

Sowie die Karawanen das Flußufer erreicht hatten, wo russische Truppen sich mit amerikanischen mischten, sprachen und sangen die russischen Soldaten mit ihren Leuten und schäkerten mit jungen russischen Mädchen, die mit den Fuhrwerken angekommen waren. Sie sammelten sich in Gruppen von ungefähr zwanzig Mann um ein Akkordeon und sangen heimatliche Lieder, die für die Amerikaner allesamt wie das Lied von den Wolgaschiffern klangen.

Andrew A. Rooney ist ein bekannter Leitartikelschreiber und Fernsehkommentator. Während des zweiten Weltkriegs war er Kriegsberichterstatter für «Stars and Stripes».

Amerikanische GIs singen bei Torgau zu den Klängen einer sowjetischen Harmonika

Harold Denny

Diese Russen sind prima Jungs

Aus der «New York Times» vom 28. April 1945

Von einem Vorposten der Roten Armee an der Elbe, 27. April.
Die amerikanische und die russische Armee haben sich an der Elbe getroffen. Die Westfront und die Ostfront sind endlich vereinigt, und Deutschland ist in zwei Hälften zerschnitten ...
Von amerikanischer Seite fiel die Ehre, den Zusammenschluß zu besiegeln, General Courtney H. Hodges von der 1. Armee der Vereinigten Staaten zu, der Truppe, die im letzten Juni an den Küsten der Normandie angriff und siebenhundert Meilen durch Frankreich, Belgien und Deutschland bis zu diesem Punkt vormarschierte.
Die russische Seite repräsentierte Marschall Iwan S. Konew von der 1. Ukrainischen Armee, die sich den eintausendvierhundert Meilen langen Weg gegen den erbittertsten Widerstand, den die Geschichte je gesehen hat, freikämpfte ...
Der Geist, in dem sich die amerikanischen und russischen Truppen und ihre jeweiligen Kommandeure trafen, war dem großen Ereignis würdig. Die Russen empfingen uns mit freigebiger Gastfreundschaft, und unsere Männer antworteten entsprechend. Seit dem Augenblick, da ein Vorposten der Russen die erste amerikanische Patrouille aufnahm, wurde ein fast ununterbrochenes Fest gefeiert.
Es gab Händeschütteln und Schulterklopfen zwischen den Soldaten, die den ersten Kontakt schlossen. Die Russen arrangierten an der Front Bankette mit Essen und Wodka, und die Amerikaner brachten Kognak und Champagner mit, Getränke, die sie aus den deutschen Armee-Depots «befreit» hatten; und dann wurde getoastet und gesungen und der Hoffnung auf eine Zukunft Ausdruck gegeben, in der Amerikaner, Russen und Briten gemeinsam für einen dauerhaften Frieden einstehen.
Es besteht eine Verwandtschaft zwischen der warmen und unbeschwerten Herzlichkeit der Russen, auf die wir in den letzten drei Ta-

gen gestoßen sind, und der herzlichen Freundlichkeit des durchschnittlichen GI. Unsere Soldaten und die Russen sind bis jetzt herrlich miteinander ausgekommen. Die amerikanische Meinung an der Front könnte in der Bemerkung eines unserer Jeep-Fahrer zusammengefaßt werden: «Diese Russen sind prima Jungs.»

Die überwältigende Herzlichkeit der russischen und amerikanischen Soldaten durchdrang auch die Treffen von Colonel Charles M. Adams, Kommandeur des 273. Regiments, mit seinem russischen Gegenpart; zwischen General Reinhardt und dem sowjetischen Divisionskommandeur sowie die heutige Begegnung von General Huebner mit dem sowjetischen Korpskommandeur.

Die Stadt war schwer zerstört. Einige Häuser brannten noch. Von den russischen Truppen war nichts zu sehen. Vorsichtig umfuhren wir die Stadt und drangen schließlich in sie ein. Unser Weg führte vorüber an einem Zwangsarbeiterlager, dessen Insassen uns zuwinkten.

Wir fuhren über einen großen Platz, vorbei an einem Denkmal Friedrichs des Großen, und hielten auf einem anderen weiten Platz. Dann rief uns jemand an, und wir sahen einen hochgewachsenen jungen Russen fast majestätisch aus dem Torweg eines Gebäudes heraustreten. Es war, wie sich herausstellte, Leutnant Iwan Fjodorowitsch Kusminski aus Kirowograd. Er befehligte den Vorposten in der Stadt. Seine Leute marschierten hinter ihm. Die uns begleitenden amerikanischen Soldaten liefen ihnen entgegen, und Sekunden später schüttelten sich Russen und Amerikaner die Hände, nannten einander ihre Namen und beteuerten sich gegenseitig ihre Freude.

Eine Gruppe von etwa zwanzig russischen Soldaten schlenderte auf uns zu, und sie waren sofort mit den Amerikanern die besten Freunde. Sie hatten ebenfalls aus deutschen Armee-Depots «befreiten» Kognak und Champagner mitgebracht, rollten noch ein Faß deutsches Bier heran und bewirteten die Amerikaner. Einige der russischen Soldaten hatten Akkordeons, und gemeinsam mit unseren GIs veranstalteten sie ein Sängerfest, das eher ein sozialer als ein musikalischer Erfolg war. Denn die Amerikaner sangen «Swanee River», während die Russen das Lied «Wenn morgen Krieg sein sollte», eine patriotische sowjetische Ballade, vortrugen.

Eine weibliche Angehörige der Roten Armee, Sergeant Anna Konstantinowna Jewgenina aus Charkow, schloß sich dem Treffen an, und sie sang auch ein patriotisches russisches Lied. In ihm grüßten die Menschen der Sowjetunion die Völker Englands und Amerikas.

Spät am Nachmittag traf General Reinhardt ein und wurde vom russischen Kommandeur und seinem Stab empfangen. Wieder toastete man einander zu. Russische Kavalleristen zeigten ihre Geschicklichkeit, und man beglückwünschte sich gegenseitig zu dem militärischen Erfolg der beiden Armeen.

Unter diesen glücklichen Vorzeichen gingen die ersten vierundzwanzig Stunden nach der Begegnung unserer großen siegreichen Armeen vorüber.

Ben Casmere

Wir sind nur über den Fluß gekommen, um Ihre Armee willkommen zu heißen

Als ich mit den Russen zusammentraf, war ich Corporal in einer Maschinengewehrabteilung des 261. Feldartilleriebataillons der 9. Armee. Am 24. April bewegten wir uns ostwärts von Siedengreben nach Groß Ellingen westlich der Elbe. Unsere Artillerie feuerte nur selten, da wir Befehl hatten, kein Ziel unter Beschuß zu nehmen, das nicht klar als bewaffnete feindliche Truppe erkannt war.

Gerüchte gingen um, die Russen seien nahe. Als viele deutsche Soldaten in unsere Richtung über die Elbe kamen, wußten wir, daß die Russen nicht mehr weit hinter ihnen waren. Die Wetten standen hoch, daß der Krieg zu Ende ging.

Am 3. Mai gegen Morgen hatte sich das 406. Infanterieregiment der 102. Division am Westufer der Elbe in der Nähe von Sandau verschanzt. In Erwartung der Russen hatten die von der 102. ein großes Plakat aufgestellt, dessen Vorderseite nach Osten zeigte. Darauf stand etwas in Russisch geschrieben, allerdings in lateinischen Buchstaben. Die Grammatik war nicht die beste, dafür stand aber das beste Gefühl hinter den Worten. Zu lesen war etwa:

«Hoch lebe die Russische Armee!
Wir sind alle hier, Josef!
Aus den Vereinigten Staaten.
406. Infanterieregiment
102. Division – 9. Armee
US Army»

Am Morgen des 3. Mai ging ich zu den Unterständen des 406. Infanterieregiments. Ich hatte meinen Kumpel, den Gefreiten Bruce Waugh, und Poochie, einen kleinen Hund, bei mir, den ich ein paar

**Ben Casmere, Bruce Waugh
und der Hund Poochie auf dem Weg
zur 406. Infanteriedivision**

Wochen zuvor aufgelesen hatte. Bruce und ich waren davon überzeugt, daß sich an diesem Tag etwas ereignen würde, weil wir keine deutschen Soldaten mehr auf dem Westufer sahen. In der vergangenen Woche waren sie Tag für Tag dagewesen.

Die 146. machte Truppenbewegungen am anderen Ufer aus, und wir erhielten Befehl, Feuerbereitschaft herzustellen. Es war ein schöner klarer Morgen, und es herrschte gute Sicht.

Plötzlich erhob jemand auf der anderen Seite eine rot-weiße Fahne. Ich schrie: «Herr im Himmel! Das ist eine polnische Fahne!» und lief zum Wasser hinunter und schwenkte freundschaftlich die Arme. Jetzt, versicherte ich meinem Kumpel Bruce, sei alles o. k.

Wir beschlossen, den Fluß zu überqueren, um die Soldaten am anderen Ufer zu begrüßen. Bruce, Poochie und ich stiegen in ein Ruderboot, das die Deutschen zurückgelassen hatten.

**Ein amerikanischer, ein sowjetischer und ein britischer Soldat
teilen sich die letzten Zigaretten**

8 Yanks treffen Rote

Waugh und Casmere mit polnischen Soldaten am Ostufer der Elbe

Am Ostufer trafen wir Soldaten der 1. Ukrainischen Front, der auch Teile einer großen polnischen Division angehörten. Wir küßten und umarmten uns, schlugen uns gegenseitig auf die Schulter. Nie in meinem Leben habe ich so viele Männer geküßt. Es war ein aufregender, glücklicher Augenblick. Der Krieg ging noch immer weiter. Wir standen noch immer an der Front. Aber wir wußten, daß der Frieden nahe war. Wir alle genossen das Zusammentreffen aus tiefem Herzen und aus tiefer Seele.

Bruce und ich hatten zwei K-Rationen mitgebracht und jeder ein Päckchen Zigaretten. Das ließen wir die Runde machen und teilten es mit den russischen und polnischen Soldaten. Die Zigaretten reichten nicht aus, und so gab jeder, der eine Zigarette bekommen hatte, eine

Weibliche Sanitäter der 5. Gardearmee servieren auf der festlichen Begegnung bei Torgau

Barney Oldfield, freischaffender Kriegsberichterstatter des Presseklubs in Berlin, im Gespräch mit Eisenhower

Hälfte davon an einen anderen weiter, der auch rauchen wollte. Ebenso hielten wir es mit den K-Rationen.

Die Russen und die Polen fanden großen Gefallen an unseren Stahlhelmen und unseren Stiefeln. Obwohl in meiner Familie drüben in den Staaten polnisch gesprochen worden war, hatte ich Schwierigkeiten mit dem Übersetzen. Viele der Wörter kannte ich nicht. Unsere Freunde wollten hauptsächlich wissen, woher wir kamen und was wir Neues wüßten über den Krieg. Einige sagten, sie hätten Verwandte in Amerika.

Dann erschien ein hochrangiger russischer Offizier. Er sprach laut

Ann Stringer bringt zusammen mit ihren sowjetischen Gastgebern einen Toast auf den Sieg aus

und schnell auf Bruce und mich ein, bis ich gebrochen erwiderte: «Net ponimaja po rusku» und «Proszę mówić po polsku» (Sprechen Sie bitte polnisch.) Der Offizier regte sich ab, als er merkte, daß wir einen Dolmetscher brauchten. Zwei polnische Soldaten traten zu uns und übersetzten die Frage des Offiziers: «Vertreten Sie Ihre Offiziere bei einer Zusammenkunft?»

«Nein», entgegnete ich, «wir sind nur über den Fluß gekommen, um Ihre Armee willkommen zu heißen. Wir werden Ihre Botschaft übermitteln.»

Der Offizier sagte: «Sie müssen zu Ihrer Seite des Flusses zurückkehren. Wir möchten nicht, daß Sie hier vom Feind verwundet werden.»

In diesem Augenblick hörten wir Gewehre und Maschinengewehre in ziemlicher Nähe feuern.

«Da haben Sie es!» sagte er. «Verstehen Sie nun, was ich meine?»

Ich sagte: «Jetzt verstehen wir.»

Wir salutierten voreinander. Der Offizier lächelte und wünschte uns alles Gute.

Bei unserem Aufbruch reichte mir ein russischer Soldat eine kleine Münze als Gegengeschenk für das, was wir mitgebracht hatten. Bruce, Poochie und ich waren glücklich, als wir wieder in unser Ruderboot sprangen und zum Westufer zurückkehrten.

Später an diesem Tag überquerten zwei russische Soldaten den Fluß und sprachen mit einem unserer Offiziere, dem Major Raymond T. Chapman. Eine weitere kurze Feier fand statt. Uns allen kamen Gedanken an die Heimat.

Das ist nun über vierzig Jahre her; aber nie habe ich den Augenblick voller Frieden und Freundschaft vergessen, den der Corporal, der ich damals war, gemeinsam mit den Russen an jenem klaren, sonnigen Tag im Mai erlebte. Im April 1986 besuchte eine Gruppe von russischen Elbe-Veteranen Detroit. Mannomann, was da für Erinnerungen heraufkamen!

Bei einem Empfang für sie hielt ich eine kurze Ansprache, in der ich von meiner Begegnung 1945 erzählte. Dann gab ich jedem der Gäste einen Silberdollar mit dem Bildnis Susan B. Anthonys in Erinnerung an die kleine Münze, die ich von dem russischen Soldaten an der Elbe erhalten hatte. Einer der Russen verstand nicht ganz, was das bedeuten sollte. Mit erstauntem Blick fragte er mich über einen Dolmetscher: «Was bedeutet die Münze? Weshalb haben Sie uns die gegeben?»

Der Dolmetscher erklärte es. Ein breites Lächeln ging über das Gesicht des Russen. Er küßte mich auf beide Backen. Wir lachten und umarmten uns, geradeso wie bei dem Treffen an der Elbe. Der «Geist der Elbe» war an diesem Abend in Detroit lebendig, so wie er Bruce und mich beseelt hatte, als wir uns in den letzten Tagen des Krieges mit den Russen trafen.

Bernard F. («Ben») Casmere (Kazmierski) ist ein Grundstücksmakler im Ruhestand.

Cecil Ellzey

Für zwei Stunden wurde ich wie ein König behandelt

Wir von der 8. US-Infanteriedivision wußten, daß amerikanische Truppen ungefähr zweihundert Meilen südlich unserer Stellung an der Elbe den Russen bereits begegnet waren. Am 29. April bereiteten wir uns darauf vor, die Elbe zu überqueren, gemeinsam mit dem 81. Regiment der Luftlandetruppen rechts von uns und dem britischen 6. Luftlanderegiment zu unserer Linken. Wir alle gehörten zum XVIII. Korps, das General Matt Ridgway befehligte.

Ich war Verbindungsflieger und Stellvertreter des Kommandeurs der Air-Force-Einheit bei der 8. Infanteriedivision. Am Nachmittag des 29. April stellte ich zwei Flugzeuge für General Ridgway bereit, der zum Hauptquartier von General Montgomery fliegen wollte, um die Pläne des britischen Befehlshabers zu erfahren. Nach seiner Rückkehr dankte mir General Ridgway für die Flugzeuge und erklärte mir, daß wir am nächsten Morgen zur Ostsee vorstoßen würden, um dort auf die Russen zu treffen.

Spät am Nachmittag des folgenden Tages erreichten die Voraustruppen unserer Streitkräfte Schwerin, wo wir auf höheren Befehl hin haltmachen mußten. Wir von der Air-Force-Abteilung besetzten ein verlassenes Flugfeld in der Nähe Schwerins. Hier begann das Leben interessant zu werden. Wir hatten uns im Tower einquartiert, und uns standen für unsere L-4-Maschinen 4000 Fuß Landebahn zur Verfügung. Deutsche Soldaten ergaben sich zu Zehntausenden. Diese angeblichen Übermenschen befanden sich in einem wirklich traurigen Zustand. Wir waren nicht darauf gefaßt, daß so viele von ihnen überlebt hatten. Ja, da machte ich Erfahrungen, die mir fürs ganze Leben reichten. Nun war ich bereit, in die Heimat zurückzukehren.

Am frühen Nachmittag des 3. Mai erhielt ich einen Anruf von General James A. Pickering, dem Chef Artillerie von der 8. Infanteriedivision. Er erteilte mir einen Auftrag. Das war nicht zu ungewöhnlich. Ich hatte früher schon von ihm Aufträge erhalten, von denen einige mir nicht gerade willkommen waren. General Pickering kündigte mir einen Zeitungsreporter an, der entweder von der «New York Daily Times» oder von der «New York Daily Sun» kam. Die Division verlangte von mir, ich sollte den Standort der Voraustruppen der Roten Armee erkunden und dem Reporter zu einer guten Story verhelfen.

Kurz darauf traf der Korrespondent ein, und wir flogen in meiner L-4 nordwärts. Die L-4 war ein Spezialflugzeug. Es versorgte die Kommandeure nicht nur mit Korrekturdaten für das Artilleriefeuer, sondern auch mit laufenden Aufklärungsinformationen, die Kommandeure von Bodentruppen zuvor nie erhalten konnten. Der Reporter sagte mir, er brauche eine Geschichte für seine New Yorker Zeitung, und versprach mir eine Ausgabe des Blattes – die ich nie bekommen habe.

Ungefähr zwanzig Minuten nach dem Start entdeckte ich – wir waren bereits über unsere Truppen hinweggeflogen – eine lange Kolonne russischer Fahrzeuge auf einer dreispurigen Landstraße östlich von Warin. Ich flog absichtlich tief genug, damit man von unten die amerikanischen Abzeichen an meinem Flugzeug erkennen konnte, und war sehr darauf bedacht, bei der Suche nach einem Feld, auf dem ich landen konnte, nicht über die Kolonne hinwegzufliegen oder ihr sonst zu nahe zu kommen. Denn ich hatte im Verlauf des Krieges in dieser Hinsicht einige unangenehme Erfahrungen mit unseren eigenen Truppen gemacht und dabei gelernt, nicht über einen Truppenkonvoi zu fliegen.

Ich entdeckte ein großes Feld neben der Kolonne und landete. Das Flugzeug konnte nicht richtig ausrollen, weil der Weizen zu hoch stand, und kam deshalb schnell zum Stehen. In der Annahme, der Korrespondent spreche russisch, öffnete ich die Tür. Vor uns stand ein russischer Soldat, eine automatische Waffe auf uns gerichtet. Ich wartete, daß der Reporter etwas sagte. Während ich mit erhobenen Händen dastand, merkte ich endlich, daß der vor Angst kein Wort herausbrachte.

Schnell stieß ich aufgeregte Laute aus, sagte mehrere Male «Ame-

---

Iris Carpenter vom «Boston Globe» interviewt sowjetische Offiziere bei Torgau, 26. April 1945

Vor dem Krieg auf der Flucht

rikanski!». Sehr wahrscheinlich habe ich mit diesen Lauten versucht, den Russen davon abzubringen, die Waffe weiterhin auf mich zu richten. Nach diesen unbehaglichen Augenblicken hieß uns der Russe mit einer bärenhaften Umarmung willkommen und geleitete uns zu einem Gefährt – wahrscheinlich der Feldküche –, wo uns weibliches Personal Getränke anbot.

Die Russen ermöglichten dem Korrespondenten eine Fahrt nach Warin, nachdem er auf der Karte sein Ziel gezeigt hatte. Ich blieb bei der Truppe und brachte die meiste Zeit damit hin, in Zeichensprache Toasts auszubringen. Wir lachten miteinander, tauschten Auskünfte und Geschenke. Die Russen gaben mir eine 14karätige Damenuhr mit dem Echtheitsstempel auf der Unterseite. Bis heute trägt meine Frau sie bei besonderen Gelegenheiten an einer Kette um den Hals.

Ich schenkte den Russen mein Feuerzeug und ein angerissenes Päckchen Zigaretten. Für zwei Stunden wurde ich wie ein König behandelt. Die Russen mochten ihre Getränke sehr und wollten mich dazu bringen, sie auch zu genießen, was mir dann keine Schwierigkeiten bereitete. Meine Gastgeber waren gut gelaunt und sehr gastfreundlich. Sie haben mich unendlich tief beeindruckt.

Als der Reporter wiederkam, dachte er, ich hätte zuviel getrunken. Aber ich war in der Lage, das Flugzeug zurück nach Schwerin zu steuern. Ich erklärte den Russen, ich brauchte irgendein Fahrzeug, um den Weizen niederzuwalzen und so eine Startbahn zu erhalten. Sie wollten mir den Gefallen tun. Nicht mehr als hundert Fuß vor dem Flugzeug stürzte der herbeigeholte Lastwagen in einen riesigen Granattrichter. Der Zwischenfall bewies mir deutlich, daß ich im Kopf noch klar war. Er half mir, noch aufmerksamer zu sein. Die Russen walzten eine Startbahn für mich, wofür ich ihnen dankbar war.

Ohne Zwischenfall erreichten wir den Flugplatz bei Schwerin. Nach der Landung verließ der Korrespondent eilends das Flugzeug. Er dachte, die Russen hätten mir zuviel zu trinken gegeben.

Meine Empfindungen über mein Zusammentreffen mit den Russen vor mehr als vierzig Jahren sind unverändert geblieben. Ich weiß, es gibt grundlegende Unterschiede in der Art, wie wir regiert werden. Aber als Menschen unterscheiden wir uns nicht wesentlich. Und ich glaube, daß der Grund unserer Differenzen nicht unüberwindlich ist. Die Russen wollen so wenig einen neuen Krieg wie wir, denn sie wissen, welche Verwüstungen er mit sich bringen würde.

Captain Cecil C. Ellzey aus Tylertown, Mississippi, diente nach dem Krieg mit Auszeichnung in der Nationalgarde von Louisiana. Danach war er als Verwalter des Bogalusa Community Medical Center in Bogalusa, Louisiana, tätig. 1985 wurde er pensioniert.

Jeff Boehm

Wenn es Amerikaner sind, sollten sie nicht hinter Stacheldraht sein

Ich diente als Funker und Bordschütze in der 440. Bomberstaffel des 319. Bombergeschwaders der U. S. Army Air Force. Unsere B-26 wurde am 22. Januar 1944 über Italien abgeschossen. Der Pilot und der Navigator hatten das getroffene Flugzeug zu unserer Basis zurückzubringen versucht, waren aber umgekommen, als es gegen einen Berghang prallte und explodierte. Zwei unserer Bordschützen öffneten ihre Fallschirme zu schnell; beide wurden in die Flammen des Flugzeugs abgetrieben, fingen Feuer und stürzten wie Steine zehntausend Fuß in die Tiefe. Der Kopilot und ich gerieten in Gefangenschaft, als wir an Fallschirmen auf der Erde landeten.

Mit Lastwagen und Güterzug wurden wir Gefangene nach Deutschland gebracht.

Meine Erinnerung daran, daß ich ein amerikanischer Kriegsgefangener war und von den Russen befreit wurde, ist so klar, als wäre alles erst gestern geschehen. Ich weiß noch genau, wie die Deutschen uns im Juli 1944 aus dem *Kriegsgefangenenlager III** in Heydekrug hinausmarschieren ließen. Sie brachten uns in ein anderes Gefangenenlager, weil die Rote Armee zu nahe herangerückt war. Wir waren ungefähr zweitausendfünfhundert Männer, die das Lager in Heydekrug verließen. Als wir die Landstraße erreichten, war sie voller Flüchtlinge, die die verschiedensten Fahrzeuge schoben und zogen. Anstelle von Pferden hatten sich alte Männer und Frauen vorgespannt. Kinder zogen ihre eigenen Wagen, die hoch beladen waren mit Dingen, die Flüchtlinge aus ihren verlassenen Häusern mitnehmen, weil sie glauben, sie tragen zu können.

Die Vaterstadt, wie find ich sie doch?
Folgend den Bomberschwärmen
Komm ich nach Haus.
Wo denn liegt sie? Wo die ungeheuren
Gebirge von Rauch stehen.
Das in den Feuern dort
Ist sie.

Die Vaterstadt, wie empfängt sie mich wohl?
Vor mir kommen die Bomber. Tödliche Schwärme
Melden auch meine Rückkehr. Feuersbrünste
Gehen dem Sohn voraus.

Bertolt Brecht

Sie bewegten sich langsam voran, die ganze Breite der Landstraße einnehmend. Ich sah ein Kind in kurzen Wanderhosen mit einem Rucksack auf dem Rücken. Die meisten Kinder – wie auch die alten Leute – waren ärmlich gekleidet. Das herrschende Schweigen wurde nur vom Quietschen der Räder und dem Schlurren der Füße unterbrochen. Es dauerte Stunden, ehe wir eine Lücke in der sich langsam bewegenden Menge fanden.

Als wir schließlich im Zug waren, hörten wir, daß unsere Wachen Befehl hatten, zudrängende Flüchtlinge mit aufgepflanztem Bajonett abzuwehren, um uns zusammenhalten zu können. Wir wurden in achtundvierzig Güterwagen gepfercht – jeder für vierzig Soldaten oder acht Pferde gedacht. Wie in solchen Fällen üblich, steckten die Deutschen fünfundsechzig Mann in jeden Waggon. Unsere Gruppe füllte mindestens einen ganzen Zug. Jeder von uns hatte ein Viertel Kommißbrot erhalten. Morgens und nachmittags sollte zur Wasserausgabe angehalten werden. Ich erinnere mich noch an eine junge deutsche Frau, die in der Nähe unseres Wagens auf einer Kiste saß. Sie hält ein Baby auf dem Arm, und in der anderen Hand hat sie eine Tasse Suppe. Tränen rinnen ihr übers ausgemergelte Gesicht, als sie versucht, das Baby mit der Suppe zu füttern und die Suppe über das Kleidchen des Kindes läuft. Niemand ist in ihrer Nähe, und es besteht kein Grund dafür, das Kind nicht zu stillen. Aber sie hat selber nichts zu essen gehabt und hat also keine Milch mehr für das Baby.

Nach mehreren Tagen einer oft unterbrochenen Fahrt wurden wir in den Laderaum eines Dampfers verfrachtet. Unsere Wachen verstauten uns regelrecht; selbst wenn wir alle ununterbrochen hätten stehen können, wäre nicht genug Platz gewesen. Wir schwitzten unseren Urin buchstäblich aus. Vielleicht einmal am Tag öffneten die Wachen die Luke zu dem Laderaum und ließen einen Eimer Wasser herab. Die Gefangenen, die sich in Reichweite befanden, kämpften um das Wasser. Ein paar bekamen einen Schluck davon ab; aber wie es aussah, wurde das meiste bei der Rempelei verschüttet.

Zwei oder drei Tage fuhren wir mit dem Dampfer, dann wurden wir wieder auf einen Eisenbahnzug umgeladen. Diesmal waren wir mit Handschellen zu viert aneinander gefesselt. Unsere Wächter erklärten, wir würden gefesselt, weil auch die Alliierten deutschen Kriegsgefangenen Handschellen anlegten. Wir kamen in Güterwagen, die in der Mitte durch Maschendraht unterteilt waren. Auf der anderen Seite des Drahts befanden sich sechs Bewacher mit einem Maschinengewehr.

Nach einer Weile entspannte sich die Atmosphäre zwischen uns und den Wachsoldaten, und wir tauschten Zigaretten aus. Einer der Gefangenen besaß einen Büchsenöffner, mit dem schlossen wir unsere Handschellen auf. Es war sehr heiß im Wagen, und es gab nichts zu trinken. Gegen Mittag hielt der Zug an. Wir ließen unsere Handschellen wieder zuschnappen und taumelten aus dem Waggon. Draußen wartete eine andere Einheit, die uns übernehmen sollte.

Es handelte sich um eine beträchtliche Anzahl junger Soldaten mit aufgepflanztem Bajonett. Ein robust aussehender Oberst schrie uns an. (Später erfuhren wir, daß seine Frau und seine Kinder bei der Bombardierung Dresdens ums Leben gekommen waren.) Die Soldaten hielten Schäferhunde an Leinen. Sie führten uns über eine Landstraße in Gruppen von vier und fünf Mann. Dann befahlen sie uns zu laufen. Vor uns fielen einige Kameraden; sie waren so stark entwässert, daß sie Blut schwitzten. Einer kam nicht wieder auf die Beine, und der Gefangene, an den er gefesselt war, konnte ihn nicht hochziehen. Der Oberst rannte herbei und befahl, die Hunde loszulassen. Sie stürzten sich auf den am Boden liegenden Kameraden, der versuchte, sich zu einer Kugel zusammenzurollen.

Der Oberst bemerkte, daß einer der Wachsoldaten es ablehnte, mit dem Bajonett auf den zu Boden gestürzten Kriegsgefangenen einzustechen. Der Oberst brüllte ihn an. Der junge Soldat stand vor ihm stramm, die Augen starr geradeaus gerichtet, und ließ es über sich ergehen. Da befahl der Oberst den anderen Soldaten, ihn abzuführen. Wir halfen, den blutenden Gefangenen ins Lager zu tragen. Die britischen Ärzte zählten sechsundsiebzig Hundebisse und Bajonettstiche an seinem Körper. Er überlebte. Aber wir bezweifelten, ob der junge deutsche Soldat, der den Befehl nicht befolgt hat, noch lebte.

Die letzten Tage des Krieges. Wir lagen im *Stalag Luft I** in der Nähe von Barth, einer Fischer- und Bauerngemeinde an der Ostsee. Tag und Nacht hungrig, besonders die Männer, die in den zwanziger Jahren waren. Einige verloren sechzig Pfund in sechs Wochen. Einer oder zwei von ihnen brachen bei Appellen zusammen.

Alles wäre noch viel schlimmer gewesen, wenn uns die Deutschen zur Arbeit gezwungen hätten. Aber weil wir alle Offiziere waren, wenn auch meistens keine Berufsoffiziere, und die Genfer Konvention uns von der Arbeit ausnahm, wurde diese Forderung an uns nicht gestellt. Allerdings zwang man alle Kriegsgefangenen der Roten Armee – ungeachtet ihres Ranges – zu allen harten und schweren Arbeiten, die im Lager und seinen vier Abteilungen anfielen, und immer waren sie von einem Schwarm bewaffneter Wächter umgeben.

Fast alle der zweitausendfünfhundert Männer in unserer Lagerabteilung hatten zu Bomberbesatzungen gehört, ausgenommen eine kleine Gruppe von Jagdfliegern, die natürlich viel angesehener waren. Die meisten von uns, die aus Lagern wie *Stalag III** in Heydekrug und *Stalag IV** in Kiefheyde kamen, standen im Rang eines Sergeanten. Colonel F. S. Gabreski, genannt Gabby, das «berühmte Flieger-As», war der Kommandeur über unsere Abteilung des Lagers.

Am Nachmittag des 29. April gab es außerhalb des Lagers eine erdbebenartige Explosion. Danach noch zwei! Wir warfen uns in den Dreck. Riesige braune Wolken von Staub und Trümmern erhoben sich über die Barackendächer. «Sie machen sich fertig zum Abhauen!» Und genau das taten sie. Die Deutschen sprengten Kraft- und Umspannstationen in die Luft, Einrichtungen, die nicht nur das Lager versorgten, sondern auch das nahe gelegene Barth. An diesem Abend sammelten wir uns um die Lautsprecher und hofften auf Nachrichten, was sich in der Welt draußen tat. Die deutschen Berichte waren fast so genau wie die von BBC, die wir über unsere versteckten Empfänger hörten. Die Deutschen hatten die BBC sogar zweimal geschlagen, und zwar als sie die Nachricht von der Eröffnung der zweiten Front und die vom Tod Präsident Roosevelts vierundzwanzig Stunden früher brachten.

Die Schlaflosen hatten sich um viele vermehrt. Gegen zehn Uhr an diesem Abend war der Aufenthaltsraum voll von herumsitzenden und auf dem Boden liegenden «Landsern». Ihre Zigaretten blinkten wie kleine Sterne. Alle hielten für sicher, daß wir in der Nacht bombardiert werden würden, und glaubten, der Aufenthaltsraum sei der beste Ort, um das zu überstehen.

Für die Nachtwache war es noch zu früh. Die untergehende Sonne begann soeben erst zu verblassen. Vier Jungs im Raum 12 waren dabei, eine Katze zu kochen, die sie gefangen hatten. Andere standen drumherum und beobachteten das Geschäft.

«Schmeckt wie Kaninchen», meinte einer.

Der Häuptling stand in der Tür. «Ich habe keinen Hunger», sagte er. Der Häuptling war damals sechsundvierzig, etwas über fünf Fuß groß, schlank und kräftig. Er war naturalisierter Amerikaner und sprach fließend russisch, da er in Rußland geboren war. Mit acht Jahren ging er in Deutschland zur Schule. Ehe er in die Staaten auswanderte, hatte er im ersten Weltkrieg in der deutschen Armee gedient und sowohl an der Westfront wie auch an der Ostfront gekämpft. Er war Jude und hatte sich deshalb bei seiner Gefangennahme durch die Ungarn als Navajo ausgegeben. Auf seinem neunzehnten Feindflug als Heckschütze in einer unserer B-24 war er in der Nähe von Budapest abgeschossen und von Bauern fast gelyncht worden, wäre nicht einer von deren Anführern zu dem Schluß gekommen, er müsse ein Indianer sein. «Sie kannten Indianer aus Wildwestfilmen und sahen diese wegen ihres Umgangs mit Pferden als ebenbürtig an», sagte der Häuptling.

Wir gingen nach draußen.

«Glauben Sie, wir werden das hier lebend überstehen?» fragte ich ihn.

«Es dauert nicht mehr lange», antwortete der Häuptling. «Ihr Burschen solltet aufhören, euch den Kopf darüber zu zerbrechen, was einem noch zustoßen könnte, und lieber daran denken, was jenseits des Stacheldrahts vor sich geht. Die meisten Soldaten der Roten Armee leben von Brotkanten und Käse und vielleicht ein bißchen Suppe und gewinnen dabei den Krieg, während ihr auf euren Ärschen sitzt und Trübsal blast. Viele von ihnen sind Frauen, und die kämpfen und sterben in dieser Minute an der Front.»

Ich wußte, daß er die Wahrheit sprach. Wir hatten gerade erst durch BBC-Berichte erfahren, daß die Russen das siebzig Meilen entfernte Stettin eingenommen hatten. Sie zogen in unsere Richtung. Ich blickte über das Lager hin und durch den Stacheldraht nach Westen. Hinter diesen Bäumen lag die Ostsee und hinter den Meeren meine Heimat. Das Abendrot erlosch über dem Wasser. Der Häuptling und ich gingen hinein.

In unserem Raum waren die Läden geschlossen. Zwei Leute machten sich an der Lampe zu schaffen – an einer Büchse mit Margarine, in der ein Docht steckte, der aus einem GI-Gürtel herausgeschnitten worden war. Meistens war die Margarine ungenießbar, und so ergab es wenigstens einen Sinn, wenn man ein bißchen Licht aus ihr beziehen konnte. Als wir dann in der Falle lagen, redeten wir, argumentierten, beschrieben, wie Mama die Truthahnfüllung zubereitete oder wie man am besten mit «Klim», dem Milchpulver, das wir vom Roten Kreuz bekamen, umging. Es war etwas nach zehn Uhr, als einer schrie: «Die Krauts sind weg! In den Türmen bewegen sich die Lichter nicht mehr!» Wir sprangen alle aus den Betten. «Die lassen uns hier zurück!» Vorsichtig wurden Läden geöffnet, jemand löschte die Margarineleuchte. Die Scheinwerfer, deren Lichtkegel sonst immer über das Lager strichen, brannten noch. Sie mußten an ein Notstromaggregat angeschlossen worden sein. Aber sie standen still.

Kaum einer schlief in dieser Nacht. Beim Morgengrauen streiften wir durch das Lager. Da die Vorhängeschlösser an den Barackentüren abgeschlossen waren, stiegen wir aus den Fenstern oder gelangten durch die sorgsam getarnten Falltüren, die wir in die Fußböden geschnitten hatten, ins Freie. Keine Wache. Keine Hunde. Alles sah friedlich aus.

An diesem Tag lagen die Baracken verlassen; nur wenige waren drin geblieben, die ihre Kleider wuschen oder Siegeskuchen buken, von denen einige die Größe von zwei Quadratfuß hatten und aus fünf Lagen bestanden. Sie wurden in Blechpfannen gebacken, die aus flachgeklopften Trockenmilchbüchsen gefertigt waren, und sie bestanden aus Zahnputzpulver, das ein bißchen Soda enthielt, damit der Teig aufging, gemahlenem Brot und Keksen aus C-Rationen, ferner Rosinen, Dörrpflaumen, Schokoladenriegeln und anderen über Monate gehorteten Süßigkeiten.

Es war in der Dämmerung, als wir die erste Leuchtrakete sahen, weit entfernt über den Bäumen im Westen. Wie ein heller, roter Ball zog sie langsam in einer flachen Kurve dahin und verschwand. Ein paar Sekunden später folgten drei weitere auf der gleichen Bahn.

«Infanteriegeschosse», sagte der Häuptling. «Rote Armee.»

Das Lautsprechersystem war tagsüber repariert worden, und wir hörten eine Hitparade. Gegen zehn Uhr abends unterbrach ein Sprecher den Song «Don't Fence Me In» mit einer Nachricht: «Wir haben Verbindung mit den Russen hergestellt. BBC meldet, die Rote Armee hat Berlin eingenommen. Hitler ist tot!»

Die Nachricht verbreitete sich mit Windeseile. Wir strömten aus unseren Unterkünften in den Aufenthaltsraum, warfen uns gegen die nach draußen führenden Türen und drängten ins Freie. Auch alle anderen Baracken standen offen. Wir zweitausendfünfhundert Männer schrien, kreischten, pfiffen, winkten, sprangen aufeinander los, lachten wie die Verrückten, heulten den Himmel an. Als einmal vorübergehend Stille in unserer Abteilung des Lagers eintrat, hörten wir aus den anderen drei Abteilungen Wogen von Gebrüll. Und das ging so weiter und immer weiter. Wir konnten nicht eher aufhören, bis unsere Stimmen versagten. Sehr viel später, als das Geschrei fast verstummt war, hörten wir einzelne Stimmen aus anderen Abteilungen singen: «Onkel Joe! Ja! Onkel Joe![1]»

Am 1. Mai um zehn Uhr morgens rief uns Gabreski alle nach draußen. «Wir sind nicht länger Gefangene», sagte er, «aber immer noch Soldaten, und das hier ist jetzt ein Armeelager.» Er sagte auch, daß wir sobald wie möglich nach Hause zurückkehren würden. Nach Hause! Und, sagte er, die Russen hätten den Wunsch geäußert, daß wir in Trauer um Präsident Roosevelt schwarze Armbinden trügen. Diejenigen von uns, die kein schwarzes Tuch oder Papier auftreiben konnten, markierten mit Bleistift einen schwarzen Ring um den Hemdsärmel. Nachdem wir abgezählt hatten, konnten wir wegtreten; aber niemand bewegte sich von der Stelle. Eine volle Minute lang standen wir in Habachtstellung zum Gedächtnis Franklin Delano Roosevelts.

Am Nachmittag dieses zweiten Tages rissen wir den Stacheldraht herunter. Rund um das Lager gingen wir diesen Draht an mit allen Instrumenten aus Holz oder Metall, die wir auftreiben konnten. Die Leute, die den westlichen Zaun niedergerissen hatten, stürmten über die Straße und zerstörten eine Vorratsbaracke der Nazis. Sie zerschlugen Fenster und Türen, rammten mit Balken von den Wachttürmen

---

[1] Gemeint ist Stalin – d. Red.

gegen die Wände, bis die Baracke sich aus ihrem Fundament löste und zusammenbrach.

In dieser Nacht kamen Gäste in unseren Raum. Es waren elf sowjetische Soldaten, ehemalige Gefangene, die in einer kleinen Abteilung des Lagers untergebracht waren. Die Deutschen hatten sie zweimal die Woche unter scharfer Bewachung durch einen Panzerwagen in unser Lager geführt, wo sie die Latrinen ausschöpfen mußten. Einige von uns hatten ihnen heimlich Zigaretten zugesteckt, wenn die Wachen einmal wegsahen.

Dem Häuptling war es manchmal gelungen, mit einem von ihnen, einem Sergeanten, der stets eine Kosakenmütze trug, eine kurze Unterhaltung zu führen. Er war Kampfflieger, sagte der Häuptling. Der Sergeant hatte ihm einmal eine Handvoll frischer Zwiebeln zugesteckt. Der wundervolle Duft dieser Zwiebeln, mit denen wir den Kartoffelbrei in unserem Raum zubereiteten, hatte die anderen Insassen der Baracke fast zum Wahnsinn getrieben.

Nun, unsere Besucher werden angeführt von dem Burschen mit der Kosakenmütze, und er und der Häuptling feiern lärmend Wiedersehen, rufen sich, hin und her, etwas auf russisch zu, und die übrigen stehen dumm herum. Dann besinnen sich einige, daß wir ja die Gastgeber sind, und es gibt Dosenschinken und Thunfischbrötchen und Kaffee für unsere Gäste. Elf Russen und vierundzwanzig von uns drängen sich in dem Raum von ungefähr fünfzehn Fuß mal vierundzwanzig Fuß, der dazu von allen Seiten noch eingeengt wird durch die Dreistockbetten. Aber wir sitzen auf dem Tisch und den Bänken und auf den Fensterbrettern. Wir und unsere Gäste sind an überfüllte Quartiere gewöhnt.

Nach einer Weile fängt der Häuptling an zu übersetzen, was die Russen ihm erzählt haben. «Achtundneunzig Mann von den russischen Kriegsgefangenen wurden von den Deutschen ermordet, kurz bevor sie abzogen», sagt er. «Sie wurden am Nachmittag aus den Baracken geholt und mußten zu einem Konzentrationslager für Franzosen marschieren, das ungefähr drei Meilen entfernt liegt. Den elf Männern hier gelang die Flucht, als sie merkten, daß sich an der Spitze des Zugs Unruhe ausbreitete. Doch sie schlichen den anderen hinterher. Sie sahen, wie ihre Kameraden mit vorgehaltener Waffe gezwungen wurden, einen tiefen Graben auszuheben, wie sie sich dann vor diesen Graben stellen mußten und mit Maschinengewehrgarben niedergemäht wurden.»

Als der Russe mit der Kosakenmütze nach der Befreiung zum ersten Mal unser Lager besucht hatte, war er erstaunt, daß der Stacheldrahtzaun noch stand. «Wer sind diese Männer hinter dem Draht?» fragte er einen hohen Offizier. «Und wer sind die Männer auf den Wachttürmen?»

«Das sind unsere eigenen Leute», wurde ihm gesagt. «Wir bewachen sie, damit sie sich nicht auf und davon machen und wir sie am Ende nicht wiederfinden.»

«Wenn es Amerikaner sind», sagte der Russe, «dann sind sie doch befreit worden und sollten nicht hinter Stacheldraht sein! Sie sind freie Männer. Ihr solltet die Türen aufmachen und sie ihre Freiheit genießen lassen!» Und der Mann mit der Kosakenmütze hatte zu schreien angefangen: «Sie sollten in der Stadt sein und ihre Freiheit und unseren Sieg mit uns feiern, gut essen, in sauberen Betten schlafen, anstatt in diesen stinkenden Baracken zu bleiben!»

Soldaten von der Roten Armee kamen ins Lager und lösten den Sergeanten mit der Kosakenmütze ab. Tagelang streifte ich mit dem Häuptling durch die Gegend und war froh, wenn ich mit russischen Soldaten ins Gespräch kam. Wir sprachen mit einer Kriegswaise, einem zwölfjährigen Jungen, der uns erklärte: «Die Armee ist meine Mutter und mein Vater.» Wir begegneten einem Arzt, der Tag und Nacht arbeitete, um die wenigen Überlebenden eines nahe gelegenen Konzentrationslagers zu retten.

Bis zum 4. Mai hatte die Rote Armee alle Versorgungseinrichtungen, sowohl für das Lager wie auch für Barth, instand gesetzt. Sie hatte den Flugplatz entmint und ihn auf Start- und Landemöglichkeit getestet. In Barth hatten die Russen eine neue Verwaltung eingesetzt, und das alliierte Hauptquartier in London war benachrichtigt worden, man habe uns befreit, und der Flugplatz sei wieder benutzbar. Dann trieben sie Kühe und Schweine zusammen, damit wir mit frischem Fleisch versorgt werden konnten.

Die meisten von uns verließen das Lager am 13. Mai, als uns in einer sehr eindrucksvollen Aktion ein ganzer Schwarm von B-17-Maschinen aus Barth abholte. Das war der erste Schritt auf unserem Weg nach Hause.

Ja, meine Erinnerungen an unsere Befreiung sind so klar, als wäre alles erst gestern geschehen. Heute – in der Sowjetunion, in ganz Europa, in Japan und hier in den Vereinigten Staaten – empfangen die Gräber von Millionen Soldaten und Zivilisten, die im zweiten Weltkrieg getötet worden sind, ihren Tribut an Blumen und Tränen und an Erinnerungen derer, die überlebt haben. Und dann gibt es noch Tränen für andere Millionen – Millionen von Müttern, Vätern, Töchtern und Söhnen, von denen nur Haufen von Schuhen, Kleidern, Zähnen, Haaren, Seifenfett, Lampenschirmen und Asche übriggeblieben sind. Für sie haben wir keine Gräber.

Und ich sehe noch Gesichter, so viele Gesichter, die in meinem Gedächtnis über all die Jahre nicht gealtert sind. Die verzweifelten Gesichter der zahllosen Flüchtlinge, die über die staubigen Landstraßen eines verwüsteten Deutschlands keuchen. Das verzerrte Gesicht der weinenden Mutter, die keine Milch für ihr Kind hat. Die zähnefletschenden Wachhunde und das Gesicht des jungen deutschen Soldaten, der lieber stirbt, als daß er gegen sein Gewissen handelt. Das Gesicht des Häuptlings und Gabreskis und des russischen Sergeanten mit der Kosakenmütze. Und natürlich diese Gesichter voller Freude und Hoffnung, kurz nachdem russische Soldaten unser Kriegsgefangenenlager befreit hatten, als wir und die Russen unsere eigene, besondere Begegnung miteinander erlebten.

Godfrey E. («Jeff») Boehm war nach dem Krieg Reporter. 1983 ging er in Pension.

Jeff Boehm mit seiner Frau Marjorie am 25. April 1985 in Torgau

Teil II

Von Stalingrad nach Torgau

Alexej Shadow

Mein Treffen mit General Hodges

Aus dem Buch «Vier Kriegsjahre»

In jenen Tagen hatte ich selbst leider keine Gelegenheit, mich mit unseren amerikanischen Verbündeten zu unterhalten. Ich war damit beschäftigt, die Abwehr der Gegenschläge der faschistischen deutschen Truppen zu organisieren. Zwei von unseren drei Korps, die am 23. April die Elbe erreicht hatten, wurden in dieser Zeit an die linke Flanke der Armee verlegt, wo die Görlitzer Gruppierung der Deutschen einen starken Schlag gegen unseren linken Nachbarn führte. Von der Begegnung an der Elbe am 25. April[1] wurde mir telefonisch berichtet, als der Kampf seinen Höhepunkt erreicht hatte. Ich befand mich in der Beobachtungsstelle im Raum der Gefechtshandlungen. Erst ein paar Tage später, nachdem die Görlitzer Gruppierung zunächst zum Stehen gebracht und dann zerschlagen worden war, konnte ich endlich zur Elbe fahren.

Am 30. April waren der Befehlshaber der amerikanischen 1. Armee General Courtney H. Hodges und ich fast den ganzen Tag zusammen. Mehr als dreißig Jahre sind seit jenen denkwürdigen Stunden vergangen, aber ich erinnere mich an General Hodges, als sähe ich ihn heute vor mir – nicht mehr jung, streng wirkend, aber gutherzig, wenn auch wortkarg, wie sich dann erwies, konzentriert und korrekt. Aus unseren Gesprächen schloß ich, daß er ein begabter Feldherr war. Jede seiner Gesten, jedes seiner Worte verriet Freude über den errungenen Sieg.

In General Hodges' Begleitung befanden sich sein gesamter Stab, ungefähr zwanzig hohe Offiziere und rund siebzig Korrespondenten. Von unserer Seite waren ungefähr ebenso viele Generale und Offi-

---

[1] Vom 25. bis 27. April fanden Begegnungen zwischen Vertretern der 5. Gardearmee unter Oberbefehlshaber A. S. Shadow und der amerikanischen 1. Armee unter Oberbefehlshaber K. Hodges statt.

ziere wie von der amerikanischen Seite zugegen sowie der Schriftsteller Konstantin Simonow als Kriegsberichterstatter und andere sowjetische Korrespondenten und Bildreporter.

Nach den Ehrenbezeigungen im großen Saal machten wir uns miteinander bekannt und tauschten Erinnerungen an die Kämpfe aus. Hodges und ich beschrieben kurz den Weg, den unsere Armeen in den Jahren des Krieges gegen das faschistische Deutschland zurückgelegt hatten.

General Hodges und die anderen amerikanischen Generale erkundigten sich nach den Kämpfen bei Moskau, bei Stalingrad, im Kursker Bogen und nach anderen Operationen. Sie würdigten die Standhaftigkeit, den Massenheroismus der sowjetischen Truppen in der Verteidigung, die riesigen Maßstäbe und das hohe Tempo unserer Angriffsoperationen. Sie sagten, sie hätten sehr bald gespürt, wie der Druck der Faschisten in den Ardennen nachließ, als die sowjetischen Truppen im Januar 1945, vor dem geplanten Termin, auf Ersuchen des Alliierten Oberkommandos an der Weichsel zu einer zügigen Offensive übergingen und der faschistischen Armee eine vernichtende Niederlage bereiteten. Unsere Gäste interessierte sehr, welches Gewicht die Sowjetunion der von den USA erwiesenen Hilfe beimaß. Insbesondere wollten sie wissen, welche amerikanischen Waffen und welche Technik zu uns in die 5. Gardearmee gelangt sei.

Wir freuten uns, daß sie die Kampfhandlungen unserer Truppen so hoch bewerteten, und dankten ihnen dafür. Was aber die amerikanische Hilfe betraf, so sagte ich ihnen, wie es sich wirklich verhielt. Im Jahre 1942 waren eine kleine Anzahl von Valentine- und Churchillpanzern sowie Fliegerabwehrmittel – ebenfalls in sehr begrenzter Zahl – zu uns gelangt. Ansonsten hatten wir nur Waffen und Kampftechnik sowjetischer Produktion erhalten.

Wir forderten die Amerikaner auf, eine beliebige sowjetische Division aufzusuchen und sich von der Richtigkeit des Gesagten zu überzeugen. Zugleich sprachen wir ihnen unseren Dank und unsere Anerkennung für die amerikanischen Kraftfahrzeuge aus, die «Dodges», «Willys» und die «Studebakers», die uns gute Dienste leisteten.

Während des kameradschaftlichen Mittagessens brachten wir Trinksprüche auf den Sieg, auf die Völkerfreundschaft und auf einen dauerhaften Frieden aus. Sowjetische Armee-Laienkünstler unterhielten uns mit einem Programm. Den Amerikanern gefielen vor allem unsere Volkslieder und Volkstänze.

General Hodges und ich hielten Grußansprachen. In meiner Rede sagte ich: «Herr General, meine Herren, Genossen! In dieser großen historischen Stunde, da die siegreichen Streitkräfte der verbündeten Mächte auf deutschem Boden einen Händedruck tauschen, erlauben Sie mir, in Ihrer Person die tapferen amerikanischen und britischen Soldaten zu grüßen, die gemeinsam mit der Roten Armee die faschistischen deutschen Aggressoren endgültig schlagen.

Die Soldaten und Offiziere des unsterblichen Stalingrad haben stets mit lebhaftestem Interesse und großer Hochachtung die Gefechtshandlungen der anglo-amerikanischen Waffengefährten an den anderen Fronten des zweiten Weltkriegs verfolgt und sich über ihre erstarkende Kampfkraft gefreut. Ganz besonders schätzen wir den Heldenmut und die Kriegskunst der mit uns für die gemeinsame Sache kämpfenden anglo-amerikanischen Truppen.

Der heutige Tag ist einer der glücklichsten in unserem Kampfleben. Wir sehnten ihn herbei und waren stets überzeugt, daß er kommen würde. Die Vereinigung unserer Kräfte im Zentrum Deutschlands zeugt noch einmal davon, daß die Waffengemeinschaft unserer Völker tatsächlich eine siegreiche Brüderschaft ist, fähig, beliebige Schwierigkeiten, beliebige Hindernisse zu überwinden.

Unsere Aufgabe und unsere Pflicht bestehen nun darin, dem Gegner den Rest zu geben, ihn zu zwingen, die Waffen zu strecken und bedingungslos zu kapitulieren. Diese Aufgabe und diese Pflicht vor unseren und allen freiheitsliebenden Völkern wird die Rote Armee bis zum Schluß erfüllen ...»

In seiner Erwiderung erklärte General Hodges: «Heute sind sich die Vertreter der russischen 5. Gardearmee und der amerikanischen 1. Armee im Zentrum Deutschlands begegnet. Wir alle haben lange auf diesen glücklichen Tag gewartet. Sie haben es vermocht, einen stärkeren Gegner zu besiegen. Nach der Überwindung der Oder sind Sie in Deutschlands Zentrum vorgedrungen. Deutschland ist zerschlagen ... Wir werden uns stets erinnern, was die Rote Armee für den Sieg getan hat, insbesondere Ihre Armee ...

Ich überreiche der russischen 5. Gardearmee unsere Fahne. Diese

---

Die Generale Emil Reinhardt, Kommandeur der 69. Infanteriedivision, und Wladimir Russakow an der Spitze eines sowjetisch-amerikanischen Demonstrationszuges kurz vor Werdau, 27. April 1945

Fahne haben wir von Amerika über den Atlantischen Ozean nach England und über den Ärmelkanal in die Normandie, durch ganz Frankreich und Belgien bis ins Zentrum Deutschlands getragen, wo Sie und wir uns am Ufer der Elbe begegnet sind.

Indem ich Ihnen die Fahne übergebe, bringe ich Ihnen und den Offizieren Ihrer Armee meine Liebe und meinen Respekt dar.»

Für seine an die sowjetischen Streitkräfte gerichteten guten Worte sprach ich General Hodges unseren Soldatendank aus und fügte hinzu: «An diesem lang ersehnten glücklichen Tag, da sich unsere Armeen, die Armeen großer Völker, hier an der Elbe begegnen, sind wir voller Freude über unser festes Bündnis, über unsere ruhmreichen Soldaten. Die heldenmütige Rote Armee hat in diesem Krieg einen schweren siegreichen Weg zurückgelegt, den sie und ihre Verbündeten mit der völligen Zerschlagung des faschistischen Deutschlands beenden werden. Möge diese Begegnung das Unterpfand für die Herstellung eines dauerhaften und langen Friedens sein. Erlauben Sie mir, Ihnen ein Album mit der Medaille ‹Für die Verteidigung Stalingrads› als Symbol unserer Siege und als Beweis meiner guten Gefühle und meiner Hochachtung für Sie persönlich sowie für die Soldaten und Offiziere Ihrer Armee zu überreichen.»

Im Namen der Armeeangehörigen übergab ich Hodges auch eine TT-Pistole mit eingraviertem Namenszug, und mir wurde ein «Willys» geschenkt.

Nach dem Abschluß der Prager Angriffsoperation, die mit der Zerschlagung der Heeresgruppe Mitte unter Generalfeldmarschall Ferdinand Schörner und der Befreiung der brüderlichen Tschechoslowakei endete, trafen wir erneut mit den Soldaten der amerikanischen 1. Armee und ihrem kommandierenden General zusammen, diesmal in Leipzig, wo den amerikanischen Militärangehörigen, die von der Regierung der Sowjetunion ausgezeichnet worden waren, und den sowjetischen Militärangehörigen, die vom Präsidenten der Vereinigten Staaten von Amerika ausgezeichnet worden waren, Orden und Medaillen ausgehändigt wurden. Die Begegnung verlief feierlich, auf dem Platz waren eine Ehrenformation und die Truppen der Garnison angetreten.

Nach den Grußansprachen wurden die Orden verteilt. Den «Suworow-Orden 1. Klasse» überreichte ich General Courtney Hodges, den «Suworow-Orden 2. Klasse» dem Stabschef der 1. Armee General W. Kin und dem Kommandeur der 69. Infanteriedivision General E.

D. Reinhardt. Zugführer Second Lieutenant W. Robertson erhielt den «Alexander-Newski-Orden». Die anderen amerikanischen Soldaten und Offiziere wurden mit dem «Orden des Vaterländischen Krieges I. und II. Klasse», dem «Ruhmesorden III. Klasse», dem «Roten Stern» und anderen Kampfauszeichnungen dekoriert. Viele sowjetische Soldaten wurden mit amerikanischen Auszeichnungen geehrt. Einen amerikanischen Orden für verdienstvolle Offiziere empfingen der Kommandeur der 58. Gardeschützendivision General W. Russakow, Stabschef Oberstleutnant S. Rudnik, der Leiter der Politabteilung Oberst I. Karpowitsch, die Regimentskommandeure J. Rogow, A. Gordejew, J. Kondratenko, A. Demidowitsch und viele andere. Mir wurde der «Commander-Orden I. Klasse» verliehen.

Die Begegnung in Leipzig war ein wichtiges Ereignis im Leben der amerikanischen und der sowjetischen Militärangehörigen, der Waffengefährten im Kampf gegen den Faschismus. In jenen Tagen des Sieges im Mai schworen sie, die freundschaftlichen Beziehungen zwischen ihren Völkern zu pflegen und zu stärken, niemals die Waffen gegeneinander zu erheben und den Frieden in der Welt zu festigen.

Einmal las ich in der «Prawda», der ehemalige Offizier des Aufklärungsdienstes des 273. Regiments der amerikanischen 69. Infanteriedivision, der Second Lieutenant William Robertson, jetzt Professor für Neurochirurgie an der Californischen Universität in Los Angeles, erinnere sich stets tiefbewegt der Begegnung an der Elbe, deren Teilnehmer er war, und seine Kinder fühlten wie er.

Ich, ein alter Soldat, freue mich, daß der ehemalige Second Lieutenant Robertson, der heute einen der humansten Berufe ausübt, stolz auf den ihm 1945 verliehenen «Alexander-Newski-Orden» ist.

Shadow, A. S. (1901–1977) – sowjetischer Feldherr, Armeegeneral (1955). Im Großen Vaterländischen Krieg befehligte er seit 1942 eine Armee. Nach dem Krieg hatte er verschiedene leitende Dienststellen in den Streitkräften der UdSSR inne.

Grigori Goloborodko

Augenblicke ungetrübten Glücks

Lang war unser Weg zur Elbe. Der Krieg, an dem ich vom Beginn bis zum siegreichen Ende teilnehmen durfte, dauerte 1418 Tage und Nächte. Hinter uns lagen die bitteren Straßen des Rückzugs, Stalingrad, der Kursker Bogen ... Tausende von Hindernissen – Flüsse und Seen, Wälder und Sümpfe, Minenfelder und befestigte Punkte.

Ich brauche wohl nicht zu schildern, was es bedeutet, eine Schützenkompanie, zumal in der Offensive, zu befehligen. Die Kompaniechefs gingen mit gutem Beispiel voran, begeisterten die Soldaten für den Sturmangriff – und oft waren sie die ersten, die auf dem Gefechtsfeld fielen. Hinzu kam das Gefühl, für das Schicksal der Soldaten, für ihr Leben verantwortlich zu sein.

Im Januar 1945 griffen wir in Polen vom Weichsel-Brückenkopf Sandomierz aus an und erlitten große Verluste. Der Kompanie blieben nur noch wenig Soldaten. In unserem Land, wo wir die eigenen Dörfer und Städte befreiten, hatten wir uns sofort mit Neueingestellten auffüllen können. Das war hier nicht möglich.

Vor uns lag ein neues Wasserhindernis – die Elbe. Ich hätte mir nie träumen lassen, daß dies die Linie war, an der sich unsere und die amerikanischen Truppen begegnen würden.

Am 23. April 1945 eroberten wir das Dorf Kreinitz und kämpften uns weiter zur Elbe vor. Die Deutschen verteidigten sich hartnäckig. In ihren Gefechtsordnungen standen Soldaten und Offiziere, SS-Männer und Offiziersschüler, Greise aus dem Volkssturm und sogar Halbwüchsige aus der Hitlerjugend.

Am 24. April erfuhr ich, daß eine Begegnung mit den Verbündeten zu erwarten war. Gardemajor Glotow, Kommandeur des 2. Schützenbataillons, befahl mir, die Kompanie darauf vorzubereiten, am westlichen Elbufer aufzuklären. Er fügte hinzu, die Aufgabe habe Gardeoberstleutnant Alexander Timofejewitsch Gordejew, unser Regimentskommandeur, gestellt.

Leutnant Grigori Goloborodko

Der Morgen des 25. April war neblig. Das war günstig für uns – denn es bedeutete geringeres Risiko. Ungehindert forcierten wir die Elbe und rückten in südwestlicher Richtung bis Strehla vor. Auf einer trockenen Anhöhe, von der sich gut beobachten ließ, bauten wir Stellungen und warteten. Obwohl die Stadt wie ausgestorben dalag, hatten wir Bedenken hineinzugehen. Die Faschisten, die zu kämpfen verstanden, hatten uns gelehrt, daß wir uns keine Fehler erlauben durften. Deshalb sandten wir zunächst Beobachter aus.

Gegen Mittag vernahmen wir Motorengeräusch. Autos fuhren in die Stadt. Daß Amerikaner in den Wagen saßen, verriet uns eine Serie aufsteigender grüner Leuchtraketen – ihr Erkennungssignal, wie wir vom Regimentskommandeur wußten. Wir antworteten vereinbarungsgemäß mit einer Serie roter Leuchtraketen. Hinter den Häusern kamen Soldaten in uns unbekannter Uniform und mit Helmen zum Vorschein, die keine Ähnlichkeit mit deutschen hatten. Die Jeeps, die ihnen auf die zur Elbe führende Chaussee folgten, überzeugten uns endgültig, daß wir es mit Amerikanern zu tun hatten – solche «Willys» gab es auch in unserer Division.

Nach kurzem Hin und Her versuchten der amerikanische Lieutenant und ich, uns über die Aufstellung unserer Truppenteile zu informieren. Aber einer verstand den anderen nicht. Da drehte ich ihn der Elbe zu, wies auf Kreinitz und zeigte ihm dann das Dorf auf der Karte. Nun war die Sache klar, und wir lachten.

Der Tag war warm und sonnig. Zum erstenmal gingen unsere Soldaten hoch aufgerichtet umher. Die Medaillen an den Feldblusen blitzten im Sonnenschein. Wir hatten das Gefühl, als sei der Krieg zu Ende. Das waren Augenblicke der Hoffnung und des ungetrübten Glücks, die sich mir fürs ganze Leben eingeprägt haben.

Den Namen des Lieutenants – Albert L. (Buck) Kotzebue – erfuhr ich später, als er auf Einladung Oberstleutnants Gordejew mit seiner Aufklärerpatrouille zu uns ins Regiment übersetzte. Hier lernte ich auch den Soldaten Joseph Polowsky kennen. Freundschaft schlossen wir jedoch erst zehn Jahre später, 1955, als er nach Moskau kam. Wir tauschten Erinnerungen aus und schworen, alles zu tun, damit es nie wieder Krieg gibt.

Grigori Goloborodko (1912–1958) wurde im Dorf Salowka, Rayon Krementschug, Gebiet Poltawa geboren. 1935 ging er freiwillig zur Roten Armee. Seit 1941 war er an den Fronten des Großen Vaterländischen Krieges. An der Elbe war er – inzwischen Oberleutnant – Kompaniechef im 175. Schützenregiment der 58. Gardeschützendivision. Er wurde mit einem amerikanischen Orden ausgezeichnet. Nach dem Sieg und der Demobilisierung lebte er im Heimatdorf, wo er als Mechaniker im Kolchos arbeitete.

Alexander Gordejew

Eine herzliche Begegnung

Am 18. April 1945 forcierte das in der Vorausabteilung der 58. Schützendivision angreifende 175. Schützenregiment westlich von Weißwasser die Spree. Obwohl sich die Division bereits im Vorfeld von Berlin befand, wurde ihr die Aufgabe gestellt, im Abschnitt Torgau–Riesa zur Elbe vorzustoßen, die Übergänge zu erobern, am Ostufer festen Fuß zu fassen und den Rückzug des Gegners zu verhindern.

Nachdem ich mit den Bataillonskommandeuren und meinen Stellvertretern beratschlagt hatte, beschloß ich, unsere Infanterie auf Autos zu setzen und im Eilmarsch zur Elbe vorzurücken, ohne uns in langwierige Kämpfe mit dem in den Ortschaften hockenden Gegner einzulassen, er sollte durch die zweite Staffel blockiert werden.

Die Deutschen hatten den Kampf im Westen eingestellt und die Truppen nach Osten verlegt, so daß unsere Verbündeten fast ungehindert zur Elbe vordrangen. Wir hingegen mußten den verbissenen Widerstand der Faschisten brechen, insbesondere den der SS-Division «Leibstandarte Adolf Hitler», die an diesen Frontabschnitt geworfen worden war.

So langte das 2. Bataillon des 175. Schützenregiments unter der Führung von Major Fjodor Glotow trotz der Gegenangriffe der SS am Abend des 23. April 1945 östlich der Stadt Strehla am rechten Elbufer an. Glotows Bataillon rieb den Gegner auf und besetzte den Elbübergang. Bald darauf hatte das ganze Regiment den Fluß erreicht. Der Gefechtsstand wurde in dem Dorf Kreinitz eingerichtet, vier Kilometer östlich von Strehla. Meine Beobachtungsstelle befand sich auf dem Kirchturm, zu dem die Nachrichtensoldaten eine Fernsprechleitung gezogen hatten.

In der Nacht lieferten wir uns mit dem Gegner über die Elbe hinweg Feuergefechte, während südlich von uns, im Raum Riesa, bis zum Morgen des 25. April hartnäckig gekämpft wurde. Das berichteten unsere Nachrichtensoldaten, die mit den Nachbarn Informationen

Rauchen wir eine, mein Kampfgefährte.
Von links nach rechts: Oberstleutnant Spiridon Rudnik; Stabschef der Divisionsartillerie
Anatoli Iwanow; Major Fred Craig; Captain George Morey; amerikanischer Dolmetscher Igor Belousovich;
Kommandeur des 175. Regiments Alexander Gordejew

austauschten. Divisionskommandeur Generalmajor Wladimir Wassiljewitsch Russakow, der sich in der Beobachtungsstelle des Kommandeurs des 173. Schützenregiments aufhielt, wies mich darauf hin, daß eine Begegnung mit den Verbündeten möglich sei. Sie würden sich durch grüne Leuchtraketen am westlichen Ufer zu erkennen geben, die wir mit roten beantworten sollten.

Artillerie- und Granatwerferfeuer auf die Dörfer und die Stadt am linken Ufer war so lange verboten, bis feststand, in wessen Hand sie sich befanden. Grundlage für die Vorbereitung auf die Forcierung der Elbe war ein Befehl von Generaloberst A. S. Shadow, Befehlshaber unserer 5. Gardearmee. Danach hatten wir, falls wir den Fluß an einer Stelle erreichten, wo am westlichen Ufer keine verbündeten Truppen waren, einen Übergang und Brückenköpfe zu erobern und zu halten.

Am 24. April trat gegen Mittag völlige Stille ein. Im Krieg macht dergleichen stutzig, und ich informierte den Divisionskommandeur. Er befahl mir, am Morgen des 25. April einen Aufklärungstrupp über die Elbe zu schicken, der aber nur im äußersten Notfall feuern und sich nicht weiter als zehn Kilometer vom Fluß entfernen sollte. Ich wählte für diese Aufgabe die 6. Schützenkompanie unter Oberleutnant Grigori Goloborodko aus. Am Morgen des 25. April 1945 setzte sie über die Elbe und stieß ungehindert bis zur Höhe 129,7 bei dem Dorf Leckwitz vor, etwa einen Kilometer nördlich von Strehla. Um 11.30 Uhr meldete mir Goloborodko über Funk, daß sie amerikanische Soldaten getroffen hätten. Die Kompanie hatte ihre Aufgabe erfüllt, und ich wies Goloborodko an, die Amerikaner zu einem Besuch bei uns einzuladen und zurückzukommen. Wenig später erschien Goloborodkos Kompanie in Kreinitz. Gleich nach ihr traf die amerikanische Patrouille ein. Das war um 13.30 Uhr. Ich erstattete dem Divisionskommandeur Meldung. Er befahl mir, die amerikanischen Gäste zu empfangen. Vom Divisionskommandeur sollten Stabschef Oberstleutnant Spiridon Rudnik, Major Anatoli Iwanow und andere Vertreter kommen. Ich ging mit meinen Stellvertretern Jakow Koslow, Tossoltan Bitarow und Wladimir Lyssow zur Anlegestelle der Fähre, wo sich die Amerikaner befanden. Es handelte sich um eine von Lieutenant Albert Kotzebue geführte Patrouille des 273. Infanterieregiments der 69. Infanteriedivision der 1. Armee der USA. Es dauerte nicht lange, da hatten sich viele unserer Soldaten und Offiziere zu uns gesellt.

Wir waren alle sehr aufgeregt. Ehrfürchtig betrachteten die amerikanischen Soldaten unsere Gardeabzeichen, Orden und Medaillen, fragten nach den Bezeichnungen und wollten wissen, was die roten und gelben Tressen an den Feldblusen bedeuteten. Als sie erfuhren, daß das Verwundetenabzeichen waren, äußerten sie sich begeistert über das Heldentum unserer Soldaten.

Auf Zeltbahnen, die auf der Wiese ausgebreitet worden waren, wurden russischer Wodka und ein einfacher Imbiß serviert. Dann brachten die amerikanischen und unsere Soldaten Trinksprüche aus – darauf, daß nie wieder Krieg sein möge, auf die im Kampf gegen den gemeinsamen Feind mit Blut besiegelte Freundschaft, auf den Frieden. Besonders herzlich und überschwenglich zeigte sich der amerikanische Soldat Joseph Polowsky, Stellvertreter des Patrouillenführers. Er dankte den sowjetischen Soldaten für ihren im Namen des Friedens geführten Kampf gegen den Faschismus. Er sprach deutsch, und seine Worte wurden von unserem Dolmetscher übersetzt.

Polowsky bat mich, ihm zum Andenken mein Foto zu schenken. Leider hatte ich keins. Oberstleutnant Jakow Koslow half mir mit einem Foto unserer Regimentsführung aus der Verlegenheit. Ich schrieb eine Widmung darauf und überreichte es dem sympathischen Amerikaner.

Damit endete die erste Begegnung. Andere Aufgaben erwarteten uns. Zunächst mußten wir uns um die deutsche Bevölkerung kümmern. Am Ostufer der Elbe, namentlich in Kreinitz, wo von der Fähre lediglich die Trosse übriggeblieben war, scharten sich Frauen, Greise und Kinder, die von den Faschisten aus den östlichen Gebieten vertrieben worden waren. Unter ihnen befanden sich viele verkleidete Soldaten und Offiziere. Wir mußten Feldküchen aufstellen, um für die Menschen Essen zu kochen. Dann sollten die Flüchtlinge so schnell wie möglich heimgeschickt werden.

Am nächsten Tag, dem 26. April, gab es weitere Begegnungen. Zu uns nach Kreinitz setzten erneut Sergeanten und Soldaten über, die zu den Patrouillen von Lieutenant Albert Kotzebue und Major Fred Craig gehörten. Neben Kotzebue erschienen die Sergeanten und Soldaten Joseph Polowsky und Carl Robinson, Elijah Sams, Byron Shiver, Charles Forester und Murry Schulman. Sie wurden von unseren Soldaten und Offizieren herzlich begrüßt.

Alexander Gordejew wurde 1916 im Dorf Droshewo, Gebiet Wladimir, geboren. In der Armee diente er seit 1937. Er kämpfte vom ersten bis zum letzten Tag des Krieges, legte den Kampfweg von Moskau und der Wolga bis zur Elbe, Berlin und Prag zurück. Er war Gehilfe des Stabschefs des Regiments für Aufklärung, Stellvertreter des Regimentskommandeurs und später Regimentskommandeur. Er wurde fünfmal verwundet und hatte zwei Kontusionen. Heute ist er Oberst a. D. Er wurde mit einem amerikanischen Orden ausgezeichnet.

Alexander Olschanski

Der Weg nach Hause führte über Torgau

Mein Dorf Olschany in der Ukraine wurde im Dezember 1942 durch die Rote Armee befreit. In den Jahren der Okkupation hatten die Faschisten Tausende von ukrainischen Ortschaften ausgeraubt und niedergebrannt und die jungen Burschen und Mädchen in die Knechtschaft verschleppt. Dieses Schicksal erlitt auch meine Schwester Nina, Unterstufenlehrerin von Beruf. Mein Vater, meine ältere Schwester Maria und ihr Mann waren an der Front.

Als ich zur Armee ging und Soldat der 58. Schützendivision wurde, war ich im siebzehnten Lebensjahr. Mit meinem Regiment marschierte ich vom Don bis zur Elbe. Dreimal wurde ich verwundet, zweimal hatte ich Kontusionen. Und immer glaubte ich, daß mein Weg nach Hause über Berlin führt.

Unser Vorstoß zur Elbe und nach Berlin wurde mit der Weichsel-Oder-Operation eröffnet, die wir am 12. Januar 1945 begannen – also vor dem ursprünglich geplanten Termin. USA-Präsident Roosevelt und der britische Premierminister Churchill hatten uns wegen der schwierigen Lage der Verbündeten an der Westfront darum ersucht.

Als wir uns den Grenzen Deutschlands näherten, dürsteten wir verständlicherweise nach Vergeltung, und die Faschisten waren sich angesichts dessen, was sie in unserem Land angerichtet hatten, völlig klar darüber. Andererseits sahen wir ein, daß das von der Nazipropaganda irregeleitete deutsche Volk für die Missetaten der faschistischen Machthaber und ihrer Willensvollstrecker – SS, Gestapo, Sonderkommandos und anderer Verbrecher – nicht insgesamt verantwortlich war.

Den Hitlergeneralen war es mit der Behauptung, jenseits der Oder verteidige jeder Deutsche sein eigenes Haus, gelungen, ihre Truppen im Osten zu zwingen, den organisierten Widerstand fortzusetzen. Sie

Sergeant Alexander Olschanski mit seiner Mutter vor seinem beschädigten Bauernhof in der Ukraine nach der Befreiung

verschanzten sich in festen Gebäuden und Kellern und kämpften mit der Verbissenheit Todgeweihter.

Obwohl uns die Offensive große Verluste eintrug, waren wir in gehobener Stimmung – der Krieg würde bald zu Ende sein.

Je näher wir der Elbe kamen, desto stärker wurde der Widerstand des Gegners. Die zu den Brücken und Übersetzstellen führenden Straßen waren von zurückweichenden Truppen und Flüchtlingen verstopft.

Die Bevölkerung war durch die Goebbelspropaganda so eingeschüchtert, daß viele friedliche Bürger nach Westen flüchteten. Unser

Regiment erreichte am 23. April das Dorf Kreinitz und rückte zu den Elbübersetzstellen vor. Wir schickten Spähtrupps aus, organisierten die Verteidigung und bauten Stellungen. Zum erstenmal nach vielen Tagen des Angriffs verbrachten wir eine ruhige Nacht, weil die Brükken und Übersetzstellen vom Gegner gesprengt worden waren und niemand uns frontal angreifen konnte. Überfälle drohten von den in unserem Hinterland verbliebenen Splittergruppen deutscher Truppenteile. Diese bewaffneten SS-Leute, die sich Zivilkleidung angezogen hatten, versuchten sich auf Biegen oder Brechen nach Westen durchzuschlagen, und sie kannten mit denen kein Erbarmen, die ihnen in die Quere kamen.

Das Dorf Kreinitz liegt ungefähr fünf Kilometer nordöstlich der Stadt Strehla. Am Morgen des 24. April war die Gegend von Nebel verhüllt. Als er sich gegen Mittag lichtete, wurden die Umrisse des linken Ufers und der Deich sichtbar. Auf der Chaussee hinter der Flußaue flitzten hin und wieder Autos vorbei. Der Regimentskommandeur befahl den Bataillonskommandeuren, die Aufklärung zu organisieren, zu dem Zweck Übersetzstellen zu bestimmen und alles vorzubereiten, was zum Überwinden des Flusses erforderlich war. Zugführer Oberleutnant Fjodor Werchoturow begann mit seinen Pionieren Holzstämme für ein Floß zusammenzutragen. Indessen erhielten die Bataillons- und Regimentskommandeure die Information, daß eine Begegnung mit amerikanischen Truppen möglich sei.

Am Morgen des 25. April forcierte die 6. Schützenkompanie des 175. Schützenregiments unter dem Kommando von Grigori Goloborodko die Elbe, um die Stärke und Zusammensetzung der gegnerischen Gruppierung am linken Flußufer zu erkunden. Ich war dieser Kompanie als Nachrichtensoldat zugeteilt. Ohne auf Widerstand zu stoßen, erreichten wir eine Anhöhe nordöstlich des Dorfes Leckwitz, unweit der Stadt Strehla, wo wir uns festsetzten. Zur Erkundung der Stadt und der Umgebung sandten wir Beobachter aus. Bald darauf war Motorengeräusch zu hören, und wir sahen eine Gruppe bewaffneter Militärs, deren Helme und Uniformen uns fremd waren. Später erfuhren wir, daß das eine Patrouille des 273. Infanterieregiments der 69. Infanteriedivision des V. Armeekorps der 1. amerikanischen Armee unter dem Kommando von Lieutenant Buck Kotzebue war.

Als wir uns gegenüberstanden, waren wir vor Verlegenheit zunächst ziemlich einsilbig. Beim Stellungsbau hatten wir uns von Kopf bis Fuß mit Lehm beschmiert, und unsere Uniformen waren an Knien und Ellenbogen vom Robben durchgescheuert. Unsere Verbündeten wirkten sauber dagegen, immerhin waren sie wie wir unrasiert.

Die Amerikaner wunderten sich, daß wir keine Helme trugen. Wir erklärten ihnen, daß wir sie vor dem Angriff ablegten. Sie sind in der Verteidigung gut, wenn man im Schützengraben sitzt, sagten wir, beim Angriff jedoch ist man Kugeln und Splittern in ganzer Größe ausgeliefert. Der Helm, der einem über die Augen rutscht und die Sicht nimmt, stört da nur. Außerdem ist er zu schwer.

Die sowjetischen und die amerikanischen Soldaten begrüßten sich als Kampfgefährten, als Waffenbrüder, und sie tauschten einen festen Händedruck.

Nachdem Kotzebue seinem Stab über Funk von der Begegnung berichtet hatte, schickte er einen Teil der Soldaten mit der Meldung zurück. Sie fuhren mit zwei Jeeps. Elf Mann und drei Fahrzeuge behielt er bei sich.

Auch Goloborodko erstattete über Funk Meldung, und der Regimentskommandeur befahl ihm, die amerikanischen Aufklärer in den Regimentsgefechtsstand einzuladen.

Kotzebue fand ein Boot, das mit einer Kette am Ufer befestigt war. Er zerschmetterte sie mit einer Granate und fuhr, von zwei Soldaten begleitet, ans östliche Ufer. Unsere Pioniere empfingen ihn und brachten ihn ins Regiment. Die übrigen Soldaten der Patrouille setzten mit einem Floß über, das sie sich aus Schlauchbooten gebaut hatten. Dabei leistete ihnen die Stahltrosse der gesprengten deutschen Fähre gute Dienste.

Um dem «Helden des Tages» Grigori Goloborodko zur ersten Begegnung mit den Verbündeten zu gratulieren, kamen die Bataillonskommandeure, ihre Stellvertreter und die Kompaniechefs: Pawel Rudenko, Iwan Ponomarenko, Alexander Uljew, Wassili Koroljow, Iwan Krasnoluzki und Alexej Karelin.

Unter den Amerikanern, die an unser Ufer übergesetzt waren, befanden sich der Soldat Joseph Polowsky, der Sanitäter Carl Robinson und der Fahrer Ed Ruff.

Am Nachmittag, als die Gäste noch bei uns waren, erschien eine weitere amerikanische Patrouille in unserem Regiment. Sie wurde von Major Fred Craig angeführt. Zu ihr gehörten Captain William Fox, die Soldaten Sams Elijah, Murry Schulman, der Dolmetscher Igor Belousovich und andere.

Im «Kriegstagebuch» des Regiments ist über diese Begegnung notiert, daß sie «... in einer herzlichen Atmosphäre verlief. Die Amerikaner gaben ihrer Dankbarkeit für den freundlichen Empfang und die brüderliche Verbundenheit Ausdruck. Der Tag der Begegnung mit den Truppen der Alliierten wurde zu einem Tag des Sieges über den Faschismus ...»

Am Abend fuhr Lieutenant Kotzebue mit drei Soldaten zum Standort seiner Truppen. Acht Mann mit zwei Autos blieben – er hatte darum gebeten – bis zum Morgen bei uns.

Am Nachmittag gab es noch eine Begegnung auf der gesprengten Torgauer Elbbrücke.

In der Gefechtsmeldung des Stabes der 58. Schützendivision heißt es unter dem 25. April: «Am 25. 4. 45 fand um 15.30 Uhr auf der östlich Torgau gelegenen Brücke eine Begegnung zwischen den Offizieren des 173. Schützenregiments und einer Patrouille der Verbündeten statt.»

Für die Amerikaner war der Krieg zu Ende, doch wir setzten den Angriff auf Dresden und Prag fort.

Alexander Olschanski wurde 1925 geboren. An der Front war er seit 1942. Nach dem Krieg diente er weiter in der Armee und wurde General. Nachdem er die Militärakademie absolviert hatte, promovierte er. Heute ist er außer Dienst. Am Moskauer Institut für Eisenbahntransportingenieure leitet er einen Lehrstuhl. Er ist Ehrenbürger der amerikanischen Städte Kansas-City und Dallas.

Ljubow Kosintschenko (Andrjuschtschenko)

Eine Krankenschwester unter feindlichem Feuer

Das Schicksal meiner Generation wurde vom Krieg bestimmt, den wir verfluchten und immer noch verfluchen. Meine Freundinnen Raja Kudelina, Soja Nesterenko, Nina Aranitschewa, Lidija Batunina, Jekaterina und Polina Krawzowa, Maria Ionowa, Anna Kalina, Wera Koschman und ich gingen freiwillig an die Front. Im 175. Schützenregiment taten wir als Sanitäterinnen, Krankenschwestern und Sanitätsinstrukteure Dienst. Wir legten den langen Kampfweg zurück, der für die Männer maßlos schwer war und für uns Frauen um so mehr. Die Arbeit überstieg unsere Kräfte, zumal in der Infanterie, an vorderster Front, wo die Verwundeten vor den Augen des Gegners, im Feuerhagel, vom Gefechtsfeld geholt werden mußten. Den weißen Binden mit dem roten Kreuz schenkten die Faschisten keinerlei Beachtung.

Wir leisteten auch den Soldaten des Gegners erste Hilfe. In der Winteroffensive bei Stalingrad, in den Jahren 1942 bis 1943 also, wären viele Soldaten und Offiziere der italienischen und der deutschen Armee im Schnee erfroren, wenn sowjetische Krankenschwestern sie nicht gerettet hätten.

Schwierig war es für uns in den Februartagen des Jahres 1943 in der Ukraine, im Raum der Station Losowaja. Die Verwundeten, die sich auf den Bataillonsverbandplätzen und in der Sanitätskompanie des Regiments angesammelt hatten, konnten nicht mehr evakuiert werden – die Deutschen hatten uns eingekreist. Zum Glück war

---

Die Sanitäterin Ljubow Kosintschenko schmückt ihren amerikanischen Berufskollegen Carl Robinson mit Blumen

ein Zug MPi-Schützen bei uns – sie hatten die Regimentsfahne und die Transportmittel zu bewachen. Unsere Gruppe wurde von Major Alexej Schapowalow, Stabschef des Regiments, geleitet. Wir vernichteten die gesamte Stabsausrüstung, damit sie den Faschisten nicht in die Hände fiel, und auf die frei gewordenen Fuhrwerke luden wir die Verwundeten. In der Nacht überrumpelten wir den Gegner und brachen aus der Einkreisung aus.

Damals hätten wir uns nicht träumen lassen, daß ausgerechnet wir es sein würden, die mitten im faschistischen Deutschland, an der Elbe, mit unseren Verbündeten in der Antihitlerkoalition zusammentreffen sollten. Diese Begegnung war selbstverständlich keineswegs allein denen zu verdanken, die sich am 25. April 1945 dort befanden. Sie war vor allem von denen ermöglicht worden, die in der Brester Festung, bei Moskau und Stalingrad gekämpft hatten, die Berlin erreichten und nicht erreichten.

Die Begegnung an der Elbe hat sich mir für immer eingeprägt. Es war der erste richtige sonnige Frühlingstag. Kein Beschuß, keine Verwundeten, keine Gefallenen. Bislang waren wir vom ersten Augenblick der Offensive, die am 12. Januar 1945 auf polnischem Territorium begonnen hatte, ständig vorgerückt, wobei wir den hartnäckigen Widerstand des Gegners brachen. Viele Male hatten unsere Kommandeure den eingekreisten Gruppierungen faschistischer Truppen durch Parlamentäre vorgeschlagen, die Waffen zu strecken. Für uns Mediziner war es schmerzlich, deutsche Soldaten, alte Volkssturmmänner und Jungen aus der Hitlerjugend sinnlos sterben zu sehen.

Von der bevorstehenden Begegnung mit den Verbündeten, zu der ein Mittagessen und Blumen vorbereitet werden sollten, erfuhren wir am Morgen des 25. April, als die Meldung des Kompaniechefs Oberleutnant Grigori Goloborodko vom Westufer der Elbe eintraf. Bald darauf kehrte er selbst ins Regiment zurück, und wir gratulierten ihm, daß er auf die amerikanischen Aufklärer gestoßen war.

Mittags stiegen wir alle von dem hohen Steilufer südlich des Dorfes Kreinitz zu der Übersetzstelle hinunter. Ein aus Schlauchbooten gefertigtes Floß glitt, von jungen Amerikanern getrieben, an der ehemaligen Fährtrosse entlang zu uns herüber. Auf unserer Seite wurde es von den Pionieren des Leutnants Fjodor Werchoturow empfangen. Als erster sprang ein Amerikaner an Land, an dessen Helm ein großes weißes Kreuz gemalt war. Und es fügte sich so, daß ich, eine sowjetische Krankenschwester, dem amerikanischen Sanitäter Carl Robinson feierlich einen Strauß Flieder überreichte. Vertreter des humansten Berufs der Welt waren die ersten, die sich gegenübertraten und beglückwünschten.

Die amerikanischen Soldaten waren in Felddienstuniform – reichlich abgewetzte khakifarbene Jacken aus festem Baumwollstoff, ebensolche lose herabfallende Hosen und hohe Schnürschuhe. Lieutenant Kotzebues Jacke war versengt, der Hemdkragen stand offen, im Mund hatte er eine Pfeife, von der er sich nicht trennte.

Die amerikanischen Soldaten und Offiziere, die am 26. April zu uns kamen, trugen Paradeuniformen aus Wollstoff. In Felddienstuniform waren nur die Soldaten aus Kotzebues Patrouille und Major Craigs Suchtrupp.

Die Begegnungen verliefen fröhlich und freundschaftlich, in einer Atmosphäre des Vertrauens und der Vorahnung, daß der Krieg bald zu Ende sein würde. Jeder amerikanische Soldat wollte irgendein Andenken haben. Wir mußten ihnen nicht nur die Sternchen von den Feldmützen und den Schulterklappen geben, sondern sogar Knöpfe.

So hat sich mir die Begegnung der sowjetischen mit den amerikanischen Soldaten an der Elbe eingeprägt, die Schulter an Schulter gegen den Faschismus kämpften.

Ljubow Kosintschenko (Andrjuschtschenko) wurde 1922 in der Stadt Bogutschar, Gebiet Woronesh, geboren. 1942 ging sie als Krankenschwester an die Front. An der Elbe war sie Sanitätsinstrukteur des 175. Schützenregiments. Nach dem Krieg arbeitete sie in der Heimat im Gesundheitswesen.

Pawel Rudenko

Vor der Elbe lag die Oder

Ich erinnere mich an ein Gefecht in Deutschland. Es fand im Januar 1945 statt. Unser Bataillon hatte die Hauptaufgabe, zügig zur Oder vorzustoßen, sie zu forcieren, einen Brückenkopf einzunehmen und bis zum Eintreffen der Hauptkräfte des Regiments und der Division zu halten. Zu diesem Zweck waren uns Hauptmann Leonid Kostins Regimentsbatterie mit den 76-mm-Kanonen, eine Haubitzenbatterie, drei T-34-Panzer und zwei schwere IS-Panzer beigegeben worden. Schon am ersten Tag drangen wir auf Feldwagen weit vor – Ortschaften und belebte Straßen mieden wir. Am zweiten Tag wurden wir von einem Aufklärungsflugzeug des Gegners gesichtet. Gleich darauf erschienen Bomber am Himmel, und wir schwenkten in den Wald ab. Dennoch schafften es die Faschisten, Bomben auf unsere Gefechtsordnungen zu werfen. Dann sahen wir endlich den Fluß vor uns, und wir atmeten so erleichtert auf, als ginge es nicht in den Kampf, sondern zur Schwiegermutter zum Plinsenessen. Die Panzer hatten nun ihre Aufgabe erfüllt, und da es keine Möglichkeit gab, sie überzusetzen, fuhren sie in den Raum Oppeln. Ich rief die Zugführer und Kompaniechefs, meine Stellvertreter und die Kommandeure der zugeteilten Mittel zusammen und erteilte ihnen den Befehl, aufzuklären und die Oder zu forcieren. Es mußte schnell und überraschend gehandelt werden, bevor der Gegner das Bataillon ausmachte.

Dichter Nebel lag über dem Fluß, und es war schwierig, das andere Ufer aufzuklären, zugleich waren wir für den Gegner unsichtbar. Meine Stellvertreter Maxim Danilow, Sergej Rybakow und Stabschef Michail Korb schickte ich in die Schützenkompanien, die Offiziere Sulejmanow und Iskindirow zu den Artilleristen. Unsere Aufklärer hatten inzwischen zwei völlig intakte Metallboote gefunden, und die

---

Byron Shiver und Iwan Nimladse in freundschaftlicher Umarmung

erste Schützenkompanie setzte wohlbehalten über. Leider zerstreute sich der Nebel, und die Sicht wurde besser und besser. Wenig später hatte der Gegner uns entdeckt. Ein deutsches Flugzeug drehte eine Runde über uns und flog davon. Nach ihm näherten sich, Welle auf Welle, Bombenflugzeuge unserer Übersetzstelle. Deckung durch Luftabwehr hatten wir nicht, die detonierenden Bomben wirbelten riesige Fontänen empor und überschütteten die Soldaten mit Wasser. Die Wattehosen und die Filzstiefel vereisten und wurden bleischwer. Das Krachen der Detonationen, das Motorengebrüll und das Artillerie-, Granatwerfer- und Maschinengewehrfeuer vermischten sich zu einem ununterbrochenen Getöse. Diese Hölle schien kein Ende nehmen zu wollen. Trotzdem setzten wir über. Die Ruderer manövrierten so geschickt, als verfügten sie über einen sechsten Sinn, und in den Korridoren zwischen den Detonationen glitten die Boote zum anderen Ufer. Auf dem Brückenkopf war ein regelrechtes Handgemenge im Gange. Der Feind wußte: Wenn er es zuließ, daß wir uns am Westufer festsetzten, konnte er uns von dort nicht mehr vertreiben. Ähnliches hatte er schon am Don, am Donez, an Dnepr und Dnestr und an der Weichsel erlebt.

Es gelang uns, die 45-mm-Panzerabwehrbatterie hinüberzubringen. Dann schiffte sich eilends Hauptmann Kisselews Granatwerferkompanie ein. Ich begleitete sie.

Wir hatten noch keine fünfzehn Meter zurückgelegt, da saß das Boot fest. Es war keine Zeit, nach der Ursache zu forschen. Wir sprangen ins eiskalte Wasser und arbeiteten uns ans Ufer. Um nicht zu erfrieren, griffen wir sofort an. Auf solchen Elan waren die Deutschen nicht gefaßt, und gleich beim ersten Sturmangriff nahmen wir das Dorf Ottosee ein, erbeuteten Pferde, Munition und Fahrzeuge.

Nachdem wir die Artillerie nachgezogen hatten, verschanzten wir uns im Schnee und hielten bis in die sinkende Nacht hinein durch. Im Morgengrauen unternahmen die Faschisten einen psychologischen Angriff. In ganzer Größe, ungezwungen, als fürchteten sie den Tod nicht, kamen sie auf uns zu. So etwas hatten wir noch nie gesehen. Wir schlugen sie zurück und drangen kämpfend in das Dorf Fischbach ein. Dort entdeckten wir eine Schnapsfabrik, und nun war uns alles klar. Die Deutschen hatten sich hier vor dem Angriff Mut angetrunken. Und ein Betrunkener sieht ja keine Gefahr... So gelang es uns, den Brückenkopf nicht nur zu halten, sondern bis zum Eintreffen der Hauptkräfte bedeutend zu erweitern.

Die Offensive entwickelte sich erfolgreich, und am 23. April 1945 erreichten wir die Elbe auf dem Abschnitt zwischen Riesa im Süden und Torgau im Nordwesten. Mein Bataillon handelte an der linken Flanke der Division. Ich war für die Nahtstelle zum 50. Schützenregiment der 15. Schützendivision verantwortlich. Weiter rechts griff das 2. Schützenbataillon unseres Regiments an, das mein Frontkamerad Fjodor Glotow befehligte. Beim Aufklären des gegenüberliegenden Elbufers traf die 6. Schützenkompanie dieses Bataillons am Morgen des 25. April mit einer Aufklärungspatrouille der 69. amerikanischen Infanteriedivision zusammen. Am selben Tag hatte ich beim Mittagessen Gelegenheit, die amerikanischen Aufklärer unter Lieutenant Albert Kotzebue kennenzulernen. Das war ein frohes Ereignis. Erstaunlich schnell fanden wir eine gemeinsame Sprache. Die geselligen jungen Amerikaner waren mit «Willys» in unser Regiment gekommen. Sie hatten Gewehre mit Bajonetten. Auf unsere Frage, ob sie die Bajonette im Kampf benutzt hätten, antworteten sie fröhlich: «Ja, aber nur zum Öffnen von Konservenbüchsen!»

Pawel Rudenko wurde 1910 im Gebiet Kurgan geboren. 1942 beendete er die Infanterieoffiziersschule und wurde an die Front geschickt. An die Elbe kam er als Kommandeur eines Schützenbataillons. Nach dem Krieg arbeitete er als Lehrer.

Tossoltan Bitarow

Bei Freunden in «Gefangenschaft»

An dem Tag, als die Faschisten treubrüchig unser Land überfielen, wurde ich einundzwanzig Jahre alt. Ich war Schüler der Maschinengewehrschule Podolsk. Die Geburtstagsfete fiel natürlich ins Wasser. Immerhin traf noch ein Glückwunschtelegramm – es war das letzte – von meinen Angehörigen aus dem fernen Nordossetien ein. Im August 1941 wurden wir als Leutnants entlassen und an die Front geschickt. Ich wurde Chef einer Maschinengewehrkompanie an der Kaliner Front. Unbeschreiblich war die Bitternis des Rückzugs. In den Kämpfen bei Moskau wurde ich zum erstenmal schwer verwundet, über zwei Monate lag ich im Lazarett. Nach meiner Genesung wurde ich in der 58. Gardeschützendivision eingesetzt.

Wieder die Front, Gefechte, Verwundungen. Am Don, bei Stalingrad, befehligte ich schon ein Maschinengewehrbataillon und während der Offensive im Dezember 1942 eine Skiläuferabteilung. Wir stießen tief in die Verteidigung des Gegners vor und vernichteten seine rückwärtigen Dienste. In diesen Kämpfen wurde ich getötet – das ist durch Regimentsdokumente und die meiner Mutter zugesandte Todesnachricht bezeugt! In Wirklichkeit verhielt es sich so: Ein deutscher Offizier schoß mir im Nahkampf in die Brust, ich stürzte nieder und verlor das Bewußtsein; selbst die Sanitäterinnen des Regiments glaubten, ich sei tot.

Der Angriff entwickelte sich erfolgreich, und das Regiment rückte vor. Offenbar lag ich lange bewußtlos im Schnee, denn ich hatte dann starke Erfrierungen an den Füßen. Meine Rettung verdanke ich dem Divisions-Veterinärarzt. Im Vorbeifahren fiel ihm auf, daß ich weit und breit der einzige Gefallene war, der den Schnee unter sich zum Tauen brachte. Er hielt an, entdeckte Anzeichen von Leben in mir, lud mich auf einen vorbeikommenden Panzer und schickte mich ins Lazarett.

Im März 1943 wurde ich Stellvertreter des Kommandeurs des

175. Schützenregiments, und in dieser Dienststellung kam ich an die Elbe. Hier hörte ich zum erstenmal von einer möglichen Begegnung mit Truppen der Verbündeten.

Am 24. April, um 09.00 Uhr morgens, forcierte das benachbarte 50. Schützenregiment der 15. Division (Regimentskommandeur Major W. Medwedew) die Elbe im Raum der Riesaer Eisenbahnbrücke, um einen Brückenkopf zu bilden, die Stadt zu erobern und die feindlichen Artilleriebatterien zu vernichten. Den ganzen Tag wurde hartnäckig gekämpft. Das Regiment erfüllte seine Aufgaben. Riesa wurde allerdings nicht eingenommen. Am 24. April hatten sich die Gegenangriffe der Deutschen verstärkt.

Den faschistischen Truppen gelang es, die Front unserer 5. Armee an der Nahtstelle zur 2. Armee des Polnischen Heeres zu durchbrechen, und sie taten alles, um den Angriff nach Norden, in Richtung Spremberg, zu entwickeln. Deshalb mußte gegen Abend ein großer Teil der Kräfte unseres Regiments an der Flanke von Medwedews Regiment konzentriert werden, damit sie gemeinsam in der südlichen Richtung handelten.

Am Morgen des 25. April zogen die Faschisten bis zu zwei Bataillone Infanterie sowie drei Artillerie- und drei Granatwerferbatterien aus dem Raum Strehla in den nördlichen Teil von Riesa nach. Sie unternahmen zwei Gegenangriffe, an denen bis zu einer Kompanie Infanterie und jeweils drei Selbstfahrlafetten beteiligt waren. Beide Gegenangriffe wurden abgewehrt. Wir mußten den verbissenen Widerstand der Faschisten brechen, Haus für Haus säubern, und gegen Abend war Riesa in unserer Hand. Die Versuche der Deutschen, die Soldaten des 50. Regiments zurückzudrängen, scheiterten.

Gegen Mittag traf der Aufklärungstrupp des amerikanischen Lieutenants Kotzebue in unserem Regimentsstab ein. Wir empfingen ihn an der Kreinitzer Fährenanlegestelle.

Als am 25. April die Kommandeure unseres Regiments, der Vertreter des Divisionsstabs und ein Korrespondent mit der amerikanischen Patrouille beisammen waren, traf um 16.00 Uhr eine zweite, von Ma-

Byron Shiver, Carl Robinson, Edward Ruff und Robert Haag legen am Ostufer der Elbe an. Sie werden begrüßt von Polina Nekrassowa (im Vordergrund), Grigori Goloborodko, Ljubow Kosintschenko, Alexander Gordejew, Anatoli Iwanow und anderen (S. 166/167)

jor Fred Craig geführte Gruppe von Amerikanern ein. Craig berichtete folgendes: Da die amerikanische Führung nicht wußte, welches Schicksal die Kotzebue-Gruppe ereilt hatte – das Funkgerät der Gruppe schwieg, die Luftaufklärung verlief ergebnislos –, wurde Craigs Suchtrupp ausgesandt. Auf der Straße nach Strehla kamen ihm die beiden Jeeps entgegen, die mit Kotzebues Meldung über die Begegnung zum Regimentsstab unterwegs waren.

Craigs Gruppe steuerte daraufhin mit ihren sieben Jeeps die Elbe an. Bald darauf stieß sie auf eine sowjetische Kavallerieabteilung. Fotos wurden gemacht, Grußworte gewechselt, und zehn Minuten später langten die Amerikaner in Strehla an, wo sie jedoch keine sowjetischen Truppen vorfanden. Nach kurzem Aufenthalt erreichten sie die Übersetzstelle. Pioniere unseres Regiments erklärten ihnen, daß Lieutenant Kotzebues Spähtrupp um die Mittagszeit die Elbe überquert habe und nun im Dorf Kreinitz sei. Craig und seine Leute setzten ebenfalls nach Kreinitz über und wurden Teilnehmer der Begegnung.

Ein Foto erinnert an die Begegnung der Amerikaner mit den sowjetischen Kavalleristen, bei denen es sich um eine Vorausabteilung des 1. Kavalleriekorps des Generalleutnants Baranow handelte. Ende April hatte das Korps den gleichen Auftrag wie unsere Division erhalten – rasch zur Elbe vorzustoßen und die Brücken und Übersetzstellen zu erobern. Außerdem hatte der Befehlshaber der 1. Ukrainischen Front I. S. Konew die Kavalleristen auf Ersuchen des Marschalls der Sowjetunion S. M. Budjonny angewiesen, jenseits der Elbe das von den Deutschen aus dem Nordkaukasus entführte Gestüt ausfindig zu machen, in ihren Besitz zu bringen und bis zum Eintreffen unserer Truppen zu schützen.

Das Kavalleriekorps rückte zusammen mit Panzern erfolgreich nach Riesa vor und stürmte die Stadt, während seine Voraustruppenteile die Elbe überschritten und dabei die Brücke und den vom 50. Regiment der 15. Schützendivision eingenommenen Brückenkopf benutzten. Bald hatten Kavalleriepatrouillen das Gestüt entdeckt. Sie brachten es in ihre Gewalt und verteidigten es bis zum Eintreffen unserer Truppen. Unsere Fliegerkräfte, die den Luftraum beherrschten, sicherten die Aktionen der Reiterei. Am selben Tag, etwas später nur, traf eine Vorausabteilung des Kavalleriekorps mit dem Spähtrupp des Lieutenants Kotzebue zusammen, der am Abend des 25. April Kreinitz verließ und in sein Regiment zurückkehrte.

Major Craigs Suchgruppe und ein Teil von Kotzebues Soldaten blieben zur Nacht in unserem Regiment. Der amerikanische Corporal Igor Belousovich, der gut russisch sprach, half den Soldaten der beiden Armeen, sich miteinander zu verständigen.

Wir hatten Wachen aufgestellt, denn im Rücken unserer Truppen hatten viele große und kleine Gruppen des Gegners die Waffen noch nicht gestreckt. Sie konnten überraschend angreifen und unserer Festlichkeit anläßlich der Begegnung mit den Verbündeten ein Ende bereiten. Als die Amerikaner am Morgen erwachten, entdeckten sie, daß das Haus, in dem sie übernachtet hatten, von MPi-Schützen umstellt war, und sie glaubten, sie würden von uns gefangengehalten. Dieses Mißverständnis wurde rasch geklärt.

Während sich die Amerikaner mit unseren Soldaten unterhielten, stieg Major Craig unbemerkt durch ein Fenster an der Rückseite des Hauses und ging in das Lager, wo sich die von uns befreiten englischen und amerikanischen Kriegsgefangenen befanden.

Wenig später wurde Oberstleutnant Gordejew aus dem Stab des amerikanischen Regiments angerufen und gebeten, Craig an den Apparat zu holen. Craig war natürlich unauffindbar. Nach einer halben Stunde meldete sich der amerikanische Stab erneut. Und so einige Male. Schließlich hatten die Stabsoffiziere den Verdacht, daß mit Craig etwas nicht stimme, und sie teilten mit, sie würden einen Vertreter schicken.

Gordejew jagte Leute in alle Richtungen, den vermißten amerikanischen Offizier zu suchen, während er selbst ins Kriegsgefangenenlager fuhr. Dort fand er im Zimmer des Kommandanten den nach dem Bankett friedlich schlummernden Craig. Als der Vertreter des amerikanischen Regimentsstabs erschien, brachte Gordejew ihn ins Lager, und alles klärte sich zur allgemeinen Freude auf. Wir Elbe-Veteranen aber haben bis heute unseren Spaß an der Geschichte, wie die Soldaten aus Kotzebues Aufklärungstrupp in russische «Gefangenschaft» gerieten.

Tossoltan Bitarow wurde 1920 in Nordossetien geboren, im Dorf Sadon, von Nationalität ist er Ossete. Nach Beendigung der Schule trat er 1940 in eine Offiziersschule ein. Seit August 1941 und bis Kriegsende war er an der Front. Dreimal wurde er verwundet. 1946 kehrte er ins Heimatdorf zurück, arbeitete als Schuldirektor, Bergmeister und Revierleiter.

Alexej Baranow

Wir kamen vom Don und von der Wolga

Beim Betrachten der Fotos denke ich an die fernen Tage zurück, da sich unsere 58. Schützendivision und die amerikanische 69. Infanteriedivision an der Elbe begegneten. Dieses Ereignis hatten wir lange herbeigesehnt. Fast vier Jahre hatte es gedauert, bis wir uns vom Don und von der Wolga zur Elbe durchgekämpft hatten, und nie hatten wir die Hoffnung aufgegeben, den Verbündeten zu begegnen und zu siegen.

Auf den Fotos erkenne ich die Genossen, die am Leben sind, aber auch die im Kampf Gefallenen und die in den Nachkriegsjahren Verstorbenen. Mit ihnen allen teilte ich neben den Mühen und Entbehrungen die Freude über die Erfolge und Siege. Wir aßen aus ein und demselben Kochgeschirr, schliefen unter ein und demselben Mantel. Rund fünftausend Kilometer überwand die Infanterie unserer Division – sprungweise, auf den Ellenbogen robbend, selten normalen Schritts. Vielen meiner Freunde war es nicht vergönnt, die Elbe zu sehen.

Einige Bilder sind mir besonders lieb – auf ihnen ist festgehalten, was ich nie vergessen werde. Eins zeigt die erste Begegnung mit amerikanischen Soldaten an der Elbe. Mir hat sie sich auch deshalb eingeprägt, weil wir Nachrichtensoldaten eher als die anderen die Neuigkeiten erfuhren, und ich war Führer eines Nachrichtenzuges. Wenn die Kommandeure miteinander verhandelten, dann war ihrem Tonfall stets anzumerken, ob sich etwas Wichtiges ereignen würde. An der Front hieß es: «Was der Nachrichtensoldat sagt, geht in Erfüllung.»

Unsere Division entwickelte den Angriff auf Berlin. Plötzlich kam der Befehl, zügig zur Elbe vorzustoßen. Und das bedeutete, daß wir bereit sein mußten, ein Fernsprechkabel im Fluß zu verlegen. Auf die Arbeit verstanden wir uns. In diesem Zusammenhang erinnere ich mich, wie wir unter ständigem gegnerischem Feuer den Dnepr überqueren. Zu meiner Einheit gehörten damals Pjotr Chlebnikow, Alexander Olschanski und Sagit Gemotdinow. Die Aufklärer des Leutnants Alexander Skljarenko und die Pioniere des Oberleutnants Semjon Werchoturow waren auch dabei. Nachdem die Pioniere uns abgesetzt hatten, jagten sie mit den Booten zurück, damit der Gegner nicht entdeckte, wo wir an Land gegangen waren.

Ohne uns durch den heftigen Beschuß der Deutschen beirren zu lassen, legten wir das erste Kabel auf den Dneprgrund und dann, als Reserve, das zweite. So war eine stabile Verbindung zum Divisionskommando gewährleistet. Außerdem besaßen wir ein Funkgerät, an dem sich die erfahrenen Soldaten Arkadi Lewko und Nikolai Puchow betätigten. Für die Erfüllung dieser Gefechtsaufgabe erhielt unser Zugführer Konstantin Schulajew damals den Ehrentitel Held der Sowjetunion, und die Soldaten meiner Gruppe wurden mit Orden und Medaillen ausgezeichnet.

Der Zug war also bereit, notfalls auch durch die Elbe ein Kabel zu ziehen. Der organisierte Widerstand der Deutschen wurde nicht schwächer. Obendrein waren die in unserem Rücken verbliebenen Faschistengruppen bestrebt, um jeden Preis ans westliche Ufer durchzubrechen. Wir mußten dem Gegner oft Feuergefechte liefern. Am späten Abend des 23. April merkten wir, daß sich die Reste der deutschen Truppen hinter die Elbe zurückzogen, denn das Feuer verstummte allmählich. Am folgenden Tag trat um die Mittagszeit völlige Stille ein – wir waren mit der Verlegung des Kabels fast fertig. Der Stab des 175. Regiments befand sich in dem Dorf Kreinitz, während die Vorauseinheiten die Elbe erreicht und die unbeschädigten Übersetzstellen eingenommen hatten.

Regimentskommandeur A. T. Gordejew hatte seine Beobachtungsstelle am Dorfrand. Die tadellos funktionierende Kabelleitung verband ihn mit dem Divisionskommandeur und den Nachbarregimentern.

Am Morgen des 25. April schickte der Regimentskommandeur einen Aufklärungstrupp über die Elbe. Zu der von Oberleutnant Grigori Goloborodko geleiteten Gruppe gehörten auch einige meiner Nachrichtensoldaten. Dann wurde bekannt, daß unsere Aufklärer einer Vorausabteilung der amerikanischen Truppen begegnet waren, mit der sie zu uns zurückkehrten. Als die von Albert Kotzebue geführten amerikanischen Soldaten das Ostufer der Elbe betraten, wurden sie von unseren Soldaten und Kommandeuren freudig empfangen. Alle, die in der Nähe waren, liefen hin, um die Verbündeten zu begrüßen, sie kennenzulernen.

Die Begegnung verlief sehr herzlich, obwohl man sich mehr durch Mimik und Gesten verständigte. Einige Amerikaner sprachen ein wenig russisch. Meine Nachrichtensoldaten lösten einander ab, damit jeder Gelegenheit hatte, den Gästen auf die Schulter zu klopfen und Andenken auszutauschen.

Das war die erste Begegnung mit den Amerikanern, von denen sich mir Joseph Polowsky besonders eingeprägt hat. Als die Regiments- und Divisionskommandeure erschienen, nahm das Treffen einen offiziellen Charakter an.

Während des Angriffs auf Dresden erhielt unsere Division den Befehl, sofort dem aufständischen Prag zu Hilfe zu eilen. Den Tag des Sieges – die Kapitulation des faschistischen Deutschlands – feierten wir in der Hauptstadt der Tschechoslowakei. Ich hatte die Ehre, am 24. Juni 1945 an der Großen Siegesparade in Moskau teilzunehmen.

Alexej Baranow wurde 1913 im Rayon Medyn, Gebiet Smolensk, geboren. Seit dem 22. Juni 1941 war er an den Fronten des Großen Vaterländischen Krieges – als Obersergeant, Führer des Nachrichtenzuges des 175. Schützenregiments. In dieser Dienststellung war er an der Elbe. Nach dem Krieg arbeitete er im Moskauer Werkzeugmaschinenwerk «Roter Proletarier».

Der Historiker William Fox (Bildmitte) studiert auf der Motorhaube seines Jeeps die Geländekarte, Kreinitz 1945
Von links nach rechts:
Major Igor Iwanow, Oberstleutnant Spiridon Rudnik, Byron Shiver (stehend)

Polina Nekrassowa (Duschtschenko)

Bei der Rettung Verwundeter

Mitte 1942 erreichten die faschistischen Truppen den Don und die Wolga. Meine Freundinnen und ich, siebzehnjährige Schülerinnen, gingen als Krankenschwestern an die Front. Wir wußten, daß der von uns gewählte Weg schwer war. Der Krieg hatte mir das Liebste genommen – meine Mutter im eingeschlossenen Leningrad. Mein Vater kämpfte an der Leningrader Front, mein Bruder bei Moskau.

Polina Nekrassowa (Duschtschenko)

Die Feuertaufe empfing ich am Don. Das für mich so denkwürdige Gefecht begann im Morgengrauen des 16. Dezember 1942. Den Sanitätsdienst unseres Regiments leitete der Hauptmann des Medizinischen Dienstes Antonina Bussenina. Als Krankenschwestern waren dort Maria Shadko, Anna Browaschowa, Wera Turkmenitsch, Jewdokija Suchowejko, Wera Koschman und ich. Im Feuer der feindlichen Geschütze, Granatwerfer und Maschinengewehre, im Bombenhagel der Luftwaffe erwiesen wir den Soldaten direkt in den Gefechtsordnungen der Truppen die erste Hilfe. Wer an der Front gewesen ist, der weiß, wieviel Mut und Kraft man haben mußte, um unter solchen Bedingungen die Verwundeten zu bergen und ihnen das Leben zu retten.

Schon während der Schwesternausbildung war uns klargeworden: Je eher Hilfe geleistet wird, desto geringer der Blutverlust und desto höher die Rettungschancen. Mit unsäglicher Mühe wurde dieses «je eher» vollbracht!

Auf den Brückenköpfen sammelten sich immer viele Verwundete an. Es war nur nachts möglich, sie in die Sanitätskompanie zu schikken. Die meisten Boote und Flöße mit Verwundeten wurden von den Faschisten versenkt. Mit wehem Herzen mußten wir das am Dnepr sehen, am Südlichen Bug, am Dnestr, an der Weichsel und an der Oder. Für uns war es eine Überraschung, als unsere Truppen an der Elbe haltmachten, anstatt sie zu forcieren. Erst als wir hörten, daß am Morgen des 25. April eine Begegnung mit Amerikanern stattgefunden hatte, begriffen wir, daß dieses offensichtlich der erste Fluß war, auf dessen Brückenköpfen es kein «Gemetzel» geben würde.

Von der bevorstehenden offiziellen Begegnung, dank derer unsere Freundin, die Sanitätsinstrukteurin Ljuba Kosintschenko (heute Andrjuschtschenko), die einen Fliederzweig an die Feldbluse des amerikanischen Soldaten Carl Robinson heftete, in die Geschichte einging, wußten wir noch nichts.

Die Amerikaner sah ich am nächsten Tag. Das waren sympathische junge Männer. Lustig, gesellig. Uns Mädchen gegenüber waren sie anfangs ein bißchen gehemmt. Meinen Freundinnen und mir erging es nicht besser, als sie uns zum Tanz aufforderten.

Aber wir durften nicht lange vergnügt sein. Wir erhielten einen neuen Gefechtsbefehl, und wieder gab es Kämpfe, Verwundete und Gefallene – und so bis Prag, bis zum Sieg. Ich danke dem Schicksal, daß ich am Leben blieb und glückliche Mutter und Großmutter werden konnte.

Polina Nekrassowa (Duschtschenko) wurde 1925 in dem Dorf Glubokoje, Rayon Petropawlowsk, Gebiet Woronesh geboren. Während des Krieges war sie Krankenschwester. Heute wohnt sie in Kaliningrad.

Alexander Silwaschko

Dem rauhen Soldaten standen Tränen in den Augen

Als 1941 der Krieg in die Ukraine kam, arbeitete ich im Rayonkomitee des Komsomol. Ich mußte alle Schrecken der faschistischen Okkupation erleben. In einer Partisanenabteilung nahm ich den Kampf gegen den Feind auf, und im Dezember 1942 leistete ich den Fahneneid in der Roten Armee.

Kurz danach begann mein Soldatenschicksal in der 8. Schützenkompanie des 173. Schützenregiments. Unter den Vorauseinheiten des Regiments war stets auch unser MG-Zug, in dem ich bis Kriegsende diente. Zweimal wurde ich verwundet, einmal hatte ich eine Kontusion. Die Schlacht am Don, die Schlacht um den Dnepr, das Forcieren des Bug – das waren schwere, blutige Kämpfe. Und in Deutschland? Was haben wir dort für Schlachten geschlagen! Die Faschisten hielten bis zum letzten durch. Aber wir siegten trotzdem!

Als wir uns im Frühling 1945 der Elbe näherten, stießen wir oft auf den wütenden Widerstand der ungeordnet zurückweichenden Deutschen.

Am Abend des 24. April 1945 erreichten wir kämpfend Torgau. Mein Zug war vorn, die Wirtschaftsdienste und der bespannte Troß folgten den Hauptkräften des Regiments. Als die deutsche Artillerie unser Bataillon am Stadtrand ortete, eröffnete sie das Feuer. Wir mußten uns eingraben und Aufklärer ausschicken.

Am 25. April gelang es uns, die Deutschen aus ihren Befestigungsanlagen zu verdrängen. Dieser Tag sollte uns die Begegnung mit den Amerikanern bringen. Der Flieder blühte, es war warm und sonnig.

12 Yanks treffen Rote

Der Morgennebel über der Elbe lichtete sich, der Beschuß vom anderen Ufer hatte aufgehört. Wir spürten, daß der Krieg zu Ende ging.

Aber die Faschisten hatten sich eine teuflische Falle ausgedacht. Sie kamen von ihrem Ufer mit weißen Binden an den Ärmeln auf die gesprengte Brücke. Nun, wenn sie weiße Binden trugen, dann hieß dies, daß sie sich ergeben wollten. Deshalb bedeuteten wir ihnen durch Zeichen – kommt her, wir werden nicht schießen! Doch sie winkten uns zu sich herüber. Mit einem MPi-Schützen kletterte ich an den Trägern entlang auf sie zu. Unvermutet begannen die Faschisten zu schießen. Es entbrannte ein Feuergefecht. Wie durch ein Wunder blieb ich am Leben.

Nach einer Weile tauchte am Stadtrand von Torgau eine Gruppe von Soldaten in unbekannter Uniform auf. Ich dachte – eine neue Finte der Faschisten! Indessen hißten sie irgendeine Flagge am Glockenturm. Dann kamen vier Soldaten in unsere Richtung gelaufen – offensichtlich in friedlicher Absicht. Sie riefen «Moscow!», «America!», «Don't shoot!». Auf der Brücke gingen wir uns entgegen. In der Mitte trafen wir uns. Wir schüttelten einander die Hände. Keiner beherrschte die Sprache des anderen, aber wir verstanden uns – scharfsinnig, wie Soldaten nun einmal sind.

Unter den Amerikanern war ein Offizier. «William Robertson», stellte er sich vor. Ich nannte meinen Namen: «Gardeleutnant Silwaschko.» Ich sprach nicht englisch, er nicht russisch. Durch Gesten vereinbarten wir, unserer Führung Meldung zu erstatten. Robertson bat, ihn zum Kommandeur unseres Regiments zu bringen, und er lud uns in seine Division ein, als Beweis, daß er tatsächlich Russen getroffen hatte.

Wir fühlten uns irgendwie erleichtert. Die Soldaten rannten zum Fluß, wuschen sich, rasierten sich, manche versuchten sogar zu baden. In diesen Minuten empfanden wir eine große Freude. Ich erinnere mich, daß ein MG-Schütze zu mir trat. Er war der älteste unter uns – beinahe fünfzig Jahre alt. Er erzählte von seiner Familie. Tags zuvor hatte er einen Brief erhalten und erfahren, daß seine Tochter heiratete. Dem rauhen Soldaten standen Tränen in den Augen ...

Sobald ich gemeldet hatte, daß ich Amerikanern begegnet war, kamen Major Larionow zu mir in die Stellung, der Stellvertreter des Regimentskommandeurs Hauptmann Neda, der Bataillonskommandeur und Sergeant Andrejew. Zu viert fuhren wir mit Robertson in dessen Jeep zum Stab der amerikanischen Division, die ungefähr fünfundvierzig Kilometer entfernt war. Die Fahrt dauerte etwa eine Stunde. Unterwegs sahen wir die Reste der von unseren Truppen zerschlagenen deutschen Truppenteile, die gingen, um sich den Amerikanern zu ergeben. Eine Gruppe von deutschen Offizieren und Soldaten stoppte unseren Jeep und erkundigte sich nach dem Weg zur Sammelstelle für Kriegsgefangene. Es verblüffte sie, uns neben den Amerikanern sitzen zu sehen. Mit ihren Auszeichnungen und Waffen, erstaunlich fröhlich, marschierten die Deutschen in langem Zug zum Divisionsstab und legten dort säuberlich die Gewehre, die Maschinenpistolen und die Maschinengewehre nieder. Wir vier, die wir nur mit Pistolen bewaffnet waren, befürchteten einen Überfall, besonders von seiten der SS. Am späten Abend langten wir im Stab des amerikanischen Regiments in Wurzen an. Wir waren nicht erwartet worden – das war an der Aufregung zu spüren, die unser Erscheinen hervorrief. Bald darauf machten wir uns erneut auf den Weg – zum Stab der amerikanischen Division in Trebsen. Wir waren angemeldet und wurden erwartet. Trotz der späten Stunde wurden wir herzlich, gastfreundlich und sogar feierlich empfangen. Eine Vielzahl von Reportern bestürmte uns, und es kostete große Mühe, sie abzuschütteln, damit wir endlich Abendbrot essen konnten. Dieses späte Abendessen ging unmerklich in ein zeitiges Frühstück über.

Uns hatte der Kommandeur der 69. Division General Emil Reinhardt empfangen. Wir brachten Trinksprüche auf unsere Armeen und auf unsere Länder aus. Nachdem wir zur Erinnerung fotografiert worden waren, fuhren wir in dreizehn Jeeps zur Elbe, wo sich die Amerikaner mit ihren sowjetischen Kampfgefährten treffen wollten.

Alexander Silwaschko wurde 1922 im Gebiet Tscherkassk geboren. An der Elbe befehligte er einen Zug des 173. Schützenregiments der 58. Gardedivision. Seit mehr als vierzig Jahren ist er Schuldirektor in dem Dorf Kolka, Rayon Klezk, Gebiet Minsk. Er unterrichtet Geschichte.

Michail Tschishikow

Beim Aufklären

Unter erbitterten Kämpfen gegen die Faschisten forcierte unser 173. Regiment der 58. Gardeschützendivision am 16. April die Neiße. Innerhalb von acht Tagen rückten wir 140 bis 160 Kilometer vor und erreichten am Abend des 24. April im Raum Torgau die Elbe.

Mein Aufklärungszug hatte ein Funkgerät samt Funker und außerdem einen Artilleriebeobachter erhalten. Zunächst erforschten wir das Ostufer der Elbe, wo wir auf einem abgelegenen Gutshof elf deutsche Soldaten gefangennahmen, die sich dort versteckt hatten. Wir verhörten sie sogleich und schickten sie zum Regimentsstab.

Dann setzten wir die Geländeaufklärung fort. Im Morgengrauen des 25. April dröhnte eine Detonation im Stadtgebiet. Die Faschisten hatten die Brücke gesprengt. Wir besichtigten sie und stellten fest, daß sie noch zu gebrauchen war, obwohl ein Teil zwischen den Pfeilern ins Wasser gesunken war. Da keinerlei Übersetzmittel vorhanden waren, beschlossen wir, die Soldaten Iwan Schischarin und Nikolai Babitsch, der Sergeant Viktor Gawronski und ich, unverzüglich ans Westufer überzuwechseln. Ein Teil des Zuges blieb mit dem Funkgerät am Ostufer zurück.

Als wir mitten auf der Brücke waren, eröffneten die Faschisten, die uns entdeckt hatten, Maschinengewehrfeuer. Sie hatten sich links und rechts der Brücke, unmittelbar am Wasser, verschanzt. Wir gingen in Deckung und rückten schießend vor. Nach einem kurzen Geplänkel zog sich der Gegner zurück.

General Russakow und General Reinhardt an der Spitze ihrer Soldaten anläßlich der feierlichen Begegnung in Torgau

---

General Russakow mit seinem Stab auf dem Weg zu den offiziellen Feierlichkeiten bei General Reinhardt (S. 182/183)

«Prawda»-Korrespondent Sergej Kruschinski im Gespräch
mit amerikanischen GIs bei Kreinitz

Nachdem wir an der Brücke Verteidigungsstellung bezogen hatten, fanden wir ein paar Boote. Zwei davon fuhren ans andere Ufer und holten die Aufklärer mit dem Funkgerät herüber.

Gegenangriffe von seiten der Deutschen gab es nicht, und wir gingen in die Stadt. Dabei ließen wir es nicht an Vorsicht fehlen. Gründlich kontrollierten wir jedes Haus. Plötzlich wurden wir von Deutschen angegriffen – es waren zehn bis fünfzehn Mann. Kaltblütig erwiderten wir das Feuer, und die Faschisten nahmen Reißaus. Schließlich erreichten wir den westlichen Stadtrand und riegelten die von Westen kommende Straße ab. Damit hatten wir die uns gestellte Aufgabe erfüllt.

Als es tagte, sahen wir eine Festung vor uns. Sie diente, wie sich herausstellte, als Kriegsgefangenenlager. Die Wache war geflohen, als sie den Schußwechsel hörte. Bald darauf kam eine Gruppe von Menschen aus dem Tor. Unter ihnen waren Russen, Ukrainer, Belgier, Engländer und Vertreter anderer Nationalitäten. Sie hielten mit ihrer Freude nicht hinter dem Berg und luden uns ein, mit ihnen die Befreiung zu feiern. Wir mußten fürs erste ablehnen, weil die Situation in der Stadt noch nicht geklärt war. Wenig später erschienen die Gefangenen erneut, diesmal mit erbeuteten Lebensmitteln und Alkohol. Da feierten wir mit ihnen unmittelbar an der Straße die Befreiung und unsere freudige Begegnung.

Herzlich nahmen wir Abschied voneinander. Über dem Lager flatterten schon farbenfrohe Fahnen – offenbar Nationalfahnen.

Zwischen acht und neun Uhr tauchten am westlichen Horizont Autos auf und näherten sich uns. Ich befahl: «Kein Schuß ohne mein Kommando!», weil ich wußte, daß eine Begegnung mit den Verbündeten erwartet wurde. Gleich darauf erkannten wir, daß es vier Jeeps waren, also keine deutschen Fahrzeuge. Ich erhob mich zu meiner vollen Größe, und der erste Wagen stoppte. So waren wir einer amerikanischen Patrouille begegnet. Wir verständigten uns, indem wir deutsch radebrechten.

In jedem Jeep saßen drei bis vier Mann. Im ersten befand sich ein Funkgerät, und der Führer der Patrouille, ein Lieutenant, erstattete seinem Vorgesetzten Bericht. Er wurde angewiesen, uns folgende Termine für Treffen vorzuschlagen: Kompaniechefs – 13.00 Uhr, Bataillonskommandeure – 15.00 Uhr, Regiments- und Divisionskommandeure – 17.00 Uhr. Ich gab den Vorschlag über Funk an unsere Führung weiter.

Um 13.00 Uhr trafen auf dem Marktplatz in Torgau fünfzehn bis zwanzig Jeeps ein. Die Amerikaner schenkten allen unseren Aufklärern Colts. Auf dem West- und dem Ostufer fanden weitere Treffen statt. Die Soldaten unserer Armeen fuhren mit Booten hinüber und herüber oder benutzten die gesprengte Brücke. Die lang ersehnte Begegnung war teuer bezahlt worden, aber sie war Wirklichkeit geworden, und wir freuten uns sehr. Die Soldaten der verbündeten Armeen waren einander begegnet. Obwohl wir verschiedene Sprachen sprachen, verstanden wir uns auch ohne Dolmetscher wunderbar.

Michail Tschishikow wurde 1923 in der Stadt Torshk, Gebiet Kalinin, geboren. Bis zum Krieg arbeitete er als Maschinist in einem Kraftwerk. An der Front war er seit 1943. Nach dem Krieg diente er weiter in den Streitkräften der UdSSR. Heute ist er Rentner.

Grigori Prokopjew

Von der Front kehrte jeder zweite nicht zurück

Es war der 22. Juni 1941. In einem fernen nördlichen Dorf hatte ich eben die Mittelschule beendet. Am Abend sollte der Abschlußball stattfinden. Mittags erfuhren wir, daß das faschistische Deutschland treubrüchig unser Land überfallen hatte. Es versteht sich von selbst, daß der Ball abgesagt wurde. Einen Monat später studierte ich schon an einer Pionieroffiziersschule, und im Juli 1942 wurde ich an die Südwestfront geschickt. Dann kam der Rückzug von Charkow bis Stalingrad, den ich mit all seiner Bitterkeit erlebte. Im Herbst 1941 wurde ich Zugführer, 1944 Kompaniechef in einem Pionierbataillon.

Der Dienst bei den Pioniertruppen ist schwierig und riskant. Der Pionier ist der erste beim Angriff und der letzte beim Rückzug. Minen und Sprengladungen wurden unter Lebensgefahr verlegt und entschärft. Im gegnerischen Feuerhagel beseitigten wir Minen unbekannter Konstruktion. Eine winzige Unvorsichtigkeit, ein tückisch verborgener Mechanismus, und – eine Detonation krachte.

Unsere ganze Körper-, Nerven- und Willenskraft mußten wir aufbieten, wenn es galt, die Forcierung von Wasserhindernissen zu gewährleisten. Sein Vernichtungsfeuer konzentrierte der Gegner vor allem auf die Übersetzstellen. Da war dann die Hölle los. Von den Bomben und Granaten wurden die Boote und die Pontons zu Spänen zerfetzt. Bei Alexander Twardowski heißt es:

> Übersetzstelle, Übersetzstelle!
> Linkes Ufer, rechtes Ufer,
> Harscher Schnee, Eis ...
> Einem die Erinnerung, einem der Ruhm,
> Einem das dunkle Wasser –
> Und kein Zeichen, keine Spur ...

Grigori Prokopjew

Ich hatte erstaunliches Glück. Obwohl ich mich drei Jahre lang unmittelbar in den Gefechtsordnungen befand, wurde ich nur einmal leicht verwundet.

Unsere Division, die im Raum Stalingrad, am Mittleren Don, Verteidigungsstellung bezogen hatte, begann ihre Offensive im Winter 1942. Den Auftakt gaben die Pioniere, indem sie mit gestreckten Ladungen die Minen- und Drahtsperren des Gegners sprengten. Bis zum Sieg war es allerdings noch weit. In gerader Linie trennten uns fast zweitausendfünfhundert Kilometer von Deutschland. Die Frontwege, die uns zur Elbe führten, verliefen aber bogen- und zickzackförmig.

Ende April 1945 lag Torgau verödet da. Die durch die faschistische Propaganda eingeschüchterte Bevölkerung war nach Westen geflohen¹. Auf der von den deutschen Truppem gesprengten Elbbrücke standen und lagen Kinderwagen und Fuhrwerke mit Hausrat.

Die Pioniere der 58. Schützendivision hatten den Auftrag, am 26. April, dem Tag nach der Begegnung mit den verbündeten Truppen, die amerikanischen Soldaten und Offiziere mit Booten an unser Ufer überzusetzen. Die Elbe ist ein breiter, tiefer Fluß mit schneller Strömung. Das Wasser war kalt und trüb. In der Ferne tauchten die «Willys» und «Dodges» mit den amerikanischen Infanteristen auf. Schon waren sie am steilen Westufer, an der Übersetzstelle. Am Ostufer wurden sie von sowjetischen Soldaten erwartet. Jubelnd warfen sie ihre Feldmützen und Helme in die Luft und riefen Willkommensgrüße.

Rasch beförderten wir die Amerikaner – es waren hundertfünfzig bis zweihundert Mann – auf unsere Seite. Man sah nur glückliche Gesichter und freudig strahlende Augen. Die Russen und die Amerikaner verhehlten ihre Empfindungen nicht, sie schüttelten sich die Hände, umarmten einander. An dem deutschen Fluß, fern der Heimat, sangen und lachten wir, tauschten Erinnerungen an Gefechtserlebnisse aus. Alle waren überzeugt, daß der Krieg nun enden und der lang ersehnte Sieg kommen werde.

Damals ahnte niemand, daß die Begegnung an der Elbe ein großes Ereignis in der Geschichte des Krieges, ein Symbol für Frieden und Völkerfreundschaft und die kleine deutsche Stadt Torgau dank dieser Begegnung weltbekannt werden würde.

An der Elbe war der Krieg für uns noch nicht zu Ende. Die 58. Schützendivision entfaltete sich mit ihrer Front nach Süden und nahm an der Befreiung Dresdens und Prags teil.

In Prag erlebte ich das Ende des Krieges. Eines Krieges, der zwanzig Millionen Sowjetmenschen dahinraffte. Er war der schrecklichste der Kriege ... Allein aus meinem Dorf kehrte jeder zweite von der Front nicht zurück.

Grigori Prokopjew wurde 1923 in Archangelsk geboren. Nach dem Krieg absolvierte er die Landwirtschaftsakademie und eine Aspirantur. Seit mehr als dreißig Jahren ist er an Moskauer Hochschulen pädagogisch-wissenschaftlich tätig. Er ist Doktor der ökonomischen Wissenschaften, Professor.

---

1 Die Begründung ist nicht exakt. Torgau wurde auf Befehl der deutschen Wehrmacht geräumt, weil die Stadt zur Festung erklärt wurde – d. Red.

Gleb Baklanow

Die Regimenter stießen zur Elbe vor

Aus dem Buch «Der Wind der Kriegsjahre»

Die Offensive der 1. Ukrainischen Front entwickelte sich erfolgreich. Die Panzerarmeen der Generale Rybalko und Leljuschenko sowie die allgemeinen Armeen des rechten Flügels und des Zentrums der Stoßgruppierung der Front trugen den Angriff zügig nach Norden, in Richtung Berlin vor.

Unsere 5. Gardearmee hatte eine neue, mehr nördliche Angriffsrichtung erhalten. Die Lage östlich von Dresden war kompliziert. Die Deutschen hatten von Süden her einen Schlag gegen die rückwärtigen Dienste der Hauptgruppierung der Front geführt. Das war gefährlich. Zur Abwehr des Gegenangriffs zog A. S. Shadow von der rechten Flanke der Armee das Korps Rodimzews und das Panzerkorps Polubojarows heran, deren früheren Handlungsstreifen nahm die 118. Schützendivision des Generals Suchanow ein, die erneut dem 34. Gardeschützenkorps angeschlossen worden war.

Ich fuhr zum Kommandeur der 118. Division General Michail Afanassjewitsch Suchanow, um die Aufgaben der Division festzulegen und ihn auf eine mögliche Begegnung mit den Amerikanern vorzubereiten.

Der Armeeoberbefehlshaber hatte die Hauptkräfte der 118. und der 58. Division angewiesen, die Elbe nicht zu forcieren, sondern lediglich am rechten Ufer aktiv aufzuklären. Nötigenfalls sollten sie entsprechend der Situation handeln, ihm aber unverzüglich Meldung erstatten. Die Amerikaner sollten an der Muldelinie stehenbleiben, also 30 bis 40 Kilometer westlich der Elbe. Vor Suchanows Division gab es praktisch keinen Gegner mehr. Einen gewissen Widerstand leisteten Gruppen oder Truppenteile, die in den Wäldern hinter uns steckten und zu den Ihren durchzubrechen versuchten. Die 58. Division des

Generals Russakow näherte sich mit ihrer rechten Flanke Torgau. Die 15. Division des Generals Tschirkow forcierte gemeinsam mit den Kavalleristen des Korps von General Baranow, den zurückweichenden Gegner verfolgend, die Elbe und bildete im Raum Riesa einen Brückenkopf am rechten Ufer.

Auf diese Weise nahm das Korps am 23. April einen sehr breiten Streifen ein, der sich – in gerader Linie etwa 70 Kilometer – von der Elbbiegung bei Elster, östlich von Wittenberg, bis Riesa erstreckte. Zwei Divisionen hatte es am Ostufer der Elbe stehen und eine, die 15., auf dem Brückenkopf, wo sie schwere Kämpfe westlich und südlich von Riesa führte.

Den ganzen Tag war ich unterwegs. Von Suchanow fuhr ich zu Russakow.

«Wie steht's, Wladimir Wassiljewitsch?» fragte ich Russakow, nachdem ich ihn und den Leiter der Politabteilung der Division Iwan Iwanowitsch Karpowitsch, der sich hier befand, begrüßt hatte.

«Alle drei Regimenter rücken zur Elbe vor. Die Division hat kaum noch Gegner vor sich», antwortete er. «Aber merkwürdigerweise kämpfen unsere rückwärtigen Dienste. Eben erhielten wir die Meldung, daß unser Sanitätsbataillon angegriffen wurde. Ungefähr zwei Stunden lang war da ein regelrechter Krieg im Gange.»

«Na und, haben die Mediziner den Sieg davongetragen?»

«Das haben sie. Wie gemeldet wurde, hat eine Gruppe Genesender geholfen. Wir haben da wohl so ungefähr achtzig Mann. Leider wurde ein Arzt verwundet, ein guter Doktor.»

«Tja, unsere rückwärtigen Dienste haben es nicht leicht.» Karpowitsch schüttelte den Kopf.

«Wissen Sie», ich kam zur Sache, «es ist nicht ausgeschlossen, daß uns eine Begegnung mit amerikanischen Truppen bevorsteht.»

Ich teilte die vom Armeeoberbefehlshaber erhaltenen Informationen mit, nannte die Erkennungssignale und mahnte, nachts, wenn das Feuer, zumal das der Artillerie, eröffnet werden mußte, höchst umsichtig zu sein. «Sonst beharken Sie womöglich die Amerikaner statt die Deutschen. Was dann?» fragte ich, halb im Scherz, halb im Ernst.

Ausführlich besprachen wir sämtliche Einzelheiten und die möglichen Varianten.

Sowjetischer und britischer Posten am Elbufer

«Wladimir Wassiljewitsch», riet ich, «es wäre gut, die erfahrensten und kundigsten Aufklärer für das andere Ufer auszusuchen. Vielleicht findet sich jemand, der Englisch kann? Schicken Sie ihn unbedingt mit hinüber. Und Sie, Iwan Iwanowitsch», ich wandte mich an den Leiter der Politabteilung der Division, «bitte ich, den Rotarmisten und Offizieren die Bedeutung des historischen Ereignisses klarzumachen, dessen Zeugen und vielleicht auch Teilnehmer wir demnächst werden.»

«Hoffentlich stoßen die Verbündeten auf uns ...», sagte Russakow. «Wir würden schon Ehre einlegen! Und im Handumdrehen hätten wir einen Platz in der Geschichte!»

«Passen Sie lieber auf, daß Sie nicht in eine andere Geschichte schlittern», warnte ich. «Ein Höchstmaß an Aufmerksamkeit in jeder Hinsicht!» Als ich mich verabschiedete, fügte ich hinzu: «Sollte man mich suchen, sagen Sie, ich sei zu Tschirkow gefahren, oder teilen Sie besser Mittelman im Korpsstab mit, wo ich mich aufhalte.»

Während ich zu Tschirkows Division fuhr, wo eine Kanonade dröhnte, dachte ich über Russakows Worte nach. Geschichte! Historische Begegnung! Wer von uns hatte bei der Verteidigung Moskaus, in den Kämpfen um Stalingrad, im Kursker Bogen und in anderen Schlachten bedacht, daß er an Ereignissen von historischer Bedeutung teilnahm? Damals war uns dergleichen nicht in den Sinn gekommen. Wir erfüllten unsere soldatische Pflicht, unseren Treueschwur vor der Heimat und den Befehl unseres Kommandeurs. Und doch waren wir an historischen Ereignissen beteiligt gewesen, die Wendepunkte des Großen Vaterländischen Krieges darstellten, strategische und politische Erfolge mit Auswirkungen auf das Kräfteverhältnis der kämpfenden Koalitionen, auf die gesamte weltpolitische Atmosphäre der jeweiligen Periode.

Aber eine Begegnung mit Verbündeten, insbesondere mit der Armee der USA, erachteten wir bereits damals als ein Ereignis von historischem Rang, als einen Akt, der nicht nur militärisch, sondern auch politisch wichtig war und die siegreiche Beendigung des Krieges näher brachte. Die bevorstehende Begegnung teilte die strategische Front der faschistischen deutschen Armee in zwei isolierte Gruppierungen – die nördliche, wo sich Berlin noch verbissen verteidigte, in dessen unterirdischen Bunkern Hitler in den letzten Zuckungen lag, und die südliche, die Feldmarschall Schörner führte, der später den Beschluß über die bedingungslose Kapitulation des faschistischen

Deutschlands mißachtete und in der Tschechoslowakei sogar noch nach dem Tag des Sieges Widerstand leistete.

Bald darauf hatten wir General Tschirkows Gefechtsstand erreicht. «Sieben wuchtige Gegenangriffe haben wir bereits abgewehrt», meldete P. M. Tschirkow, «aber wir halten uns. Ich bitte, die Division durch Panzerjägerartillerie zu verstärken. Da wäre es ruhiger.»

«Pjotr Michailowitsch, warten Sie nicht auf Hilfe. Sie wissen von dem Gegenschlag der Deutschen östlich Dresdens. Das dort ist für den Armeeoberbefehlshaber jetzt wichtiger, und ich werde ihn nicht um Hilfe bitten. Das wäre peinlich.»

Nachdem ich die Lage und die Aufgaben der Divisionen dargelegt und einige Ratschläge erteilt hatte, begab ich mich zu meinem Gefechtsstand, der sich ungefähr 25 Kilometer östlich von Torgau befand.

Als ich «heimkam», erfuhr ich, daß Korrespondenten der «Krasnaja Swesda» aus dem Frontstab eingetroffen waren. Einer von ihnen, Konstantin Simonow, wollte mich persönlich sprechen.

«Skljarow», sagte ich zum Adjutanten, «bitte ihn gleich her. Vielleicht essen wir zusammen Abendbrot.»

Bald darauf erschien ein straffer, schlanker Oberstleutnant. Konstantin Simonow hatte sich als Dichter, Essayist, Schriftsteller und Dramatiker bereits einen Namen gemacht. Aber selbstverständlich war er noch nicht so berühmt wie heute, da gut vier Jahrzehnte schöpferischer Arbeit, Dutzende von Werken, die bei Millionen von Menschen im In- und Ausland Anerkennung gefunden haben, und eine aktive gesellschaftspolitische Tätigkeit hinter ihm liegen. Immerhin war damals schon der Roman «Tage und Nächte» erschienen, lieb und wert jedem, der an der Verteidigung Stalingrads teilgenommen hatte. Man riß sich um die Bändchen mit seinen Gedichten, und in den Theatern unseres Landes wurden seine mit heißer Liebe zur Heimat geschaffenen Stücke aufgeführt.

Wir drückten einander die Hand. Die Hand des Schriftstellers und Soldaten war weich, aber kräftig.

«Genosse General, Sie werden die Amerikaner treffen?»

«Das ist nicht ausgeschlossen», antwortete ich lächelnd.

«Und wann ist es soweit?»

«Demnächst. Vielleicht heute, vielleicht morgen...»

«Heute wohl kaum», meinte Simonow mit einem Blick auf die dunklen Fenster. «Es ist ja bald Nacht.»

«Stimmt», sagte ich. «Lassen Sie uns Abendbrot essen, Konstantin Michailowitsch. Der Morgen ist klüger als der Abend. Vielleicht gibt's in der Frühe Neuigkeiten. Möglicherweise tauchen unsere Verbündeten auf...»

Am 25. April, gegen vierzehn Uhr, meldete General Russakow, daß die Gardisten der 6. Kompanie des 175. Gardeschützenregiments unter Kompaniechef Oberleutnant G. Goloborodko um 13.30 Uhr im Raum Strehla, vier Kilometer nordwestlich Riesa, eine Gruppe von Westen kommender Armeeangehöriger getroffen hätten. Wie sich herausstellte, war es eine Aufklärungspatrouille der 69. Infanteriedivision der amerikanischen 1. Armee unter Lieutenant Kotzebue.

Ungefähr eine Stunde später rief General Russakow erneut an. Die Aufklärer des 2. Bataillons des 173. Garderegiments, die aufs Westufer übergesetzt waren, hatten auf der Straße nach Torgau ein Auto mit einigen Militärs gesehen. Wer sie waren – Deutsche oder Amerikaner –, hatten sie nicht feststellen können. Das Auto war in die Stadt gefahren und den Blicken entschwunden. Gleich darauf war eine kurze Schießerei zu hören gewesen.

Nach einer Weile wurde über der fast unmittelbar am Ufer stehenden Festung ein großes Tuch gehißt. Die Divisionsbeobachter erkannten die amerikanischen Nationalfarben – Blau, Rot, Weiß – und schossen sofort eine rote Leuchtrakete ab, das mit der amerikanischen Führung vereinbarte Signal. Die Antwort, eine grüne Leuchtrakete, blieb aus. Das mahnte zur Vorsicht.

Indessen schallten vom Schloßturm Rufe in englischer und dann in deutscher Sprache zu den Aufklärern am westlichen Ufer herüber: «Amerika! Rußland!»

Dann rief dieselbe Stimme mit starkem ausländischem Akzent: «Towarischtsch! Towarischtsch!»

Der Mann auf dem Schloßturm trug Militäruniform. Gardeleutnant Silwaschko, der es unternahm, ihm auf deutsch Fragen zu stellen, wurde offensichtlich nicht verstanden.

Unsere Gardisten feuerten ein paar Schüsse in die Luft ab, und danach wurde von den Festungsmauern russisch gerufen: «Genossen! Schießt nicht! Hier sind Verbündete! Hier sind Amerikaner! Moskau – Amerika!»

Der Aufklärungszug der 58. Division stürzte zur Übersetzstelle, und die Aufklärer am westlichen Ufer sahen, wie von der Festung ein Mann in amerikanischer Uniform zur Brücke rannte. Wenig später

Frank Huff und James McDonell, fotografiert von Paul Staub

drückten sowjetische Soldaten dem Amerikaner die Hand. Es war Second Lieutenant William Robertson, Aufklärungsoffizier des 1. Bataillons des 273. Regiments der 69. Infanteriedivision der amerikanischen 1. Armee.

Wir erfuhren, daß sich Robertson und drei amerikanische Soldaten – McDonnel, Huff und Staub – am frühen Morgen des 25. April zur Geländeaufklärung in den Raum östlich des deutschen Städtchens Wurzen, an der Mulde gelegen, begeben hatten. Sie waren so eifrig bei der Sache, daß sie sich von ihren Stellungen bedeutend weiter, als beabsichtigt, entfernten und Torgau erreichten, wo sie von Deutschen beschossen wurden, die sich in einem der Häuser festgesetzt hatten. Zu guter Letzt waren sie unseren Truppen begegnet.

Ich greife ein wenig vor, wenn ich hier anführe, daß Robertson in Begleitung der beiden Offiziere der 58. Division unseres Korps, Larionow und Silwaschko, sowie des Sergeanten Andrejew zu seinem

Truppenteil zurückkehrte. Das Kommando des amerikanischen 273. Regiments empfing die Vertreter der Roten Armee sehr herzlich, und der zwanzigjährige Robertson erzählte strahlend, wie verzweifelt sie, die amerikanischen Aufklärer, gewesen waren, da sie keine grüne Leuchtpatrone für das Antwortsignal hatten, und wie er mit irgendwelchen Medikamenten, die er sich aus einer Apotheke beschafft hatte, das erstbeste Laken bemalte, um eine Art amerikanische Flagge herzustellen.

Kaum hatte ich den Hörer aufgelegt, nachdem mir aus der 58. Division das Auftauchen von Amerikanern gemeldet worden war, schnallte der anwesende Schriftsteller Konstantin Simonow sein Koppel fester, zog die Feldbluse straff und sagte zu mir: «Na, fahren wir, Gleb Wladimirowitsch?»

«Wenn Sie mit mir fahren wollen, müssen Sie sich ein wenig gedulden. Zunächst einmal bin ich verpflichtet, dem Armeeoberbefehlshaber Bericht zu erstatten.»

Die Telefonverbindung mit Alexej Semjonowitsch Shadow kam nicht sogleich zustande, und es versteht sich von selbst, daß die ruhelosen, allgegenwärtigen Korrespondenten ohne mich losjagten. So ist nun mal ihr Beruf – sie müssen immer die ersten sein und alles mit eigenen Augen sehen.

Der Armeeoberbefehlshaber war sehr erfreut über den Bericht von der Begegnung mit den Amerikanern. Merkwürdigerweise sagte er: «Ich danke dir.» Dann erinnerte er mich daran, daß die offiziellen Begegnungen entsprechend den Rängen stattfinden sollten. Zunächst würden sich die Regimentskommandeure treffen, dann die Divisionskommandeure und schließlich die Korpskommandeure. Ich versicherte Shadow, daß ich über alles informiert sei und nichts außer acht lassen würde. Nun wollte ich aber gern selbst nach Torgau fahren, um mir ein Bild zu machen.

Am 27. April fuhr ich zur festgesetzten Zeit, zu der das offizielle Treffen stattfinden sollte, zum Elbufer. Die Fähre mit dem Jeep des amerikanischen Generals hatte bereits die Flußmitte erreicht. Unten am Wasser drängten sich diejenigen, die sich zur Begrüßung eingefunden hatten. Drüben standen noch ungefähr zwanzig Wagen und vierzig Militärs.

Die Fähre stieß sanft ans Ufer. Wenige Sekunden später drückte mir der lange, hagere Kommandeur des V. Armeekorps der Amerikaner, Generalmajor Huebner, freundschaftlich die Hand.

Auf dem sandigen Pfad stiegen wir hinauf. Oben, am Rande der Böschung, hatten sich die Stabsoffiziere zum Empfang aufgebaut. Zwei Soldaten hielten den zusammengerollten roten Kattun mit der Abbildung der Medaille «Für die Verteidigung Stalingrads». Wie vorher abgesprochen, entrollten sie auf ein Zeichen von mir das Tuch, und es begann in der Frühlingsluft zu flattern.

General Huebner hatte, obwohl nicht mehr jung – ich glaube, er war damals an die sechzig –, mühelos den Abhang erstiegen. Sein wettergebräuntes Gesicht hatte sich nur leicht gerötet, und ich bemerkte, wie sich seine breite Brust hob und senkte.

Vor den angetretenen Offizieren blieben wir stehen.

«Herr General», sagte ich, an Huebner gewandt, «erlauben Sie mir, Ihnen zur Erinnerung an die historische Begegnung unserer Truppen an der Elbe und als Zeichen der freundschaftlichen Gefühle, die uns, die wir gemeinsam gegen den Faschismus kämpfen, verbinden, dieses bescheidene Andenken zu überreichen.» Ich machte einen Schritt auf das Tuch zu, wies darauf und fuhr fort: «Das ist nicht einfach eine Fahne, sondern dieses rote Banner mit der Medaille ‹Für die Verteidigung Stalingrads› ist ein Symbol unserer Siege an den Ufern des großen russischen Stroms Wolga. Wir haben es im Bomben- und Granathagel getragen, durch Blut und Flammen, und es wurde Zeuge neuer Siege, Zeuge dieses freudigen Ereignisses, der Vereinigung zweier Fronten, der Begegnung der Verbündeten, die zur Sache des Sieges einen großen Beitrag geleistet haben. Nehmen Sie dieses Tuch, Herr General, mit allen Spuren des schweren Weges, der von unserem Korps zurückgelegt wurde, und möge es für Sie eine Erinnerung an den Sieg über den Faschismus und an die Kampfgemeinschaft unserer Völker sein...»

In dem strengen Gesicht des Generals zuckte es, ein schwaches Lächeln umspielte den harten, ein wenig hochmütigen Mund, und ich hatte den Eindruck, als seien seine in einem Netz von Falten liegenden Augen feucht geworden. General Huebner drückte mir gefühlvoll die Hand und bekam, als er zum Reden ansetzte, einen Hustenanfall. In diesem Moment zeigten sich über dem Rand des Abhangs die Köpfe der auf unser Ufer übergesetzten Korrespondenten.

Ich war, offen gestanden, verblüfft angesichts der im Protokoll keineswegs vorgesehenen Invasion der lärmenden Journalistenschar. Konstantin Simonow und Alexander Kriwizki benahmen sich meiner Meinung nach sehr taktvoll, obwohl sie ebenfalls Hände schüttelten,

Kollegen die Schulter klopften und Huebner und den amerikanischen Korrespondenten Fragen stellten. Simonows gebräuntes Gesicht rötete sich vor Eifer.

Schließlich begaben wir uns in das ungefähr fünf Kilometer von der Übersetzstelle entfernte malerische Dörfchen Werdau. Die Köche hatten bereits am Vortag die entsprechenden Anordnungen erhalten; ob die Vorbereitungen gelungen waren, wußte ich nicht, und ich war deshalb in großer Sorge, zumal ich mich insbesondere vor den federgewandten Journalisten auf keinen Fall blamieren wollte. Nur gut, dachte ich, als ich im Auto neben Huebner saß, daß ich noch rechtzeitig angewiesen habe, zusätzliche Gedecke aufzulegen.

Meine Befürchtungen erwiesen sich als grundlos. In dem Garten eines schmucken Einfamilienhauses erblickte ich unter blühenden Apfelbäumen etwas, wovon ich nicht einmal zu träumen gewagt hätte...

Welchen Eindruck die Gäste hatten, konnte ich erst während des Essens beurteilen, weil ich, als ich zu Tisch bat, ihre Mienen und Bemerkungen nicht beachtete, ich befürchtete nämlich, die Plätze könnten nicht ausreichen. Aber ich erinnere mich genau, daß die Amerikaner ausdrucksvoll «O-o-o-h!» riefen, als nach den Vorspeisen echter ukrainischer Borschtsch serviert wurde und sie den ersten Löffel zum Mund geführt hatten. Zweifellos waren sie begeistert. Dem ukrainischen Borschtsch folgten sibirische Pelmeni. Kurz und gut, alles war so, wie es besser nicht sein konnte.

Nun, ungefähr vierzig Personen, Gäste und eigene Leute, tafelten miteinander, der Duft der herrlichen Speisen wetteiferte mit dem der blühenden Apfelbäume, und die Zungen lösten sich.

Wir sprachen vom Krieg, von den schweren Schlachten und den ruhmreichen Siegen, von militärischer Pflicht und Kameradschaft an der Front, von der Gefahr des Faschismus und der Notwendigkeit, ihn zu bekämpfen. Und immer wieder wurden Trinksprüche ausgebracht.

Wir tranken auf den Sieg und das sich nähernde Ende des Krieges, auf unsere Begegnung, auf die Freundschaft der verbündeten Armeen, auf das Wohlergehen unserer Völker, auf den Menschen und das Menschenglück.

Nach dem Essen kamen die Amerikaner auf den T-34 zu sprechen. Sie äußerten sich höchst lobend über ihn und stellten einige technische Fragen. Ich schlug vor, einen Panzer zu besichtigen, und wir begaben uns auf das Nachbargrundstück.

Den ausländischen Journalisten, die am Essen teilnahmen,

schmeckte, mit Verlaub gesagt, der russische Wodka außerordentlich gut, und sie sprachen ihm eifrig zu, wobei ihnen die Fahrer der Jeeps nicht nachstanden. Da ich mir sagte, daß das unangenehme Folgen haben könnte, ordnete ich an, daß die Gäste von unseren Fahrern zur Übersetzstelle zurückgebracht werden sollten.

Wir verabschiedeten uns sehr herzlich, und die Amerikaner fuhren mit großen Frühlingsblumensträußen davon, die unsere Gardisten im nahen Wäldchen für sie gepflückt hatten.

Am nächsten Tag verschärfte sich die Lage an der linken Flanke, wo die Faschisten entschlossene Versuche unternahmen, unsere Truppen zurückzudrängen. Das beunruhigte mich, und ich wäre gern hingefahren, um vor Ort festzustellen, wie groß die Gefahr war, und die erforderlichen Gegenmaßnahmen zu ergreifen. Doch mir war befohlen, an unserer Übersetzstelle den Oberbefehlshaber der amerikanischen 1. Armee General Hodges zu empfangen und zu unserem Armeeoberbefehlshaber General Shadow zu geleiten.

Obwohl ich die Sache diesmal schon weit gelassener nahm, war ich doch auf angenehme Weise erregt, als ich den hohen amerikanischen Militär begrüßte, denn ich war der erste, der ihm als Vertreter der sowjetischen Streitkräfte auf dem von uns befreiten Territorium entgegentrat, und ich spürte, wie er mich forschend betrachtete. Es war, als versuchte er, in mir alle jene Eigenschaften der Roten Armee zu erkennen, welche die Welt angesichts unseres beispiellosen Kampfes gegen den Faschismus begeisterten.

Wohlbehalten legten wir die dreißig Kilometer bis zu General Shadows Residenz zurück. Ort der Begegnung der beiden Armeeoberbefehlshaber war ein stattlicher Gutshof mit gänzlich unbeschädigtem Herrenhaus.

General Hodges' Gefolge war noch größer als Huebners. Die Journalisten waren wieder vollzählig erschienen. Im übrigen verlief alles so ähnlich wie am Vortag – die gleiche freudige Erregung, die gleichen Sympathie- und Hochachtungsbekundungen, die gleiche Herzlichkeit und Freundschaft.

Zur Erinnerung erhielt Hodges von General Shadow die Medaille «Für die Verteidigung Stalingrads», die an einem kleinen, mit karmesinrotem Samt bezogenen Album befestigt war.

Ein paar Stunden plauderten wir ungezwungen an dem schön gedeckten Tisch, und sicherlich waren die Amerikaner, als sie davonfuhren, sehr zufrieden mit dem Empfang, der ihnen von General Shadow und den zahlreichen Bekannten aus dem Armeestab bereitet worden war.

Für mich war die Phase der Empfänge damit nicht zu Ende. Wenig später schon wurde mir mitgeteilt, daß der Kommandeur des amerikanischen Korps mich für den 1. Mai 1945 zu einem Gegenbesuch in seinen Stab nach Leipzig eingeladen habe.

Ehrlich gesagt – die Einladung kam mir ungelegen. Die Faschisten setzten ihren Gegenangriff an der linken Flanke fort, und die Lage dort war schwierig. Es schien mir einfach unmöglich, in dieser Situation wegzufahren. Was war zu tun?

Ich erstattete dem Armeeoberbefehlshaber Meldung und bat um Anweisungen. Aber General Shadow befahl mir, den Gegenbesuch abzustatten.

Der Kommandeur des amerikanischen Korps hatte mich gebeten, mit einer Delegation von insgesamt sechzehn Stabsoffizieren zu kommen; außerdem hatte er mitgeteilt, daß in Torgau Flugzeuge bereitstehen würden, um uns nach Leipzig zu bringen. Nun erhob sich ein neues Problem: Wer sollte fahren? Es war doch ausgeschlossen, daß ich mich mit sämtlichen Gefechtskommandeuren entfernte! Was konnte sich inzwischen nicht alles ereignen! Der Krieg ging ja weiter, die Faschisten übten Druck aus. Wir beratschlagten und beschlossen, von den Divisionskommandeuren nur General Suchanow mitzunehmen und aus dem Korpsstab die Oberste Walow, Mittelman und Ospischtschew sowie noch ein paar Offiziere und Korrespondenten.

Der 1. Mai! Wenn sich dieser Tag auch manchmal trübe und regnerisch zeigt, so wird er im Bewußtsein doch mit Frühling, Sonne und jungem Grün assoziiert. Als ich am 1. Mai 1945 bei herrlichem Sonnenschein erwachte, war wohl ebendeshalb mein erster Gedanke: Schönes Wetter! Und ich fühlte mich froh und festlich gestimmt.

Ohne Zwischenfälle erreichten wir Torgau. Auf einer Waldwiese erblickten wir ungefähr ein Dutzend leichter amerikanischer Flugzeuge. Wir nahmen zu zweit in ihnen Platz, und die grünen «Libellen» schwangen sich zügig empor, von Jagdflugzeugen gedeckt.

Der Flugplatz bei Leipzig erinnerte mich an ein Bild der Mondoberfläche, das ich als Junge in einem wissenschaftlich-phantastischen Roman gesehen hatte – meine damalige Lektüre. Auch hier war der Boden von großen und kleinen Trichtern aufgewühlt, die von oben wie Vulkankrater wirkten.

Aber die Stadt, durch die wir in einem blitzenden, mit der amerikanischen und der sowjetischen Nationalflagge geschmückten Cadillac fuhren, erwies sich als nahezu unbeschädigt. Auf einem weiten Platz hielten wir vor einem großen schönen Gebäude, in dem sich der Korpsstab einquartiert hatte. Der Platz war von freundlich blickenden amerikanischen Soldaten abgesperrt, hinter denen sich die Leipziger drängten.

Vor dem Gebäude waren eine Ehrenformation und sämtliche Stabsoffiziere angetreten. Lächelnd kam ein unbekannter General auf mich zu. Ich wunderte mich, da ich überzeugt war, General Huebner einen Gegenbesuch zu machen. Nun stellte es sich heraus, daß die Amerikaner in den wenigen Tagen seit Huebners Visite Versetzungen vorgenommen hatten. Und ich wurde von dem neuen Korpskommandeur Lieutenant General Collins empfangen, der nach dem Krieg Stabschef der Landstreitkräfte der Vereinigten Staaten von Amerika wurde.

Hier in Leipzig hatte Collins für uns eine Begegnung auf höchstem Niveau organisiert – wie man heute zu sagen pflegt. Kaum waren wir ausgestiegen, ertönten nacheinander unsere und die amerikanische Nationalhymne. Dann schritten General Collins und ich die Front der Ehrenformation ab, und er stellte mir die Stabsoffiziere vor. Nach dieser Zeremonie stiegen wir die Stufen zum Stabsgebäude hinauf.

General Collins bat mich in sein Arbeitszimmer, während sich die Stabsoffiziere den Genossen widmeten, die mich begleiteten.

In dem geräumigen Arbeitszimmer hing eine große Europakarte an der Wand. Der General ergriff den auf dem Tisch liegenden Zeigestock und wies auf den Ärmelkanal.

«Dort», sagte der General, «dort haben wir angefangen.»

Während er den Weg beschrieb, den das Korps zurückgelegt hatte, führte er den Stock über die Karte. Ausführlich schilderte er die Kämpfe in den Ardennen.

«Da hatten wir es am schwersten.» Collins verstummte und nickte ein paarmal, als sei ihm dazu noch etwas eingefallen.

«Wir wissen das», sagte ich. «Wir wußten es schon damals, als Sie von den Deutschen in den Ardennen zum Stehen gebracht wurden. Eigentlich mußten auch wir deswegen unsere Pläne ändern und die Weichsel–Oder–Operation mit hohem Angriffstempo eine Woche eher beginnen.»

«Ja, ja, das Tempo! Sie legten ein erstaunliches Tempo vor!» fuhr Collins fort. «Aber erklären Sie mir eins, General, wie haben Sie es fertiggebracht, ein durchschnittliches Angriffstempo von fünfundzwanzig bis dreißig Kilometern am Tag in einem Zeitraum von beinahe zwei Wochen zu halten? Sie sind doch zu Fuß marschiert, und Sie haben hart gekämpft! Wie haben Sie das geschafft?»

«Unser Soldat schafft so manches, wenn es nötig ist», antwortete ich. «Er schafft es, weil er selbst genau weiß, was nötig ist, warum es nötig ist und in wessen Namen es nötig ist ...»

«Ja», sagte der General beifällig. «Es sind hervorragende Soldaten. Hervorragende. Sie haben den großen Sieg verdient. Aber wie sind Sie mit den rückwärtigen Diensten zurechtgekommen? Bei dem irrsinnigen Tempo, verzeihen Sie den Ausdruck, haben sich die Entfernungen, über die Munition, Ausrüstung und alles übrige herantransportiert werden mußten, doch ungeheuer schnell vergrößert!»

«Blieben denn Ihre rückwärtigen Dienste, die völlig motorisiert sind, weit zurück?» fragte ich meinerseits.

«Ja, Herr General», antwortete Collins und wiegte bekümmert den Kopf. «Mit den rückwärtigen Diensten hatten wir, offen gestanden, erhebliche Schwierigkeiten. Die Truppenversorgung ist keine leichte Sache. Der Krieg ist doch sehr gefräßig.»

«Sie drücken sich behutsam aus, Herr General. Bei dem Entwicklungsstand, den die Menschheit erreicht hat, ist ein Krieg doch überhaupt etwas Ungeheuerliches. Wollen wir hoffen, daß dieses der letzte ist. Was ist Ihre Meinung?»

«Wollen wir es hoffen ... Es wäre wünschenswert ...»

Nach dem Gespräch wurden wir in eine außerhalb der Stadt gelegene prächtige Villa zum Mittagessen gebeten. Im Garten vor den offenen Verandafenstern spielte eine Neger-Jazzband eine Musik für uns, die in den Ohren sowjetischer Menschen damals, um die Wahrheit zu sagen, ungewöhnlich klang; allenfalls hätte mit ihr die moderne Popmusik wetteifern können. Wir speisten also amerikanisch bei General Collins, und begonnen wurde mit Ananas. Ich weiß nicht mehr, was es noch gab, aber ich erinnere mich, daß zum Schluß, bereits nach dem Kaffee, Whisky ohne jegliche Sakuska gereicht wurde. Vielleicht war das der Grund, weshalb das Essen ernst und gesittet verlief. Wir sprachen vom Krieg, von Hitlers Plänen, die wir durchkreuzt hatten, von den zahlreichen Beispielen der Geschichte, da Eroberungskriege gründlich gescheitert waren, und von berühmten Feldherren. Die Gespräche waren interessant, freundschaftlich, von gegenseitiger Achtung durchdrungen.

Da ich bereits über eine «solide Erfahrung» auf dem Gebiet internationaler Begegnungen verfügte, hatte ich ein Geschenk vorbereitet, und ich überreichte General Collins eine sowjetische TT-Pistole mit Widmung (uns war es geglückt, einen guten Graveur zu finden). Ich glaube, der General war sehr erfreut. Geradezu zärtlich und ehrfürchtig fuhr er über den brünierten Stahl, dankte mir und sagte: «Das ist eine gute Waffe, eines echten Soldaten würdig.»

Dann nahm er die Pistolentasche vom Koppel ab, gab mir seinen Colt, Kaliber zwölf, und fügte hinzu: «Nehmen Sie ihn zum Andenken, General. Er hat mir treu gedient.»

Wir schieden freundschaftlich voneinander, und ich habe an die Begegnungen mit den Amerikanern im Frühling 1945 sehr angenehme Erinnerungen bewahrt.

Baklanow, G. W. (1910–1976) – Generaloberst, Held der Sowjetunion. Zu Beginn des Krieges war er Stabschef eines Schützenregiments. Er nahm an der Schlacht um Smolensk und an der Verteidigung Moskaus teil. In den Kämpfen bei Stalingrad befehligte er eine Division. Den Krieg beendete er als Korpskommandeur. Nach dem Krieg arbeitete er im Ministerium für Verteidigung der UdSSR. Er war Chef des Sibirischen Militärbezirks.

Wladimir Orlow

Wir schworen, die Freundschaft zu festigen

Der Krieg hinterließ eine unauslöschliche Spur im Leben meiner Generation. In der 58. Schützendivision, der es bestimmt war, als erste mit den amerikanischen Truppen an der Elbe zusammenzutreffen, legte ich den Weg von Stalingrad bis Berlin zurück. Ich nahm an der Verteidigung Moskaus und Stalingrads teil, ich kämpfte in der Ukraine, in Polen, in der Tschechoslowakei und in Deutschland. Zunächst war ich Vertreter des Chefs einer selbständigen Aufklärungskompanie, dann Offizier des Divisionsstabs. In den vier Kriegsjahren sah und erlebte ich so manches. Die Begegnung mit den Verbündeten an der Elbe war ein Ereignis, das ein besonders freudiges Gefühl hervorrief – es kündigte den baldigen Sieg an.

Wir alle waren glücklich. Und zugleich war ich traurig, wenn ich an meine Genossen dachte, die diesen Tag nicht erleben konnten. Ich dachte an meinen Freund und Kampfgefährten, meinen Kommandeur, den berühmten Divisionsaufklärer Hauptmann Fjodor Popow. Mit ihm hatte ich jenseits des Don gekämpft, in einem Aufklärungstrupp, und er war vor meinen Augen gefallen. Aus seiner blutigen Feldbluse hatte ich das Foto eines kleinen Jungen mit der offenbar von der Mutter geschriebenen Widmung gezogen: «Papi zur Erinnerung von Sohn Wladik. Orsk, 19. 2. 1942». Ja, unzählige solcher tapferer Kämpfer hatten auf den Schlachtfeldern ihr Leben lassen müssen! Auch ihnen hatten wir es zu danken, daß wir zur Elbe gelangt waren.

Wie ein Lauffeuer verbreitete sich am 25. April die Nachricht in der Division, daß es zu einer Begegnung mit den Amerikanern gekommen sei. Divisionskommandeur Generalmajor W. Russakow erstattete dem Kommandeur des 34. Schützenkorps Generalmajor Gleb Baklanow Bericht und bestimmte eine Gruppe von Offizieren, die an

Wladimir Orlow

dem offiziellen Treffen mit Vertretern der amerikanischen Truppen teilnehmen sollten. Zu diesen Glücklichen gehörte auch ich.

Wir alle waren gehobener Stimmung, und Russakow selbst war mächtig aufgeregt. Wenn man sich überlegt, daß sich im Streifen der Division ein Ereignis von historischer Bedeutung vollzog, so konnte man ihn verstehen.

Und dann endlich – am 26. April, um siebzehn Uhr – die Begegnung am Ostufer der Elbe, in dem Dorf Werdau. Von amerikanischer Seite waren 28 Personen anwesend, von unserer ungefähr ebensoviel. Die Boote legten an. Generalmajor Emil F. Reinhardt, Kommandeur der amerikanischen 69. Infanteriedivision, trat zu General Russakow. Sie begrüßten sich herzlich und tauschten einen festen Händedruck. Diese durch Dutzende Bildreporter festgehaltene Szene wurde zu

Zu Besuch bei alliierten Kampfgefährten

einem Symbol des engen Kampfbündnisses der Völker unserer Länder.

Die anschließende lebhafte Unterhaltung wurde von Major Michail Shdanow übersetzt. Dann wurden die Gäste von unseren Offizieren in ein nahe gelegenes altes Schloß geleitet, wo sich der Stab unserer Division einquartiert hatte. Das war ein kurzer, aber bemerkenswerter Marsch unter drei Staatsflaggen – der Sowjetunion, der USA und Großbritanniens. Hohe Offiziere der 69. Division schritten neben ihren sowjetischen Partnern. Jeder redete in seiner Sprache, aber die Hauptsache war allen klar – es trug sich Unvergeßliches zu.

Im Mittelpunkt standen die Divisionskommandeure. General Reinhardt wirkte zurückhaltend, doch mit seiner freundschaftlichen Einstellung uns gegenüber hielt er nicht hinter dem Berge. General Russakow war damals fünfunddreißig Jahre alt. Dieser kluge, unerschrockene Kommandeur war mir gut bekannt, des öfteren hatte ich von ihm erteilte Aufträge ausgeführt. Der Weg unserer Division zur Elbe war nicht leicht gewesen. Tausende von Soldaten hatten ihr Blut vergossen – auch ihr Kommandeur. Als er ein Gefecht im Dnestr-Raum leitete, war er schwer verwundet worden. Mit einem Wort, im Krieg war der General ein richtiger Soldat.

Als General Russakow aus den Händen General Reinhardts die amerikanische Nationalflagge entgegennahm, sagte er bewegt: «Wir werden diese Freundschaft hochhalten, mögen auch unsere Nachkommen sie hüten.»

Und noch eins: Wenn sich in jenen unvergeßlichen Tagen die einfachen Soldaten der beiden Armeen trafen, dann ging es besonders ungezwungen, offen und herzlich zu. Sie schwangen keine großen Reden, sondern schworen, die Freundschaft zu festigen und sich mit ihrem Leben dafür einzusetzen, daß in der Welt nie wieder Krieg ist.

Wladimir Orlow wurde 1922 in der Stadt Dankow, Gebiet Lipezk, geboren. Im Juli 1941 wurde er zur Roten Armee einberufen und befand sich während des ganzen Krieges an der Front. Zweimal wurde er verwundet. Den Krieg beendete er im Range eines Hauptmanns. Heute ist er Generalleutnant außer Dienst. Er übt eine Lehrtätigkeit aus. Dozent W. S. Orlow – er ist Kandidat der Geschichtswissenschaften – leitet die Sektion Teilnehmer der Begegnung an der Elbe beim Sowjetischen Komitee der Kriegsveteranen.

Iwan Konew

In aufgeschlossener Atmosphäre

Aus dem Buch «Aufzeichnungen eines Frontoberbefehlshabers»

Der 25. April 1945 war ein Tag großer Ereignisse. Das größte aber vollzog sich nicht in Berlin, sondern an der Elbe, in der 5. Gardearmee des Generals Alexej Shadow, wo das 34. Gardekorps General Gleb Baklanows mit amerikanischen Truppen zusammentraf. Genau hier, im Zentrum Deutschlands, zeigte es sich, daß die faschistische Armee endgültig in zwei Hälften gespalten war.

In Berlin, um Berlin und nördlich davon hielten sich noch Teile der 9., der 12. und der 3. Panzerarmee, im Süden jedoch stand die von Generalfeldmarschall Schörner befehligte vollständige Heeresgruppe Mitte.

Die Vereinigung selbst ging in völliger Ruhe vonstatten, ohne Gefechte mit dem Gegner; sie war das Ergebnis eines jahrelangen Kampfes, einer Reihe von Operationen und Schlachten, die die Begegnung an der Elbe näher brachten und schließlich Wirklichkeit werden ließen.

Ich führe einen kurzen Auszug aus der Meldung an, die mir ins Hauptquartier geschickt wurde: «Am 25. April dieses Jahres trafen um 13.30 Uhr im Streifen der 5. Gardearmee, Raum Strehla, am Fluß Elbe, Einheiten des 175. Schützenregiments der 58. Gardedivision mit einer Aufklärungspatrouille der 69. Infanteriedivision des V. Armeekorps der amerikanischen 1. Armee zusammen.

Am selben Tag trafen sich im Raum Torgau, am Fluß Elbe, das Spitzenbataillon des 173. Gardeschützenregiments der 58. Gardedivision und eine andere Aufklärungspatrouille der 69. Infanteriedivision des amerikanischen V. Korps der amerikanischen 1. Armee.»

Eine Woche später lernte ich den Oberbefehlshaber der amerikanischen 12. Armeegruppe General Omar N. Bradley kennen. Das geschah in meinem ungefähr vierzig Kilometer nordöstlich von Torgau gelegenen Gefechtsstand.

Marschall Iwan Konew, Oberbefehlshaber der 1. Ukrainischen Front

Bradley erschien mit einem Gefolge von Generalen und Offizieren sowie einer stattlichen, man kann schon sagen, übermäßig großen Schar von Korrespondenten und Bildreportern. Von unserer Seite nahmen außer mir der Oberbefehlshaber der 5. Gardearmee A. S. Shadow und der Kommandeur des 34. Gardeschützenkorps G. W. Baklanow teil, deren Truppen die ersten gewesen waren, die an der Elbe mit Amerikanern zusammentrafen. Beide waren Mitglieder des Kriegsrates der Front. Auch sowjetische Journalisten, Kameraleute und Bildreporter waren zugegen, aber weit weniger als amerikanische.

Es hat die verschiedensten Perioden in den sowjetisch-amerikanischen Beziehungen gegeben, und auch heute lassen diese Beziehungen noch manches zu wünschen übrig. Wenn ich sage, daß die Begegnung der beiden Befehlshaber, des amerikanischen und des sowjetischen, an jenem 5. Mai 1945 in einer Atmosphäre der Offenherzigkeit und Freimütigkeit verlief, so ist dies die historische Wahrheit. Bradley und ich waren nicht Diplomaten, sondern Soldaten, und das gab unseren beiden Begegnungen ein zugleich offizielles und freundschaftliches Gepräge.

Der General holte die Karte hervor, auf der die Lage der amerikanischen Truppen an diesem Tag, dem 5. Mai, eingetragen war, und zeigte mir die Stellen, wo seine Truppenteile die mit uns vereinbarte Berührungslinie erreicht hatten. Dann fragte er mich, wie wir Prag einzunehmen gedächten und ob die Amerikaner uns helfen sollten.

Diese Frage überraschte mich nicht. Die Amerikaner waren sicherlich überzeugt, daß die Offensive der sowjetischen Truppen gegen die Schörner-Gruppierung demnächst beginnen werde.

Ich sagte Bradley, daß solche Hilfe nicht notwendig sei. Wenn die amerikanischen Truppen von der bereits festgelegten Demarkationslinie weiter nach Osten vorrückten, so könne das nur zur Verwirrung und einem großen Truppendurcheinander führen. Da das nicht wünschenswert sei, bäte ich ihn, es nicht zu tun.

Bradley stimmte mir zu und versicherte, daß die ihm unterstellten Truppen auch fernerhin die festgelegte Berührungslinie beachten würden.

In meiner Tischrede sprach ich von den Prüfungen und Schwierigkeiten der Sowjetarmee auf ihrem Weg zum Sieg. Ich hob die wichtige Rolle Präsident Roosevelts bei der Bildung der Antihitlerkoalition und deren Aktionen hervor. Roosevelts Tod war noch frisch in Erinnerung, und ich gehörte zu denen, die dieser Verlust aufrichtig schmerzte. Deshalb war es mir ein tiefes Bedürfnis, den Amerikanern unser Beileid auszusprechen und die Hoffnung zu äußern, daß der neue Präsident die Sache fortführen werde, für die Roosevelt gestritten hatte.

Leider ging diese Hoffnung nicht in Erfüllung. Roosevelts Nachfolger Truman leistete schon bald seinen ersten Beitrag zur Verschärfung der Beziehungen zwischen der Sowjetunion und Amerika.

Als ich von unserem gemeinsamen Kampf gegen die faschistischen Eroberer sprach, zollte ich den unstreitigen Verdiensten der Offiziere und Soldaten der amerikanischen 12. Armeegruppe hohe Anerkennung.

General Bradley würdigte in seiner Erwiderung den Mut der sowjetischen Soldaten und die Tapferkeit der Truppen der 1. Ukrainischen

Front, deren Beispiel die amerikanischen Soldaten, Offiziere und Generale folgten. Er ging auch auf Roosevelts Verdienste ein und bedauerte, daß der Präsident die glücklichen Tage des Sieges nicht mehr erlebt hatte. Dann brachte er einen Toast auf unsere Begegnung aus.

Nach unseren offiziellen Ansprachen setzte eine freundschaftliche Unterhaltung ein. Allenthalben wurde das Glas auf die Vertreter unserer und der amerikanischen Stäbe, auf die Armeeoberbefehlshaber und auf die Vertreter der verschiedenen Truppengattungen erhoben. Die Trinksprüche waren herzlich und aufrichtig gemeint. Sie zeugten davon, daß wir uns wirklich achteten und unsere im Kampf gegen den gemeinsamen Feind entstandene und erstarkte Freundschaft schätzten. Nach dem Essen lud ich Bradley und seine Begleitung zu einem Konzert des Gesangs- und Tanzensembles der 1. Ukrainischen Front ein. Dieses 1943 unter der Leitung von Lidija Tschernyschewa in Kiew gebildete Ensemble erfreute sich an der Front großer Beliebtheit. Es verfügte über ausgezeichnete Musiker, Sänger und Tänzer.

Als der Chor die Hymne der Vereinigten Staaten anstimmte, sangen die Amerikaner, die sich im Saal befanden, mit und klatschten dann stürmisch Beifall. Sie klatschten auch, als die Hymne der Sowjetunion verklungen war.

Die Mitglieder des Ensembles waren an jenem Tag in Höchstform. Außer unseren Liedern sangen sie zur Freude der Gäste das amerikanische Scherzlied «Die kleine Schenke» und das englische Lied «Es ist ein weiter Weg nach Tipperary». Schließlich boten sie den ukrainischen «Hopak» und einen russischen «Perepljas» dar – die Glanznummern unserer Tänzer; selbst unter normalen Bedingungen waren diese Tänze äußerst wirkungsvoll. Hier nun wurde der Eindruck noch durch die festliche frohe Stimmung verstärkt, in der wir alle uns befanden.

General Bradley, der neben mir saß, fragte interessiert, wo wir solche Künstler hier, an der Front, hernähmen. Ich erklärte ihm, daß dieses ein Soldatenensemble sei, das gemeinsam mit den Fronttruppen den langen Kampfweg zurückgelegt habe. Offensichtlich glaubte er mir nicht. Schade. Die meisten Künstler waren tatsächlich Soldaten, und das Ensemble war oft vor den Truppen der ersten Staffel aufgetreten – unter keineswegs ungefährlichen Bedingungen.

Bradley dankte für das Konzert und gab bekannt, daß die Regierung der Vereinigten Staaten beschlossen habe, den Oberbefehlshaber der 1. Ukrainischen Front, also mich, mit dem höchsten amerikanischen Orden auszuzeichnen. Er überreichte ihn mir sogleich, gratulierte mir und schloß mich in die Arme – wie das so üblich ist.

Meine anwesenden Frontkameraden freuten sich aufrichtig über diese Auszeichnung. Mit Recht sahen sie darin eine hohe Anerkennung der Leistungen unserer Truppen der 1. Ukrainischen Front.

Nach der Zeremonie trat ich mit Bradley vor die Villa, wo ich ihm vor vielen Zuschauern, die sich wegen der amerikanischen Besucher eingefunden hatten, im Namen der Soldaten der 1. Ukrainischen Front eine Rote Fahne als Symbol unserer Kampffreundschaft übergab.

Da ich wußte, daß Bradley mir zum Andenken einen «Willys» zu schenken gedachte, der aus seinem Hauptquartier mit einem Flugzeug hergebracht worden war, hatte ich ein persönliches Geschenk für ihn vorbereitet: mein Dienstpferd, das mir seit dem Sommer 1943, als ich den Befehl über die Steppenfront übernahm, überallhin gefolgt war. Das war ein schöner, gut zugerittener Donhengst. Ich schenkte ihn General Bradley mitsamt der Ausrüstung.

Hocherfreut schenkte er mir nun seinerseits einen «Willys» mit der Widmung: «Dem Befehlshaber der Ersten Ukrainischen Armeegruppe von den Soldaten der amerikanischen Truppen der 12. Armeegruppe.» Außerdem überreichte er mir eine amerikanische Fahne und eine amerikanische Maschinenpistole.

Einige Tage später begab ich mich zu einem Gegenbesuch in Bradleys Hauptquartier.

Bis Torgau fuhren wir in unseren eigenen Fahrzeugen. Dann geleiteten uns ein Stabsoffizier und ein Dolmetscher nach Leipzig, wo wir von Bradley begrüßt wurden. Er schlug mir vor, mit seinem persönlichen Flugzeug ins Hauptquartier nach Wiesbaden zu fliegen.

Wir nahmen in seiner SI-47 Platz. Zwei Staffeln Jagdflugzeuge begleiteten uns. Pausenlos vollführten sie alle möglichen Manöver, gruppierten sich um und zeigten die höchste Klasse des Verbandfluges. Als wir unweit Kassel landeten, entfernten sich die Jagdflugzeuge effektvoll in unterschiedlicher Höhe – selbst im Tiefflug. Ich hatte den Eindruck, als sollte uns mit dieser Eskorte nicht nur Ehre erwie-

---

Marschall Iwan Konew schenkt General Omar Bradley, dem Oberbefehlshaber der 12. Armee, sein Reitpferd

sen, sondern vor allem die hohe Meisterschaft der Flugzeugführung demonstriert werden.

Den Flugplatz verließen wir mit einer Eskorte der Landstreitkräfte. Ein paar gepanzerten Fahrzeugen folgte ein Auto mit mächtigen Signalen, hinter dem der Wagen mit Bradley, dem Dolmetscher und mir fuhr; den Schluß bildeten ebenfalls Schützenpanzerwagen sowie eine Kolonne von drei Panzern. An der Straße waren in bestimmten Abständen Truppen aller Waffengattungen, mit Ausnahme der Marine, glaube ich, angetreten.

Vor dem Gebäude, an dem wir hielten, hatten sich viele Stabsoffiziere und noch mehr Korrespondenten versammelt.

Im Festsaal bot uns Bradley einen Cocktail an, der, wie er uns sagte, nach seinem Rezept gemixt worden war. Aus einem riesigen Kupferkessel wurde das Getränk mit einer Schöpfkelle in Soldatenkrüge gefüllt. Angeblich war das Tradition. Nun, mir war's recht.

Dann fuhr Bradley mit mir in sein Hauptquartier am anderen Ende der Stadt. Vor dem Portal hatte sich eine Ehrenformation aufgebaut, die ebenfalls alle Waffengattungen repräsentierte. Gemeinsam schritten wir die Front ab; ich grüßte und bat den General «Stillgestanden!» zu kommandieren. Als das getan war, überreichte ich ihm im Auftrag der Sowjetregierung den «Suworow-Orden I. Klasse». Bradley, ein Mann von großer Selbstbeherrschung, zeigte sich in diesem Augenblick doch tief bewegt, wir umarmten uns, und ich gratulierte ihm.

Dann begaben wir uns in den Saal, wo die Tische gedeckt waren. Wie üblich wurden wieder Trinksprüche ausgebracht. Zunächst klopfte der Gastgeber ans Glas, eine Weile später bat ich, auf unsere Begegnung, auf Bradley und auf seine anderen Mitkämpfer und Freunde zu trinken.

Beim Essen wurden militärische Probleme fast überhaupt nicht erörtert. Einziges militärisches Gesprächsthema war Suworow, für den sich Bradley interessierte, nachdem er den Orden erhalten hatte. Wie sich herausstellte, wußte er nichts über diese historische Persönlichkeit, und ich mußte ihm von Suworows wichtigen Kampagnen, auch der italienischen, und dem Schweizer Feldzug erzählen. Abschließend sagte ich, Suworow sei der begabteste Feldherr in der Geschichte der

---

General Omar Bradley schenkt Marschall Iwan Konew einen Militärjeep

russischen Armee gewesen, und der nach ihm benannte Orden sei vor allem ein Feldherrenorden, die höchste Auszeichnung für Feldherren, die große Verbände befehligen, und Marschall Stalin (so verhielt es sich tatsächlich) habe mich beauftragt, ihm, General Bradley, diesen Orden zu überreichen.

Zum Schluß spielten zwei Geiger – ein älterer und ein jüngerer – in amerikanischer Soldatenuniform ein paar herrliche Duos. Ihr virtuoses Können brauchte niemanden zu wundern. Die beiden Soldaten waren der berühmte Geiger Jascha Heifetz und sein Sohn.

In den Pausen zwischen den Darbietungen blickte Bradley mich ein paarmal ironisch an. Ich hatte also richtig vermutet. Er hatte mir nicht geglaubt, daß unser Tanz- und Gesangsensemble aus Soldaten der 1. Ukrainischen Front bestand, und sich entschlossen, mir die «Täuschung» freundschaftlich heimzuzahlen, indem er Jascha Heifetz und Sohn als amerikanische Militärangehörige ausgab.

Von amerikanischer Seite nahmen an dem Essen Generale teil – Armeeoberbefehlshaber, Korps- und Divisionskommandeure. Der Gastgeber äußerte mehrfach sein Bedauern, daß General Patton nicht zugegen war, der, wie er sagte, die beste amerikanische Armee befehligte und der hervorragendste amerikanische General sei, ein Mann, fähig zu kühnem Manöver und entschlossenem Einsatz der Panzertruppen.

Da wir uns mit Hilfe von Dolmetschern unterhielten, gingen mir vielleicht gewisse Nuancen verloren, aber im großen und ganzen hatte ich diesen Eindruck von dem Gespräch.

Bradley selbst gefiel mir – als Mensch und als Militär. Er war nicht mehr jung – ungefähr sechzig Jahre alt –, und er war kräftig, ruhig und beherrscht; den Gang der Ereignisse analysierte er interessant und im allgemeinen richtig. Er wußte, welche Bedeutung mächtiges Artilleriefeuer, Panzer und Fliegerkräfte in diesem Krieg erlangt hatten. Der Charakter des modernen Gefechts war ihm klar, er erkannte, was darin entscheidend, was zweitrangig war. Mit Sachkenntnis urteilte er über unsere Panzer, ihre Ausrüstung, Panzerung und dergleichen.

Kurzum, ich spürte und sah: Ich hatte es mit einem Mann zu tun, der in den Fragen des Einsatzes aller Waffengattungen ausreichend orientiert war – meiner Ansicht nach erstes Merkmal hoher Qualifikation eines Befehlshabers.

Ich gewann den Eindruck, daß er ein echter Soldat war, ein Feldherr, der die in Europa handelnden amerikanischen Truppen würdig vertrat.

Mir imponierte auch, mit welcher Wärme er sich über das sowjetische Volk und seine Armee äußerte. Befriedigt zeigte er sich über unsere letzten Operationen, die er – sicherlich meinte er es so – sehr lobte. Dabei war er sich aller Schwierigkeiten des Kampfes bewußt, den die sowjetische Armee gegen die Faschisten geführt hatte.

Die Rote Armee habe die Hauptlast des Krieges getragen, sagte er mir unumwunden und sprach damit genau das aus, was viele Generale im Westen, die einst unsere Verbündeten gewesen waren, später hartnäckig verschwiegen oder sogar bestritten. In der Einschätzung des Gegners stimmten wir ebenfalls überein. Er hielt die deutsche Armee für stark und gestählt, fähig, verbissen, äußerst geschickt und standhaft zu kämpfen.

Unsere Begegnung verlief und endete ungezwungen und freundschaftlich. Zwischen uns bestanden damals tatsächlich gute Beziehungen. In bester Laune verließ ich Bradley. Erst später begann ich mich über einen kleinen Vorfall zu ärgern.

Ich hatte, als wir uns an die Tafel setzten, gebeten, das vor mir stehende Mikrofon zu entfernen, da es meiner Meinung nach unnötig war, die Tischreden in den Äther zu senden. Und Bradley gab sofort den entsprechenden Befehl. Als ich wieder in meinem Gefechtsstand war und den Rundfunkempfänger einschaltete, drang meine Stimme aus dem Lautsprecher. Meine Tischrede, die ich bei Bradley gehalten hatte, war also auf Tonband aufgenommen worden und wurde nun gesendet. Obwohl ich dem keine große Bedeutung beimaß, hinterließ der Wortbruch, so geringfügig die Sache auch war, einen unangenehmen Nachgeschmack bei mir. Aber möglicherweise hatten sich die Korrespondenten eigenmächtig über Bradleys Anordnung hinweggesetzt und ihn selbst ebenfalls hinters Licht geführt.

Konew, I. S. (1897–1973) – Marschall der Sowjetunion (1944), zweifacher Held der Sowjetunion. Im Bürgerkrieg Kommissar einer Division, eines Korps. Im Großen Vaterländischen Krieg Befehlshaber einer Armee, von Truppen verschiedener Fronten. Nach dem Krieg Inhaber einer Reihe von Kommandostellen in den bewaffneten Kräften der UdSSR.

Juri Timoschenko, Jefim Beresin

Das Konzert jenseits der Elbe

Aus dem Buch «Die Musen führten ins Gefecht»

Der Krieg war zu Ende. Das spürte man auch im Stab der Armee, die W. I. Tschuikow, der künftige Marschall der Sowjetunion, befehligte. Wir waren hergekommen, um den großen Sieg des sowjetischen Volkes zu feiern.

Am 9. Mai, während des feierlichen Siegessaluts, feuerten wir mit den Helden des Sturms auf Berlin unsere Waffen in den still gewordenen Himmel der deutschen Hauptstadt ab.

Es war Frieden.

Bald darauf gaben wir für unsere amerikanischen Verbündeten jenseits der Elbe ein Konzert, das lange und sorgfältig vorbereitet worden war.

Chorleiter J. P. Schejnin war entschlossen, die Amerikaner durch beispiellos filigranen Chorgesang zu verblüffen, und hatte zu diesem Zweck das schlichte amerikanische Liedchen «Mit niemand darfst du im Garten sitzen» ausgewählt.

«Das Lied muß so klingen», sagte der künstlerische Leiter verzückt, «daß man an zartes Spitzenwerk denkt, aus feinsten Stimmfäden geklöppelt.»

Lange überlegten wir, welche Tonart am vorteilhaftesten sei. Dreimal wurde die Orchestrierung umgearbeitet. Vom frühen Morgen bis in die späte Nacht wurde unentwegt dieses eine Lied geprobt, und das Ensemble haßte es allmählich wie die Pest.

Als die Choristen eines Tages nahe daran waren, den Dirigenten zu erwürgen, wurde befohlen: «Probe beenden! In einer Stunde Abfahrt zur Elbe! Paradeuniform! Waffen hierlassen!»

Die Elbe. Vor einer zerstörten Brücke hielten wir an. Ein amerikanischer Lastkahn erwartete uns. Wir stiegen aus den Bussen und umringten den an der Übersetzstelle stehenden amerikanischen Soldaten, der grinsend Kaugummi kaute.

Endlich bot sich uns eine Gelegenheit, mit unseren englischen Sprachkenntnissen zu «prunken», und gewandt stellten wir eine Reihe hochintellektueller Fragen: «Wie geht es Ihnen?» – «Wie alt sind Sie?» – «Wie spät ist es?»

Berücksichtigt man, daß wir stets ein «Mister» anhängten, so war das recht effektvoll.

Der Soldat antwortete ausführlich, mit einem Schwall von Worten. Obwohl wir nur ein Drittel davon verstanden, nickten wir beifällig und lächelten. Einige Male versuchte der Amerikaner etwas zu fragen. Da wir fürchteten, ihm nicht Bescheid geben zu können, unterbrachen wir ihn, indem wir uns – auf englisch! – entschuldigten und ihm unverzüglich irgendeine neue «geistreiche» Frage stellten.

Als unser Vorrat an englischen Phrasen erschöpft war, bemerkten wir am Helm unseres Gesprächspartners die Aufschrift «Krowtschak». Wir erkundigten uns nach der Bedeutung.

«Krowtschak? So heiße ich!»

«Entschuldigung, aber das ist doch ein ukrainischer Name! Sind Sie etwa Ukrainer?»

«Gewiß... Ich heiße Hwedko Krowtschak...»

Wir bogen uns vor Lachen.

Nach dem kehligen Englisch, das der Amerikaner von sich gegeben hatte, war es ulkig, ihn ukrainisch palavern zu hören, dazu noch in einem Dialekt, den man nur in entlegenen Karpatendörfern antrifft.

Er erzählte uns, daß sein Vater aus Ternopol stamme und bereits vor dem ersten Weltkrieg nach Amerika ausgewandert sei. Der Vater tue alles, damit die Familie die Heimatsprache nicht vergesse. Zu Hause dürfe nie englisch gesprochen werden, und obwohl sie in New York lebten, koche die Mutter immer noch Borschtsch, Galuschki, Wareniki und Pampuschki mit Knoblauch zu Mittag.

Von ihm erfuhren wir, daß anläßlich unseres Besuchs aus allen in der Nähe untergebrachten amerikanischen Truppenteilen die Soldaten slawischer Abstammung zusammengetrommelt worden waren. Sie sollten als Dolmetscher fungieren.

Bei unserer Ankunft war die große Scheune, die als Theater diente, bereits überfüllt. Noch mehr Militärangehörige drängten sich draußen. Sie empfingen uns mit herzlichem «Hallo!» und musterten uns neugierig.

Sobald die Generalität eingetroffen war, mußte das Ensemble auf die Bühne.

Das Konzert begann mit den Nationalhymnen. Bevor wir mit unserem Auftritt an der Reihe waren, spähten wir durch ein Löchlein in der Kulisse und beobachteten, wie anderthalbtausend Zuschauer, mit den Kiefern rhythmisch mahlend, Kaugummi kauten. Wenn ein Sänger einen hohen Ton sang oder ein Tänzer ein Kunststückchen machte, verharrten die mahlenden Kiefer wie auf Kommando.

Nach jeder Darbietung wurde in für uns ungewohnter Weise gepfiffen, gebrüllt und donnernd applaudiert. Die meisten Nummern mußten wiederholt werden. Wir beide hatten ein Zwischenspiel in englischer Sprache einstudiert, das ebenfalls großen Anklang fand.

Schließlich wurde das amerikanische Lied angekündigt. Der Dirigent wartete, bis absolute Stille herrschte. Dann trat er zu den Bässen und flüsterte: «Denkt an das Legato in der zweiten Zeile der dritten Strophe!»

Die Posaunisten mahnte er: «Möglichst sanft die erste Note beim zweiten Mal!»

Schließlich warf er die Hände hoch, und das Orchester begann mit einem flotten Vorspiel.

Im Saal, der vor Erwartung wie elektrisiert gewesen war, wurde es unruhig. Die Zuschauer begannen im Takt der Musik die Köpfe zu wiegen.

Mit einem vollen siebenstimmigen Akkord setzte der Chor ein, aber noch ehe er zwei Takte geschafft hatte, sangen die Amerikaner mit heiseren, rauhen Stimmen mit.

Der Dirigent erstarrte. Und obwohl er die Hände sinken ließ, wurde weitergesungen. Die Zuschauer, auch die Generale, klatschten den Rhythmus und schmetterten:

«Mit niemand darfst du im Garten sitzen
   Unter dem Apfelbaum am Teich,
   Bevor ich nicht komme,
   Bevor ich nicht komme. Haha!»

Der vereinigte russisch-amerikanische Chor sang, ohne sich um die vom Dirigenten ausgeklügelten Nuancen zu kümmern, so kraftvoll, daß es schien, die Wände würden einstürzen und die Decke davonfliegen, um diese Explosion frohlockender Stimmen zum Himmel aufsteigen zu lassen.

Die Chorsänger und die Musiker schüttelten sich vor Lachen. Die

Trompeter und die Posaunisten verspielten sich, da ihnen die Lippen nicht gehorchten. Die Ziehharmonikaspieler bissen sich auf die Zunge, um ernst zu bleiben, aber die Tränen, die ihnen über die Wangen kollerten, verrieten sie. Auch der Chor «weinte».

Als das Lied zu Ende war, lief der ranghöchste General zur Bühne und bat um eine Wiederholung, und den Dirigenten forderte er auf, dem Saal zugewandt zu dirigieren – so werde das Lied noch besser klingen.

Die Bitte mußte erfüllt werden.

Nach dem Konzert sprach uns derselbe General den Dank für das Vergnügen aus, das wir ihnen bereitet hatten, und bat zum Bankett.

Damit hatte es seine eigene Bewandtnis. Die Kommandeure der Truppenteile der Armee, in der wir uns befanden, hatten sich nicht einigen können, wer uns bewirten sollte, und jeder für sich hatte ein Festessen arrangiert. Um niemanden zu kränken, mußten wir nun in Gruppen zu drei, vier Mann in die verschiedenen Truppenteile fahren.

Auf der Straße erwartete uns eine lange «Willys»-Kolonne. Unser Begleiter und Dolmetscher war seiner Nationalität nach Pole. Er versicherte uns seiner herzlichen «przyjaźń», eines Gefühls, das, wie er ausdrückte, alle amerikanischen Soldaten für ihre russischen Verbündeten hegten.

Als unser Jeep anfuhr, sprang ein Soldat zu uns herein.

Es gab einen Wortwechsel, der Pole ließ halten und ersuchte den Eindringling auszusteigen. Der weigerte sich. Da warf der hünenhafte Fahrer ihn einfach hinaus. Ein Offizier eilte herbei und befahl, den Unbekannten mitzunehmen.

«Das ist ein Spitzel», flüsterte uns der Pole zu und fluchte laut.

Während der Fahrt war unser Begleiter nervös. Er beruhigte sich erst, als wir an Ort und Stelle waren.

Vor der Kantine wurden wir von einem rotwangigen Koch mit schneeweißer Kochmütze empfangen. Er überreichte jedem von uns einen kleinen Blumenstrauß und riß wirkungsvoll die Saaltür vor uns auf.

Sobald wir am festlich gedeckten Tisch Platz genommen hatten, schalteten die Gastgeber das elektrische Licht aus und zündeten Kerzen an. Das schaffe die geeignete Atmosphäre für unser Treffen, meinte der Pole. Als ein Toast fällig war, klopfte er an sein Glas und bat uns aufzustehen. Dann wies er auf die Medaille «Für die Verteidigung Stalingrads» und rief: «Jeder Russe, der mit solch einer Medaille ausgezeichnet worden ist, muß von Amerikanern, Engländern und Franzosen auf Händen getragen werden!»

Beifall prasselte, zustimmende Rufe und ein donnerndes «Vivat!» erklangen.

Die Stille, die sich nach dem ersten Gläschen gewöhnlich breitmacht, wurde von dem uns gegenüber sitzenden Spitzel unterbrochen. Er hustete krampfhaft, wurde hochrot und spie aus. Jemand hatte ihm Essig eingeschenkt.

Dieser «jemand» war, wie sich später erwies, der Fahrer unseres Jeeps. Er schikanierte den Spitzel während des ganzen Abends. Beim zweiten Trinkspruch zog er ihm unbemerkt den Stuhl weg, und als der Spitzel sich setzen wollte, plumpste er auf den Fußboden. Dann versengte der Fahrer ihm mit einer der Tafelkerzen die an der Stuhllehne hängende Feldmütze.

Trompeter in unserem Orchester war Nikolai Rudoi, der eigentlich, so stand es in seinem Ausweis, Mikolai Rudy hieß (ukrainisch – der Rothaarige). Allerdings nannte er selbst sich Niko Rudol, und wenn ihn jemand Rudoi oder Rudy rief, reagierte er nicht. Er war ein Jazzfanatiker. Als das Bankett in vollem Gange war, gestand Rudoi, die Trompete mitgebracht zu haben, um den überseeischen Jazzkennern aufzuspielen. Sein Einfall wurde begeistert begrüßt. Und sogleich war ein Soldat zur Stelle, der ausgezeichnet Klavier spielte.

Timoschenko und der Pole, die eine Art Doppelconférence machten, verkündeten, Niko Rudol (er hatte ausdrücklich gebeten, ihn so anzusagen) werde eine Improvisation auf das Thema eines damals populären Liedes aus dem amerikanischen Film «Serenade des Sonnentals» spielen.

Klavier und Trompete intonierten die bekannte Melodie. Dann beschleunigte der Pianist das Tempo, den Trompeter gleichsam anstachelnd, und variierte das Hauptthema ein wenig.

Die Reihe kam an die Trompete. Niko, sichtlich aufgeregt, setzte das Instrument an, ging mit lautem Glissando unvermittelt eine Oktave höher und begann seine Improvisation. Die Trompete quakte wie ein Frosch, blökte wie ein Schaf, brüllte, winselte, weinte und pfiff schließlich so hoch und anhaltend, daß die Amerikaner, ohne das Ende abzuwarten, wie wild applaudierten und Niko jubelnd in die Höhe warfen.

Jedermann war überzeugt, einen der bedeutendsten Trompeter

Rußlands erlebt zu haben. Niko entgegnete: «Ich bin bloß der zweite Trompeter in Winniza. Sie müßten mal den ersten hören!»

Die von der hohen Jazzkultur der ihnen unbekannten Stadt erschütterten Amerikaner bestürmten uns mit Fragen nach diesem erstaunlichen Winniza.

Juri Timoschenko (1919–1986) und Jefim Beresin (geb. 1919) – Volkskünstler der UdSSR. 1941 absolvierten sie das Kiewer Theaterinstitut und wurden sofort ins Rotarmisten-Tanz- und Gesangsensemble der Südwestfront aufgenommen. Mit den Truppen der Roten Armee legten sie den Weg von Kiew und Stalingrad bis zur Elbe und nach Berlin zurück.

Sergej Kruschinski

Bei Torgau

Aus der «Prawda» vom 28. April 1945

Wer hat je von Torgau gehört, dem deutschen Städtchen an der Elbe? Wodurch ist es bekannt? Kaum einer vermag darauf zu antworten. Nun aber geht dieser Ort in die Geschichte ein. Am 25. April, um 13.30 Uhr, haben sich hier, mitten in Deutschland, die Truppen der 1. Ukrainischen Front und die mit uns verbündeten amerikanischen Truppen vereinigt, nachdem sie die Front durch Schläge von Osten und Westen spalteten. Dadurch sind die in Norddeutschland stehenden faschistischen deutschen Armeen von den Truppen in den südlichen Bezirken Deutschlands abgeschnitten.

Ich flog am Morgen zur Elbe. Eine gute Stunde dauerte der Flug über das von unseren Truppen in den Tagen der Aprilschlacht eroberte Gebiet. Die Neiße und die Spree blitzten auf. Hinter ihnen dehnten sich große Waldgebiete mit eingestreuten Siedlungen und Städtchen. Überall waren noch die frischen Spuren der gewaltigen Schläge unserer Waffen sichtbar. An den Waldrändern wanden sich die vom Gegner ausgehobenen Schützengräben. Die Lichtungen waren von Stellungen übersät. In den Städten und Dörfern waren die Straßen verbarrikadiert.

Von dem Schicksal, das die gegnerischen Verteidigungslinien in dem breiten Gebiet zwischen Spree und Elbe ereilt hatte, zeugten die im Stich gelassenen Kanonen mit den geborstenen Rohren, die ausgebrannten Panzer, die mit dem Plunder aus den zertrümmerten Troßfahrzeugen übersäten Straßen; und je weiter wir nach Westen kamen, desto deutlicher und frischer wurde das Bild der militärischen Zerschlagung des faschistischen Deutschlands. Die Feuerströme unserer Offensive hatten alles hinweggefegt, sämtliche Hindernisse beseitigt.

Flüchtlinge am Ufer der Elbe

15 Yanks treffen Rote

Hitlerdeutschland bricht auseinander. Die örtlichen Führer versuchen nicht mehr, ihre Kanzleien abzutransportieren – sie können nirgends mehr hin. An den Elbufern haben unsere Truppen Massen von Flüchtlingen vorgefunden – aus Ost und West, die hier aufeinandergestoßen und geblieben sind, da es keinen Rückzugsweg mehr gibt ...

Es ist nicht leicht, jetzt schon die ganze Bedeutung der Tage zu erfassen, die wir augenblicklich erleben. Jede Kleinigkeit ist wichtig für die Geschichte. Später wird man sich streiten – war der 25. April heiter oder trüb, wehte ein starker Wind? Noch nehmen unsere Soldaten, von kämpferischer Begeisterung erfüllt, den Wechsel von Tagen und Nächten kaum wahr, allenfalls merken sie, daß die Apfelbäume schon in Blüte stehen, wenn sie einen frischen Zweig am Helm befestigen.

Kurz vor diesem historischen Tag war ich in Berlin, wo unsere Truppen den in Granit gefaßten breiten Teltowkanal forcierten. Flugzeuge kamen in Schwärmen von Süden und bombardierten die Steingebäude am anderen Ufer, in denen sich der Gegner verschanzt hatte, während unsere Pioniere Übergänge für die Panzer bauten. Mit welchem Elan, mit welchem Feuer gingen die sowjetischen Soldaten vor! Von der vorderen Linie trafen Nachrichten ein – eine freudiger als die andere: Ein paar U-Bahn-Stationen waren genommen, unsere Truppenteile drangen tiefer und tiefer ins Stadtzentrum vor.

Da die historische Aprilschlacht nun ihre Früchte trug, da sich Berlins Pflaster vor unseren Soldaten demütig ausbreitete, war ihr Geist leichter zu begreifen. Man stelle sich die allgemeine Situation vor, wie sie sich um den 20. April herum an der 1. Ukrainischen Front darbot. Unsere Truppenteile hatten die Neiße forciert und stürmten tapfer vorwärts. Die beweglichen Truppen stießen von der Spree aus sofort weit nach Westen vor, die ihnen folgenden Truppen entfalteten sich fächerförmig und führten, die großen befestigten Ortschaften umgehend, einen komplizierten Manöverkrieg, wobei sie bedeutende Gruppen des Gegners einkreisten und vernichteten.

Die deutsche Führung mühte sich redlich, die Offensive unserer Truppen zu stoppen. Vergebens. Die Verteidigung des Gegners wurde mit jedem Tag schwächer. Schließlich brach sie zusammen und löste sich auf.

Und nun sind unsere Soldaten an der Elbe, in Deutschlands Zentrum ... Unser Flugzeug fliegt durch Wolken warmen Rauchs über brennenden Wäldern. Hier und da sind die Straßen grün gefleckt – dort werden Gefangene eskortiert. Sie werden von den bunten Kolonnen der befreiten Gefangenen Deutschlands überholt, die nach Osten ziehen. Lange winken die Menschen uns zu. Der Pilot, Oberleutnant Sjomin, antwortet mit einem Schaukeln der Tragflügel. Dabei läßt er keine Sekunde den Boden und den Himmel außer acht, denn in den Wäldern treiben sich noch Gruppen gegnerischer MPi-Schützen umher, und am Himmel tauchen manchmal einzeln und paarweise faschistische Jagdflugzeuge auf.

Die Front rückt immer näher. Dort drüben stellen unsere Pioniere die Brücken wieder her, die einen Kanal überspannen. In den Stellungen stehen getarnte Kanonen. Der Pilot malt, um das vor uns liegende Gelände zu betrachten, komplizierte Muster in die Luft. Und dann endlich blitzt die Elbe auf, die zwischen flachen Ufern durch eine offene Ebene strömt.

Noch ein Blick, und Sjomin schreibt mit riesigen Buchstaben auf ein Blatt Papier: «Die letzte Linie!» Ein ungewöhnliches Bild bietet sich uns dar: verstummte Waffen. Kanonen, Maschinengewehre – alles an seinem Platz, aber alles still. Und die Menschen, die Menschen der vorderen Linie, wieseln ungezwungen zwischen den Stellungen umher. Das ist so merkwürdig, daß es einem schwerfällt, nicht an einen Traum zu glauben.

Das Flugzeug landet am Elbufer. Die Soldaten und Offiziere, die sich im Fluß schon den Staub und Ruß abgewaschen haben, lächeln feierlich, die ungewohnte Situation erregt sie. Nachdem sie die Waffen gereinigt und sich in Ordnung gebracht haben, schreiben sie Briefe, und allein die Möglichkeit, sich all dem in Ruhe widmen zu können, stimmt sie froh. Und das ist tatsächlich wunderbar.

Im Gefechtsstand des Regiments erfahren wir, daß sich unsere und amerikanische Aufklärer bereits am Morgen – erstmalig und ganz inoffiziell – begegnet sind. Dann ist mit einer Fähre eine Gruppe von Amerikanern ans östliche Elbufer gekommen, Kompaniechef Oberleutnant Goloborodko hat dem Führer der amerikanischen Aufklärungspatrouille Lieutenant Kotzebue die Hand geschüttelt.

Wir machen Oberleutnant Goloborodko ausfindig. Mit Vor- und Vatersnamen heißt er Grigori Stepanowitsch. Er stammt aus dem Krementschuger Rayon, Gebiet Poltawa. Von Beruf ist er Schlosser und Mechaniker. In den Krieg ist er schon 1941 gezogen. Seitdem hat er viel durchgemacht. Nach der Forcierung der Neiße hat er bis zum letzten Tag an den Kämpfen teilgenommen, ohne einen Augenblick der Ruhe zu kennen.

Wir haben das Glück, auch den amerikanischen Lieutenant zu finden. Mit etlichen seiner tapferen Jungs besichtigt er, ein Held dieser Tage, das riesige Kriegsgefangenenlager am Ostufer der Elbe. Tausende von Gefangenen sind in den Folterkammern dieses schrecklichen Lagers von der Hand faschistischer Henker getötet worden, Tausende Überlebender wurden von der Roten Armee gerettet.

Buck Kotzebue stammt aus Houston, Staat Texas. Vor der Mobilmachung hat er an der Universität studiert. In der handelnden Armee ist Lieutenant Kotzebue seit dem 12. Februar 1945. Er hat die Frühjahrsoffensive mitgemacht und ist an der Spitze einer Aufklärungspatrouille ans Westufer der Elbe gekommen, wo er feststellte, daß die Russen das gegenüberliegende Ufer bereits in breiter Front vom Gegner gesäubert hatten.

«All right!» ruft der Lieutenant aus.

Dieser Streifen, wo die Begegnung der beiden verbündeten Armeen stattgefunden hat, bietet viel Interessantes. In Riesa besichtigen wir die gesprengten Brücken. Die Eisenbahnbrücke hat der Gegner nur am Westufer gesprengt. Die Straßenbrücke ist ganz und gar ins Wasser gesunken. Aber diese Maßnahme hat sich, ebenso wie alle sonstigen, als nutzlos erwiesen. Die verbündeten Armeen haben sich den Brücken von beiden Seiten genähert – von Osten und von Westen.

An den Zufahrten zur Elbe stehen Transportzüge mit Flüchtlingen. Die deutsche «Frontverkürzung» hat hier ihr Ende gefunden. Die Front hat sich dermaßen verkürzt, daß sie spurlos verschwunden ist.

Abend. Unser Flugzeug ist aufgestiegen und dreht eine Abschiedsrunde über der Elbe. Wir fliegen nach Osten. Hier, wo die Begegnung der sowjetischen und amerikanischen Truppen stattgefunden hat, herrscht bereits Stille. Aber weiter nördlich und südlich geht der hartnäckige Kampf weiter. Dort ist der Himmel von Rauch und Staub verhüllt. Rastlos arbeitet die mächtige sowjetische Artillerie. Panzer, von geschickter Hand gelenkt, legen kämpfend neue Dutzende Kilometer zurück, und ihre Ketten glänzen wie die Pflugschar eines arbeitsamen Pflügers. Unsere ruhmreiche Infanterie marschiert und marschiert, ohne Müdigkeit zu kennen, von einer Idee, einem Gedanken beseelt – dem Gegner den Rest zu geben.

Nichts vermag diesem Ansturm standzuhalten.

Sergej Kruschinski (1909–1959) – Journalist, in den Kriegsjahren Sonderkriegsberichterstatter der Zeitung «Komsomolskaja Prawda».

Michail Shdanow

In jenen denkwürdigen Tagen

In Torgau, am westlichen Elbufer, steht ein Denkmal in Form eines Obelisken. Darauf sind die Worte zu lesen: «Hier, an der Elbe, vereinigten sich am 25. April 1945 die Truppen der Ersten Ukrainischen Front der Roten Armee mit den amerikanischen Truppen. Ruhm der siegreichen Roten Armee und den heldenmütigen Truppen unserer Verbündeten, die den Sieg über das faschistische Deutschland errangen.» Jeder Besucher Torgaus ehrt durch eine Schweigeminute das Andenken der Toten und der Lebenden, die um den Preis großer, unersetzlicher Verluste hierher kamen und den Sieg über den deutschen Faschismus näher brachten.

Eines Tages wurde ich von der Front nach Moskau beordert, wo man mir sagte, ich solle mich darauf vorbereiten, TASS-Kriegsberichterstatter bei unseren Verbündeten zu werden. Und so kam ich am frühen Morgen des 24. April im Stab der amerikanischen 1. Armee des Generals Hodges an, der seinen Standort vierzig Kilometer westlich der Elbe, unweit von Torgau, hatte. General Hodges hielt mich für einen offiziellen Vertreter der Roten Armee, entsandt, um Vereinbarungen über Zeit und Ort der Begegnung der verbündeten Armeen zu treffen. Ich erklärte ihm, daß ich TASS-Korrespondent bei den verbündeten Truppen sei und keinerlei diesbezügliche offizielle Vollmachten besitze. Er überlegte ein Weilchen und sagte dann: «Na, macht nichts, Sie sind Major der Roten Armee, und wir bitten Sie, eine Zeitlang ebendiese Rolle zu spielen. Helfen Sie uns, mit einem Truppenteil Ihrer Armee Verbindung aufzunehmen und festzulegen, wo sich unsere Truppen begegnen sollen.»

Hodges befahl, mir ein Feldfunkgerät zur Verfügung zu stellen. Zunächst blieb jedes Echo aus. Meine Mitteilungen wurden offenbar als deutsche Provokation aufgefaßt. Erst nach ungefähr einer Stunde antwortete mir der sowjetische Funker Leutnant Karassew.

Eingehend erkundigte er sich nach der Dislozierung der amerikanischen Truppen, bevor er mir sagte, daß sich die sowjetischen Truppenteile bei Torgau befänden. Nachdem ich General Hodges informiert hatte, befahl er, zwei Aufklärungspatrouillen an die Elbe zu schicken.

Die eine Gruppe sollte Second Lieutenant William Robertson führen. Der sehr gesprächige hübsche Robertson war damals erst zwanzig Jahre alt. Ich bat um die Erlaubnis, mich ihm anzuschließen, und es wurde mir gestattet. Am 25. April brachen wir in Richtung Torgau auf. Wenig später erreichten wir die Elbe und sahen am östlichen Ufer unsere sowjetischen Soldaten. Sie musterten uns erstaunt. Aufgeregt machte ich ihnen klar, daß ich Major der Roten Armee sei und mich als Kriegsberichterstatter bei den amerikanischen Truppen aufhalte. Die Leute neben mir seien amerikanische Aufklärer. Dann gingen sie und wir auf die gesprengte Brücke. Dort tauschten sowjetische und amerikanische Soldaten die ersten Grüße und Händedrücke.

Michail Shdanow wurde 1910 geboren. Er absolvierte die historische Fakultät des Moskauer Instituts für Geschichte, Philosophie und Literatur. 1944 bis 1945 war er TASS-Korrespondent beim Stab der Truppen der Verbündeten. Er nahm an der Landung der verbündeten Truppen in Südfrankreich teil.

Konstantin Simonow

Die letzte Dienstreise

Aus dem Buch «Verschiedene Kriegstage»

Am 21. April flog ich an die 1. Ukrainische Front, die sich zu der Zeit mit ihrem rechten Flügel Berlin, mit dem Zentrum der Elbe näherte.

Diese letzte Dienstreise, die bis Kriegsende dauerte, unternahm ich mit Sascha Kriwizki, der wie ich für die «Krasnaja Swesda» arbeitete. Die Redaktion hatte uns einen einzigen, dafür aber kategorischen Auftrag erteilt. Um jeden Preis dabeizusein, wenn sich unsere Truppen mit den Amerikanern vereinigten.

Nachdem wir im Frontstab angekommen waren und uns informiert hatten, fuhren wir sofort in die 5. Gardearmee des Generals A. S. Shadow, an deren Abschnitt die Vereinigung höchstwahrscheinlich stattfinden würde.

Ich war bei Stalingrad in dieser Armee gewesen, als sie sich noch 66. nannte und R. J. Malinowski sie befehligte. General Shadow hatte das Kommando ein wenig später übernommen, und ich lernte ihn erst hier in Deutschland kennen. Der Armeeoberbefehlshaber hatte überhaupt keine Zeit für uns. Natürlich war er sich der Bedeutung des bevorstehenden Ereignisses, der Begegnung mit den Amerikanern, bewußt, und ihm leuchtete auch unser großes Interesse daran ein, doch er hatte in diesem Augenblick ganz andere Sorgen. An der jenseitigen Flanke seiner Armee waren äußerst erbitterte Kämpfe mit den Deutschen im Gange, die einen Gegenschlag geführt hatten. Als er dorthin aufbrach, sprach er ein paar Worte mit uns und schickte uns in Baklanows Korps, das sich an einem relativ ruhigen Frontabschnitt der Elbe näherte.

Der Armeeoberbefehlshaber hatte uns richtig beraten. Genau dort, bei G. W. Baklanow, dem fünfunddreißigjährigen General, einem der drei jüngsten Korpskommandeure in unserer Armee, trafen wir zwei Tage später mit den Amerikanern zusammen.

Das war am 25. April unweit des Städtchens Torgau an der Elbe.

Kriwizki und ich wohnten ihr und auch den beiden anderen Begegnungen bei, zu denen es an den folgenden Tagen kam. Geblieben sind mir Fotos, die dort an der Elbe aufgenommen wurden und sowjetische und amerikanische Soldaten und Offiziere zeigen, geblieben sind mir Souvenirs in der Tischschublade – vernickelte amerikanische Dienstgradabzeichen, für die ich die Offizierssternchen von den Reserveschulterstücken gab, geblieben ist mir der Entwurf des knappen Berichts, den ich aus der Torgauer Gegend an die «Krasnaja Swesda» schickte. Darin sind die Kommandeure der Divisionen genannt, die sich als erste vereinigten – der amerikanische General Reinhardt und unser General Russakow sowie der amerikanische und unser Patrouillenführer –, die Leutnants Robertson und Silwaschko, die sich an der Elbe trafen, als endlich kein einziger deutscher Soldat mehr zwischen ihnen stand.

Und geblieben ist mir die Erinnerung an die Freude, die ich empfand, eine große, noch durch keinerlei Zweifel und Befürchtungen belastete Freude.

Vieles ist mir in Erinnerung geblieben. Aber in meinen Notizbüchern jener Zeit ist über all dies nichts vermerkt, kein einziges Wort.

Es ist immer interessant, sich zu überprüfen und in die Primärquellen zu blicken. Ich war mir nicht sicher, wann genau ich Zeuge der beiden folgenden Begegnungen zwischen unseren und amerikanischen Offizieren und Generalen dort, an der Elbe, wurde.

Wie stets halfen mir die Archive.

«Am Nachmittag des 26. April fand eine Begegnung zwischen Divisionskommandeur General Russakow und dem Kommandeur der amerikanischen 69. Infanteriedivision General Reinhardt statt. ... Außerdem waren Gen. Shdanow, TASS-Vertreter bei der amerikanischen 1. Armee, der Schriftsteller Konstantin Simonow sowie Korrespondenten und Reporter amerikanischer, englischer und französischer Zeitungen anwesend. Insgesamt 38 Personen. Ort der Begegnung war ein Herrenhaus am Ostufer der Elbe, im Unterbringungsraum des zweiten Bataillons des 173. Gardeschützenregiments.»

In der folgenden, ebenfalls vom Leiter der Politabteilung der 58. Gardedivision Oberst Karpowitsch unterschriebenen Meldung ist bereits von einem Treffen der Korpskommandeure General Baklanow und General Huebner am 27. April die Rede, und abermals wird erwähnt, daß Korrespondenten anwesend waren.

Wahrscheinlich fuhren Kriwizki, der bei der amerikanischen Armee akkreditierte Major Shdanow und ich noch am Abend nach dieser Begegnung über die Elbe zu den Amerikanern.

Notizen über diesen Ausflug besitze ich ebenfalls nicht.

Aber einige Einzelheiten haben sich meinem Gedächtnis eingeprägt, und sicherlich sind sie erwähnenswert.

Ich erinnere mich an das Abendessen in der Runde amerikanischer Offiziere und an das Gesicht unseres Fahrers Wanja, als er hochaufgerichtet dastand und mit starker Stimme, die wie eine Saite gespannt war, ein Lied aus den dreißiger Jahren sang, das von dem damals noch nicht begonnenen, nun vor unseren Augen zu Ende gehenden Krieg handelte.

Ich erinnere mich an eine durchwachte Nacht in der deutschen Stadt Naumburg, wo in dem alten Dom ein Wunder mittelalterlicher Kunst steht – die berühmte Statue der Fürstin Uta, von deren Existenz ich damals nicht die geringste Vorstellung hatte.

In Naumburg befand sich das Presse-Camp – Hauptquartier der zur amerikanischen 1. Armee kommandierten Militärkorrespondenten. Und diese Nacht entwickelte sich zur ersten wechselseitigen inoffiziellen Pressekonferenz des Krieges, die bis in den Morgen hinein dauerte; Kriwizki und ich standen hundert oder hundertfünfzig Amerikanern, Engländern, Franzosen, Kanadiern, Australiern und Neuseeländern gegenüber ...

In Japan dann, wo ich als Korrespondent der «Krasnaja Swesda» zu McArthurs Stab kommandiert war, liefen mir amerikanische Journalisten über den Weg, die mich und jene Nacht in Naumburg nicht vergessen hatten.

Viele Jahre nach dem Krieg war ich wieder in Naumburg, und obwohl ich lange suchte, gelang es mir nicht, den deutschen Schülern und ihrem Lehrer – Heimatgeschichte-Enthusiasten – das Haus zu zeigen, in dem das Presse-Camp untergebracht gewesen war.

Ich erinnere mich an das zu der Zeit noch von den Amerikanern besetzte Leipzig, wo ich die deutschen Schutzleute anstaunte, die in voller Uniform, wenn auch unbewaffnet, auf allen Kreuzungen standen.

Und ich erinnere mich an das unter dem Schutz der Amerikaner stehende Lager unserer Kriegsgefangenen bei Leipzig, wohin uns ein Oberst vom amerikanischen militärischen Aufklärungsdienst brachte, der seinen Beruf übrigens keineswegs verhehlte.

Das Lager ist mir deutlicher als alles andere gegenwärtig. Immerhin kommt meinem Gedächtnis ein von mir verfaßter kleiner Artikel zu Hilfe, der Ende 1945 in der «Komsomolskaja Prawda» abgedruckt wurde.

«Wir gehen durch das Tor. Zunächst treffen wir ein gleichgültiges blasses Mädchen. ‹Sind Sie Russin?› frage ich.

‹Ja, Russin›, antwortet sie und mustert uns zweifelnd.

Und da erst begreife ich, daß sie uns wegen der neuen Uniform mit den Schulterklappen nicht als Landsleute erkannte.

Wir gehen weiter. Ein Mann springt auf, läuft auf uns zu und ruft: ‹Unsere!› Jählings macht er kehrt und verschwindet in einer Baracke.

Während wir durch das Lager wandern, gesellen sich immer mehr Menschen zu uns. Als wir auf dem von Stacheldraht umgebenen Platz stehen, sind wir von einer tausendköpfigen Menge umringt.

Ich steige die Stufen einer Treppe hinauf. Vor Aufregung stolpere ich. Mir zittern die Knie. Ich fürchte umzufallen. Gleich muß ich als Abgesandter der Heimat Worte sprechen, die hier jahrelang nicht vernommen wurden.

Meine Kehle ist wie ausgedörrt. Ich bringe keine Silbe hervor. Mein Blick schweift über das Meer der dichtgedrängt stehenden Menschen.

Ich weiß, daß dies ein Straflager ist. Die Insassen sind Kriegsgefangene, die wegen schlechter Führung hergebracht wurden, und Zwangsverschleppte, die die Arbeit verweigerten. Die in ihre Gesichter geschriebene Leidenschronik gibt nicht einmal den zehnten Teil dessen wieder, was die Menschen durchgemacht haben.

Wie in Trance spreche ich.

Dann gehe ich die Stufen hinunter, und der Offizier, der mit mir gekommen ist, stellt sich auf die Treppe. Auch er hält eine Ansprache, wahrscheinlich sagt er das gleiche wie ich. Obwohl ich den Sinn seiner Worte nicht erfasse, packt mich wilde Wiedersehensfreude. Ich beginne zu weinen, als ich um mich blicke, sehe ich alle weinen.

Dann nehmen wir Abschied, und die unabsehbare Menge geleitet uns durchs Lager.

Neben mir geht ein Mann, der auf seiner Ziehharmonika spielt. Er hat die Lippen fest zusammengepreßt. Statt zu reden, spielt er lieber, denn ihm sind alle Zähne ausgeschlagen worden, und er nuschelt wie ein Greis ...»

Vielleicht würde ich das heute besser beschreiben, aber dieser Zeitungsartikel ist wertvoll für mich, weil ich ihn nah am Krieg verfaßt habe, und ich will die Worte jener Zeit nicht durch heutige ersetzen.

Allerdings möchte ich zwei Einzelheiten hinzufügen, die im Artikel fehlen – sie sind nur in meinem Gedächtnis vorhanden: In meiner Rede rezitierte ich mein Gedicht «Wart auf mich», und unter den Weinenden war auch der amerikanische Oberst, der uns in das Lager gebracht hatte.

> Wart auf mich, ich komme zurück,
> aber warte sehr.
> Warte, wenn der Regen fällt,
> grau und trüb und schwer.
> Warte, wenn der Schneesturm tobt,
> wenn der Sommer glüht,
> warte, wenn die andern längst,
> längst des Wartens müd.
> Warte, wenn vom fernen Ort
> dich kein Brief erreicht.
> Warte – bis auf Erden nichts
> deinem Warten gleicht.
>
> Wart auf mich, ich komm zurück.
> Stolz und kalt hör zu,
> wenn der Besserwisser lehrt:
> «Zwecklos wartest du!»
> Wenn die Freunde, Wartens müd,
> mich betrauern schon,
> trauernd sich ans Fenster setzt
> Mutter, Bruder, Sohn.
> Wenn sie, mein gedenkend, dann
> trinken herben Wein,
> du nur trink nicht – warte noch:
> mutig – stark – allein.

Konstantin Simonow (1915–1979) – sowjetischer Schriftsteller, Mann des öffentlichen Lebens. Verfasser von Poemen, staatsbürgerlicher Lyrik, Büchern und Filmszenarien. Simonows Trilogie «Die Lebenden und die Toten» wurde mit dem Leninpreis ausgezeichnet.
Die Nachdichtung von «Wart auf mich» besorgte Clara Blum.

Teil III

Vierzig Jahre danach

Einleitung

Joseph Polowsky blieb dem «Schwur an der Elbe» treu – im Leben und im Tod. Als er 1983 erfuhr, daß er unheilbar an Krebs erkrankt war, entschied Joe, man solle ihn in Torgau begraben, dort, wo die Patrouille Robertsons am 25. April sich mit sowjetischen Truppen getroffen hatte. Sein Begräbnis an dieser Stelle in einer Zeit der verschärften Spannungen zwischen den USA und der Sowjetunion würde, so glaubte er, ein Zeichen setzen für «eine der wenigen noch verbliebenen Bindungen zwischen den beiden Völkern». Er erklärte: «Meiner Meinung nach ist mein Begräbnis in Torgau mit dem Blut der alliierten Soldaten des zweiten Weltkrieges aus Ost und West bezahlt worden.»

Doch Joe besaß weder das Geld, noch hatte er die ostdeutsche Genehmigung, in Torgau begraben werden zu können. Mehr noch: Die Aussichten auf sofortige Unterstützung waren düster. Aber er war sich auf schier religiöse Art sicher, daß sich alles zum Guten wenden würde. Für den Fall, daß sein Leichnam nicht innerhalb von elf Tagen nach seinem Tod nach Torgau überführt werden konnte, bestimmte er: «Man soll mich mit kleinstem Aufwand an Zeremonien nach einem einfachen protestantischen Gottesdienst auf einem Westberliner Friedhof begraben, ohne Grabstein – mein Leichnam soll dort verbleiben bis zu dem Zeitpunkt in der Zukunft, da die Genehmigung erteilt wird; dann soll er exhumiert und nach Torgau überführt werden.»

Der Zeitraum war knapp. In den Monaten, die seinem Tod vorausgingen, unternahm er den ungewöhnlichen Schritt, sich mit seinem Leichenbestatter zu treffen und verbindlich die Einzelheiten der Beisetzung zu besprechen. Verzweifelt appellierte er an Freunde und ihm Fremde, in einen Beisetzungsfonds einzuzahlen. Es kam einiges Geld zusammen, von solchen Leuten wie dem Schriftsteller Stud Terkel. Aber es reichte nicht. Joe wandte sich an die ostdeutsche Regierung

---

25. April 1985. Großkundgebung in Torgau

um eine Genehmigung, in Torgau begraben zu werden. Keine Antwort. Während all dieser Zeit fuhr er fort, jedermann, dem er begegnete, aufzufordern, den «Schwur an der Elbe» zu unterstützen. Wenig Interesse. «Ich passe nicht in die Zeit», sagte er. «Ich bin fast so etwas wie eine Unperson.»

Dann starb Joe am 17. Oktober 1983 in einem Chicagoer Veteranen-Hospital.

Was nun?

Wenige Tage nach seinem Tod erfüllte die ostdeutsche Regierung Joes Wunsch, in Torgau beerdigt zu werden. Ein guter Freund, der Buchhändler und Vorsitzende der Organisation «Veteranen für den Frieden» LeRoy Wolins, verschuldete sich schwer, um die Kosten für die Überführung und das Begräbnis aufzubringen.

Und so wurde der Soldat Joe Polowsky am 26. November 1983 beerdigt – an einem kalten Regentag in Torgau. «Mein ganzes Leben», hatte er einmal gesagt, «war eine einzige Liebe zu den Stars and Stripes. Mein Sarg soll mit der amerikanischen Flagge bedeckt werden. Ich glaube, daß ich den Vereinigten Staaten treu und gut gedient habe, im Krieg und im Frieden.»

Amerikanische und sowjetische Veteranen aus dem zweiten Weltkrieg trugen den mit der Flagge bedeckten Sarg zum Grab. Generalmajor Alexej Gorlinski, ein sowjetischer Veteran des Treffens an der Elbe, sagte: «Wir bekräftigen unsere Treue zum ‹Geist der Elbe›.»

Am Grab las Reverend William Sloan Coffin aus dem Buch Micha: «In den letzten Tagen aber wird der Berg, darauf des Herren Haus ist, fest stehen, höher denn alle Berge, und über die Hügel erhaben sein, und die Völker werden dazu laufen ... Er wird unter großen Völkern richten und viele Heiden strafen in fernen Landen. Sie werden ihre Schwerter zu Pflugscharen und ihre Spieße zu Sicheln machen. Es wird kein Volk wider das andere ein Schwert aufheben, und sie werden nicht mehr kriegen lernen.»

Joe Polowsky wurde zur letzten Ruhe gebettet. Seinen Traum nahm er mit ins Grab. War es wirklich so?

Drei Amerikaner, die mit bei der Beerdigung gewesen waren, verabredeten sich, im nächsten Jahr, zum vierzigsten Jahrestag der Begegnung an der Elbe, nach Torgau zurückzukehren. Es waren LeRoy Wolins, William R. Beswick, Vizepräsident der Vereinigung ehemaliger Angehöriger der 69. Infanteriedivision, und Robert Swan jr., ein Versicherungsagent aus Kansas und Friedenskämpfer seit vielen Jahren.

Эльба: 40 лет спустя

1945-го. Сегодня сбылась его мечта — собрать оставшихся в живых участников встречи на Эльбе. Завещав похоронить себя в Торгау, Дж. Полоски тем самым хотел доказать, что верность истокам антигитлеровского боевого содружества, родившейся в борьбе с фашизмом, навсегда осталась в памяти американского народа.

Среди американских ветеранов выделяется возрастом молодой парень. Он удивительно похож на отца, точно сын Дж. Полоски, переодевшись в гражданскую одежду, сошёл с фотографии. Так Полоски родился после войны, но считает себя полноправным участником встречи ветеранов.

— Отец много рассказывал мне о войне, о русских солдатах, с которыми ему довелось встречаться на Эльбе,— говорит Т. Полоски.— Для него эта встреча стала не просто символом, он нашёл настоящих соратников и единомышленников в борьбе против угрозы новой войны. Наше поколение молодых амери-

...дятям и внукам нужен мир,— единодушно заявляют советские и американские ветераны.— Мы не допустим, чтобы планета вновь была объята пожарищем войны.

На состоявшемся в Торгау митинге, где собрались тысячи жителей, была подчеркнута особая роль нынешней встречи для улучшения отношений между СССР и США. Эта же мысль звучала и в зачитанном на митинге приветствии Генерального секретаря ЦК КПСС М. С. Горбачёва участникам встречи.

Вот только администрация Рейгана отделалась молчанием, полностью проигнорировав это историческое событие. Что ж, больших лавров такая позиция Белому дому не принесёт. Хотя чему удивляться, если американский президент накануне своего официального визита в ФРГ и планируемого посещения кладбища в Битбурге, где похоронены и бывшие эсэсовцы, заявил без тени смущения, что они — эсэсовцы, мол, то же не по доброй воле стали палачами и убийцами.

Так, подпевая в унисон реваншистам, в Вашингтоне хотели бы предать забвению такой «неприятный» факт истории, каким для него является боевое сотрудничество СССР и США в годы второй мировой войны. Однако американские ветераны не забыли того, на чьей стороне они воевали. Это ещё раз подтвердила юбилейная встреча на Эльбе.

А. ЧУРСИН.
(Наш соб. корр.).
Торгау — Берлин.
Фото В. ОПЕЛЬНИЦА и Паноранье ГДР.

Morning

S655/15600 30p ★ ★ INCORPORATING THE DAILY WORKER—FOR PEACE AND SOCIALISM

Soviet and US war veterans rer

By Our FOREIGN STAFF

SOVIET and US war veterans grasped each other's hands again yesterday at celebrations to mark their historic link-up 40 years ago on a shattered bridge over the Elbe.

These were the sentiments of the thousands of ex-servicemen who gathered on the banks of the Elbe in the shadow of the Soviet war memorial.

The riverside town of Torgau in the German Democratic Republic, was brightly decorated with banners and the flags of both nations.

In private reunions and public speeches, the call for peace and friendship by the world's two greatest nations was repeated time and again in many languages.

A message of greetings from Soviet leader Mikhail Gorbachov caught the sentiment of the now elderly men who had experienced the horrors of war, known its cost and revelled in its end.

Paying tribute to the fighters of many nations who had contributed to the anti-Hitlerite coalition, the Soviet leader stressed that the US-Soviet co-operation of the war years must be put to work in today's battles for peace and a better future for humanity.

"The handshake of the Soviet and American soldiers in the spring of 1945 on the Elbe River has been forever recorded as the symbol of hope and friendship," said Mr. Gorbachov.

"Today as well," said the Soviet leader, "the duty of all honest men, both young and veterans, is to contribute to the best of their ability to the prevention of the fire of war from burning our Earth."

Constructive co-operation between the former allies, and between all nations, must dominate over hostility and discord Mr. Gorbachov's message said.

Britain and the US officially boycotted the celebrations in a rather tasteless protest of the shooting, last month, of a major in the US military mission to the GDR while at a Soviet base.

GDR leader Eric Honecker described the meeting as a shining symbol of the victory won by the anti-nazi alliance and urged a "coalition of commun-

Moves to isolate South Africa were rejected in the Commons last night by Foreign Secretary Sir Geoffrey Howe.

But shadow foreign secretary Denis Healey, condemning the shooting of 19 black demonstrators by police at Uitenhage, called for a ban on bank loans and investment in South Africa to force policy changes.

...sense and realism" between East and West.

Alexander Gordiyev, formerly a commander in the 175th Guard Protection Regiment that reached the Elbe said: "We spoke different languages but our feelings were just the same.

"We swore an oath at the time that we would never wage war

Am 25. April 1985, 40 Jahre nach der historischen Begegnung der in der Antihitlerkoalition verbündeten sowjetischen und amerikanischen Armeen bei Torgau an der Elbe, fand in der altehrwürdigen Stadt eine Großkundgebung der Bevölkerung mit Elbe-Veteranen statt.

Friedenslieder beenden diese beeindruckende Manifestation des friedlichen Miteinanders der Völker.

Beswick, einer der Sargträger bei der Beisetzung Polowskys, verwandte mehr als ein Jahr darauf, eine Delegation von hundertfünfzehn amerikanischen Veteranen und ihren Ehefrauen für die Feier in Torgau zu organisieren. Wolins, der hauptsächliche Organisator des Begräbnisses von Polowsky, arbeitete mit Swan und dem Medienberater Mark Scott daran, um fünfzig Amerikaner aus zwanzig Staaten zu einer «Reise für den Frieden zum 40. Jahrestag» zusammenzufassen, die sowohl der Gruppe Beswicks als auch Leuten aus der Sowjetunion und aus Ostdeutschland in Torgau begegnen sollten. Inzwischen benannten das einflußreiche Sowjetische Komitee der Kriegsveteranen und der Friedensrat der Deutschen Demokratischen Republik ihre Teilnehmer für die Feier mit den Amerikanern.

Am 25. April 1985 – vierzig Jahre nach dem Treffen an der Elbe und mehr als anderthalb Jahre nach Joe Polowskys Begräbnis – versammelten sich über dreihundert amerikanische und sowjetische Bürger, an ihrer Spitze die Veteranen von der Elbe, in Torgau, um die erste Begegnung feierlich zu begehen. Der sowjetische General Juri Naumenko verlas vor den Versammelten eine Grußadresse von Generalsekretär Michail Gorbatschow. Swan verlas Botschaften, die Scott von den ehemaligen Präsidenten Richard Nixon und Jimmy Carter zugekommen waren. Seine Exzellenz Horst Sindermann, Präsident des ostdeutschen Parlaments, richtete persönlich das Wort an die Versammelten.

Es war ein großes Ereignis, vielleicht das größte Volk-zu-Volk-Ereignis in den amerikanisch-sowjetischen Beziehungen seit dem ersten Treffen an der Elbe, als sich zahllose einfache Menschen zu einem Fest des Lebens, umgeben vom frischen Duft des Flieders, zusammengefunden hatten. An diesem Apriltag 1985 bevölkerten mehr als 25 000 freundlich lächelnde Menschen aus vielen Ländern die engen Straßen der Stadt Torgau an der Elbe. Ungefähr fünfhundert Reporter berichteten für schätzungsweise eine Milliarde Menschen in mehr als sechzig Ländern von dieser zweiten Begegnung.

Joe Polowsky konnte – jedenfalls für den Augenblick – in Frieden ruhen.

Murry Schulman

Plötzlich waren wir reich

Die Namen der amerikanischen Veteranen von der Elbe, die 1955 nach Rußland reisten? Nun, außer mir waren das Elijah Sams aus North Carolina, Charles Forrester aus South Carolina, ferner Fred Johnston aus Pennsylvania, Bob Haag aus Indiana, Byron Shiver aus Florida, Claude Moore aus Tennessee, Edwin Jeary aus Michigan und Joe Polowsky aus Chicago. Wir waren alles in allem neun Mann.

Zu Anfang des Jahres 1955 schickte Joe Polowsky einen Brief, in dem er die russischen Veteranen zum zehnten Jahrestag der Begegnung an der Elbe nach Washington einlud. Die Russen nahmen Joes Einladung an. Doch als sie Anträge für die Einreise in die Vereinigten Staaten einreichten, stellte sich heraus, daß sie Fingerabdrücke abgeben mußten. Soviel ich weiß, nimmt man in Rußland nur Fingerabdrücke von Kriminellen. Also weigerten sie sich und luden ihrerseits Joe ein, mit Veteranen von der Elbe nach Moskau zu kommen und an den Siegesfeiern teilzunehmen.

Im späten April 1955 trafen sich ungefähr zwölf von uns in Washington, um gemeinsam den zehnten Jahrestag zu feiern. Während unseres Zusammenseins wurden wir zu einem Cocktail in die sowjetische Botschaft eingeladen. Sowohl Botschafter Sarubin als auch die Presse waren bei dieser Gelegenheit zugegen. Die Russen boten an, die ganze Reise zu bezahlen – für zehn Tage in die Sowjetunion. Aber das war der amerikanischen Gruppe nicht recht. Wir wollten, daß irgendein amerikanischer Sponsor wenigstens die Hälfte der Kosten übernähme. Doch es meldete sich niemand.

Die meisten von uns besaßen damals nicht viel Geld. Einige hatten sogar den Weg zu unserer kleinen Jahrestagsfeier am 25. April in Washington per Anhalter zurücklegen müssen. Joe Polowsky machte den Vorschlag, daß wir ungefähr ein Drittel des Geldes aufbringen sollten, das die Gruppe brauchte, um bis Paris zu kommen – dort wollten uns die Sowjets übernehmen.

Nun gut, unsere Gruppe von neun Leuten fuhr erst einmal zum Flughafen Idlewild in New York. Das war am 3. Mai. Wir hatten unsere Pässe und Visa – aber nicht genug Geld. Wir veranstalteten eine vom Fernsehen übertragene Pressekonferenz direkt auf dem Flughafen. Joe sagte: «Mit gutem Willen sollten sich die fünftausendfünfhundertachtzig Dollar doch aufbringen lassen, damit wir unsere Mission ausführen können, nach Moskau zu fahren, dort den amerikanischen Standpunkt den Menschen in der Sowjetunion darzulegen und so einen Beitrag zum Frieden zu leisten.»

Da es niemanden gab, den amerikanischen Anteil an der Reise zu bezahlen, gingen wir alle zu mir nach Hause. Dort kamen wir zu dem Schluß, daß wir das sowjetische Angebot nicht akzeptieren könnten – aus offensichtlichen Gründen. An diesem Abend saßen wir alle beisammen und unterhielten uns. Am kommenden Tag wollte jeder nach Hause zurückkehren, da kein Geld in Sicht war.

Dann, ungefähr um Mitternacht, rief Mr. Bernard Barb bei mir an, ein Reporter von der «Long Island Press». Nachdem ich ihm unsere Lage erklärt hatte, telefonierte er mit Mr. Walt Framer, dem Produzenten der Fernsehshow «Werde reich!» («Die Show mit Herz»). Die Show war dafür bekannt, daß sie Geld für würdige Anlässe aufbrachte. Mr. Barb rief mich wieder an und teilte mir mit, wir seien eingeladen, unser Anliegen in «Werde reich!» zu vertreten – am nächsten Morgen.

Wir machten mit in dem Programm gemeinsam mit einer Frau, die zwei kleine Kinder hatte, und noch einer anderen Frau. Die Frau mit den Kindern brauchte Geld, um die Gas- und Stromrechnungen bezahlen zu können. Die andere Frau brauchte eine neue Nähmaschine, um sich ihren Lebensunterhalt zu verdienen. Alles, was wir brauchten, waren: neun Flugtickets nach Paris und zurück.

Wir traten an diesem Morgen als letzte im Programm auf. Mister Hull stellte uns Fragen über unsere geplante Reise und über das benötigte Geld. Nachdem jeder gesagt hatte, warum er nach Rußland wollte, stellte er uns die Quizfragen. Die erste befaßte sich mit Persönlichkeiten aus der Armee und der Marine. «War Harry Arnold ein Mann der Armee oder der Marine?» Damit hatten wir natürlich keine Schwierigkeiten. Armee selbstverständlich. Die Frage brachte 60 Dollar. Zusätzlich erhielt jeder von uns eine Packung FAB[1]. Dann

---

[1] FAB ist eine Seifenpulvermarke – d. Red.

war die Sendezeit zu Ende. Wir mußten am nächsten Morgen wiederkommen, um die übrigen Fragen zu beantworten.

Ehe wir am folgenden Morgen wieder zur Show gingen, sprach Mr. Framer mit uns. Er sagte, wir seien am Tag zuvor gut gewesen, regte aber an, wir sollten uns ein bißchen begeisterter zeigen, wirklich an die Amerikaner appellieren. Es handele sich um einen Haufen Geld, und wir müßten es richtig an den Mann bringen.

Diesmal waren wir die ersten im Programm. Außer uns war noch die Tochter von Booker T. Washington da, die Gelder für eine Schule zusammenbringen wollte. Ein anderer Teilnehmer war eine behinderte Frau, die eine Schreibmaschine benötigte – und bekam –, die ihr helfen sollte, ihren Lebensunterhalt zu bestreiten.

Noch einmal erklärten wir den Zuschauern, was wir brauchten. Das Ratespiel begannen wir mit unserem Startkapital von 60 Dollar, die wir am Tag zuvor gewonnen hatten. Elijah Sams kündigte an, daß wir alles gewonnene Geld für den Fonds der Show stiften würden, wenn nicht genügend Geld für unsere Reise zusammenkommen sollte.

Wir erkannten den Song «Buttons and Bows». Das brachte uns auf 120 Dollar. Die Antwort auf die nächste Frage war «Senator Kefauver». Jetzt besaßen wir 240 Dollar. Claude Moore aus Newbern in Tennessee beantwortete die letzte Frage mit einem lauten «Tennessee!». Jetzt waren wir bei 500 Dollar angekommen. Da eröffnete Mr. Framer den Zuschauern, daß «Werde reich!» unser «Grundkapital» verdoppeln werde. Plötzlich hatten wir 1000 Dollar und jeder eine große Packung FAB. Ich wollte noch immer, daß die Amerikaner wenigstens für die Hälfte der Kosten unserer Reise nach Rußland aufkamen. Nachdem ich das übers Fernsehen gesagt hatte, brach sich die Freundlichkeit der Amerikaner Bahn. Aus allen achtundvierzig Staaten kamen sehr schnell Anrufe. Die Schaltzentrale von CBS wurde mit Telefonaten überflutet. Mister Framer teilte den Zuschauern mit, die «Colgate Palmolive Peet Company», der Sponsor der Show, stelle das Geld für neun Tickets nach Paris und zurück zur Verfügung. Als er das sagte, hielt ich mit aller Macht die Tränen zurück, die mir bei dem Gedanken daran in die Augen steigen wollten, was wir alles unternommen hatten, um diese Reise machen zu können. Jetzt konnten wir die sowjetische Einladung akzeptieren. Und Mr. Framer gab sogar noch jedem von uns 20 Dollar aus der eigenen Tasche und lud uns zu einer Coke ein.

Ich selbst, glaube ich, nahm die Einladung aus völlig eigensüchtigen Motiven an. Damals, wie Sie sich erinnern werden, befanden wir uns mitten im sogenannten kalten Krieg. Niemand fuhr dorthin. Niemand von dort kam zu uns. Meine Frau war gegen die Reise. Meine Eltern waren dagegen. Auch meine Schwiegereltern. Aber ich fuhr doch. Ich fühlte, daß dies eine goldene Gelegenheit sei – und fuhr. Während meiner Abwesenheit erhielt meine Frau viele beleidigende Anrufe.

Wir trafen in Moskau am 9. Mai um Mitternacht ein. Während unseres Aufenthalts in Rußland war Hauptgegenstand der Diskussion auf den Meetings mit unseren Gastgebern der Friede zwischen beiden Völkern – nie wieder Krieg. Wir machten eine Stadtrundfahrt durch Moskau, besichtigten Lenins und Stalins Gräber und wurden bei einem uns zu Ehren veranstalteten Empfang in der amerikanischen Botschaft bewirtet. Einige von uns fuhren auf eine Besichtigungsreise durch Kollektivwirtschaften, während Fred Johnston, Claude Moore und ich eine Synagoge besuchten. Wir neun kauften auch im GUM am Roten Platz ein und nahmen an einem uns zu Ehren gegebenen Bankett im Zentralen Haus der Roten Armee teil. Dort trafen wir den sowjetischen Soldaten, der als erster die rote Fahne auf dem Reichstag gehißt hatte.

Während unseres Aufenthalts in Rußland hießen uns die sowjetischen Menschen freundlich willkommen und bereiteten uns eine schöne Zeit. Wir alle erneuerten den Schwur, den wir 1945 an der Elbe abgelegt hatten: für ein Zusammenleben unserer beiden großen Nationen in Frieden und *Würde*.

Drei Jahre später, 1958, traf zum dreizehnten Jahrestag des Treffens an der Elbe eine Gruppe sowjetischer Veteranen in den Vereinigten Staaten ein. Sie besuchten mich in meiner Wohnung in New York, und wir saßen bei einem ausgedehnten Mittagessen beisammen. Im nächsten Jahr begleitete ich Joe Polowsky, Charles Forrester und einige andere amerikanische Veteranen bei einem Gegenbesuch in der Sowjetunion zur Feier des vierzehnten Jahrestages. Diesmal bezahlten wir unsere Reise selbst.

Irgendwann gegen Ende des Krieges hatte ich in Deutschland an der Befreiung eines Konzentrationslagers teilgenommen. Ich weiß nicht genau, wo es lag, aber ich war dort. Ich erinnere mich, dabeigewesen zu sein, als die Deutschen die Massengräber öffneten und für jeden Toten ein persönliches Grab schaufeln mußten. Solange ich lebe, werde ich das nie vergessen – der Gestank war ekelerregend. Da

«Du hast dich gar nicht verändert», sagt Murry Schulman zu
Grigori Goloborodko lachend beim Betrachten
eines Fotos aus der Kriegszeit

ich jüdischen Glaubens bin und gesehen habe, was durch die Nazis nicht nur meinem Volk, sondern auch Menschen vieler anderer Bekenntnisse angetan worden ist, hatte ich mir geschworen, nie mehr nach Deutschland zurückzukehren, wenn der Krieg zu Ende war.

Und doch tat ich es im Jahre 1985, zum vierzigsten Jahrestag der Begegnung in Torgau.

Während ich dieses schreibe, kann ich Gott nur danken, daß ich an diesem großen Ereignis teilgenommen habe. Ich begegnete nicht nur Amerikanern, die ich seit fünfunddreißig Jahren nicht mehr gesehen hatte, sondern auch einigen der sowjetischen Veteranen, mit denen ich 1955 zusammengetroffen war. Ich glaube nicht, daß ich ganz in Worte fassen kann, was mich bewegte, als ich Torgau und die Elbe wiedersah, wo ich 1945 gewesen war, als die denkwürdige Vereinigung der beiden Armeen Nazi-Deutschland in zwei Hälften spaltete und für jedermann das Ende eines sehr opferreichen Krieges beschleunigte.

Noch jetzt kann ich die Gefühle nicht ausdrücken, die mich überkamen, als ich nach vierzig Jahren nach Deutschland zurückkehrte und als Held willkommen geheißen wurde, von buchstäblich Tausenden jubelnden Deutschen – Erwachsenen und Kindern. Ja, ich danke Gott, daß ich hingefahren bin.

Murry Schulman wurde 1925 in Brooklyn geboren. Als er im April 1945 in Torgau mit den sowjetischen Truppen zusammentraf, war er Soldat in der 69. Infanteriedivision. Nach dem Krieg arbeitete er im Fleischeinzelhandel, wurde dann Spirituosengroßhändler. Jetzt lebt er im Ruhestand.

Buck Kotzebue

Erklärung in Genf, 18. November 1985

Ich war sehr skeptisch, ob es für Leute in unserer Position angemessen, tauglich und rechtmäßig sei, zu versuchen, die Führer der Welt zu etwas zu drängen, das sie – ziemlich offensichtlich – selber zu tun beabsichtigten. Ich zweifelte daran, daß einer von ihnen hierhergekommen war mit dem Hintergedanken, das selbstgesetzte Ziel nicht erreichen zu wollen.

Doch dabei ist mir eingefallen, daß nationale Politik häufig unter dem Diktat der Wahrnehmung eigener Interessen steht oder daß sie auf Ereignisse tragischerweise überreagiert – siehe den ersten Weltkrieg – oder des anderen Taten und Erklärungen falsch auslegt. Dann ist mir eingefallen, daß sich 1945 sehr einfache Leute an der Elbe getroffen haben. Und daß, wie Bill Robertson neulich sagte, die Reaktion, die wir aufeinander zeigten, hundertprozentig positiv und hundertprozentig ehrlich war, als wir feststellten: «Laßt keine Kriege mehr zu. Wir wollen das Ganze nicht noch einmal durchmachen, und wir wollen nicht, daß unsere Kinder es durchmachen müssen.»

Als ich nun im März dieses Jahres Generalmajor Olschanski, damals Sergeant, wiedersah, sagten wir beide, wir hofften, die letzten Kriegsveteranen zu sein, und daß wir, wenn wir uns eines Tages als alte Männer wiedersähen, froh wären, wenn wir in dieser Beziehung keine Nachfolger bekämen.

Und es lebte erneut in uns auf, was wir als den «Geist der Elbe» empfanden – der Schwur, den wir damals ablegten. Ein Teilnehmer an der soeben erwähnten Patrouille, Joe Polowsky, der mein Dolmetscher für Deutsch war, empfand diesen Geist so stark, daß er die nächsten fünfunddreißig Jahre seines Lebens daransetzte, ihn lebendig zu erhalten, obwohl er oft lächerlich gemacht, verhöhnt und verdächtigt wurde, ein Mitläufer oder ein Kommunist oder sonst etwas

**Buck Kotzebue und
Alexander Olschanski
1985 in Torgau am Ufer der Elbe**

Schlimmes zu sein, da er doch nur das Gefühl wirklicher Freundschaft erhalten wollte, das in ihm an diesem Ort erwachsen war.

Unser größter amerikanischer Präsident stellte in einer anderen Zeit großer Plagen fest, daß kaum zur Kenntnis genommen werde und nicht lange in Erinnerung bleibe, was er sage. Doch er hat gesagt: «Es ist uns, den Lebenden, aufgegeben, uns der Angelegenheit zu widmen, daß diese Toten, die das letzte, volle Maß an Hingabe gezeigt haben, nicht vergebens gestorben sind.» Joe zeigte das letzte, volle Maß an Hingabe, und er starb 1983 im Dienst an der Menschlichkeit, so sicher, als wäre er auf dem Schlachtfeld gefallen.

Ich erkannte, das Mindeste, was ich zu tun vermochte, ist, diese Sache der Freundschaft zu fördern, an ihr teilzuhaben, so gering auch die Früchte meines Tuns sein sollten. Er trat dafür ein, daß wir diesen Geist erhalten, und das versuchen wir heute.

Jetzt findet hier in Genf das bedeutende Treffen von Präsident Reagan und Generalsekretär Gorbatschow statt. Und wir fordern, daß sie nicht nur über interkontinentale und Mittelstreckenraketen sowie über SDI verhandeln, sondern auch an Joe und Iwan denken – an die kleinen Leute – und sich vor Augen halten, daß sie wirklich die Verwalter ihres Wohlergehens und des Wohlergehens ihrer Kinder und Kindeskinder sind. Sie werden so lange vergebens gestorben sein, solange unsere Führer die Differenzen, die unsere beiden großen Länder so tragisch voneinander trennen, nicht lösen. Ich danke Ihnen.

Horst Strähle

Dem Geist der Vernunft verpflichtet

Die Stadt Torgau liegt rund 60 Kilometer östlich der weltbekannten Messemetropole Leipzig an einem der größten Flüsse Europas, der Elbe. Sie bietet viel Historisches aus der Vergangenheit – aber auch viel Sehenswertes aus der Gegenwart.

Wer von einer Stadt mehr als nur den Bahnhof kennt, aber selbst noch nicht in ihren Mauern weilte, verbindet mit ihrem Namen oft Vorstellungen aus zweiter Hand. Torgau! Wer denkt da nicht sofort an jenen Preußenkönig, der eine seiner blutigsten Schlachten vor den Toren der Stadt auf den Höhen bei Süptitz schlug? An Kasernen und Exerzierplätze, an Festungsgräben und Bastionen, an die Nutznießer der Kriege und ihre Opfer? Doch schon hier müssen wir uns fragen: War das alles? Können wir nicht auch Liebenswertes entdecken, aus heutiger Sicht wertvolle Entwicklungstendenzen aufspüren? Wir werden bestimmt so etwas finden, überlagert zwar von Vorurteilen und oft vergessen, doch ein Teil des geschichtlichen Werdens, Abbild der ökonomischen Entwicklung und der geistigen Strömungen der Zeit, bleibendes Zeugnis und überkommenes Erbe der dabei wirksam werdenden historischen Kräfte und Ergebnis des Fleißes und der Tüchtigkeit der arbeitenden Menschen.

Eine kleine Stadt wie Torgau bietet hier Zusammenhänge konzentriert auf engstem Raum an und macht sie überschaubar. Sie hat die Örtlichkeit vergangener Begebenheiten als Teil der Wirklichkeit bewahrt, macht so Geschichte sichtbar und erlebbar und vermittelt dem Besucher das Gefühl eines persönlichen Dabeiseins, doch mit Goethes weiser Einschränkung, daß man immer nur so viel sieht, wie man weiß.

Die architektonische Visitenkarte der Stadt ist das Schloß Hartenfels. Lucas Cranach, Matthäus Merian und Wilhelm Dilich hinterlie-

ßen uns ihre klassischen Darstellungen von dem wuchtigen Bauwerk, das mit seinen Türmen noch heute das Stadtbild weithin beherrscht und jeden, der sich der Stadt nähert, unwiderstehlich in seinen Bann zieht. Doch wir verweilen erst einmal auf einer Bank in einer weiträumigen Parkanlage am Rande der Stadt.

Viele Städte besitzen einen Stadtpark, Torgau hat das Glacis. Dieser Begriff der Festungsbaukunst bezeichnet das vom äußeren Rand des Festungsgrabens flach ins Vorfeld abfallende Gelände. Dort wurden in Kriegszeiten die sonst hier stehenden Büsche und Bäume geschlagen. Die so entstandene kahle Fläche bot freies Schußfeld und wurde noch zusätzlich durch Palisaden, Verhaue und Wolfsgruben gegen einen Angriff gesichert. Nach der Entfestigung wurde dieses Gelände in eine Parkanlage umgewandelt. Sie führt in einem Halbkreis um die Stadt, lehnt sich an die Elbe an und wird dort fortgesetzt durch die Uferpromenade. Die breiten Wege folgen dem sternförmigen Grundriß der früheren Festung, schlängeln sich durch einen alten, wertvollen Baumbestand, führen entlang an zahlreichen Ruhebänken, Vogelschutzgehölzen, Spielplätzen. Auch die Mahnmale an die Opfer vergangener Kriege sowie einen sowjetischen Ehrenfriedhof finden wir hier. Das Glacis wurde für die Bürger zu einem leicht erreichbaren Naherholungsraum. Froher Kinderlärm auf Parkwegen und Wiesen, die älteren Bürger sieht man dort bei einem gemütlichen Plauderstündchen, Läufer erfüllen ihr Sportpensum, und am Abend stellen sich die Liebespaare ein. Kaum einer seiner Besucher ist sich des ehemals kriegerischen Verwendungszwecks dieses Platzes bewußt, und auch wir sind froh, hier weder Palisaden noch Wolfsgruben zu finden, denn jeder, der in die Stadt will, muß nach wie vor das Glacis überwinden. Es ist also festzustellen, daß Torgau eine große historische Vergangenheit besitzt. Sie war Residenz sächsischer Kurfürsten, wurde im Dreißigjährigen Krieg verwüstet und durch weitere kriegerische Handlungen bis zum zweiten Weltkrieg oft hart umkämpft.

Am Ende des zweiten Weltkrieges machte der Name der Stadt unerwartet Schlagzeilen; denn hier waren am 25. April 1945 gegen 15.45 Uhr vier amerikanische Soldaten mit den seit dem 23. April am Ostufer der Elbe gegenüber Torgau in Stellung gegangenen Einheiten

---

Der damalige Bürgermeister von Torgau Horst Strähle legt am Grab von Joseph Polowsky ein Blumengebinde nieder

der 5. sowjetischen Gardearmee zusammengetroffen. An den folgenden Tagen fanden weitere Treffen von Stäben verschiedener Kommandoebenen statt. Zur Erinnerung an diese denkwürdige Begegnung und an den Sieg über den Faschismus errichtete eine sowjetische Einheit 1945/46 das Denkmal der Begegnung. 1975, zum 30. Jahrestag der Befreiung, wurde das Denkmal der Befreiung vom Faschismus errichtet.

Mit dem Jahre 1945 begann auch für Torgau ein neuer Abschnitt seiner Geschichte. 1953 begann die Rekonstruktion Torgaus, ihr systematischer Ausbau zum industriellen Zentrum eines landwirtschaftlich orientierten Kreises. Gleichzeitig erfolgte die territoriale Ausdehnung nach Westen und Nordwesten durch den Bau moderner Wohnkomplexe in städtebaulich günstiger Lage für über 6000 Einwohner. Neben dem bisherigen Zentrum der Altstadt entstand ein neues Zentrum mit Kaufhallen, Schulen, Kindereinrichtungen sowie mit Restaurants und Dienstleistungskomplex.

Auch für die nächsten Jahre haben wir klare Vorstellungen darüber, wie es in Torgau weitergehen soll. Dabei konzentrieren wir uns jetzt auf die Rekonstruktion und Modernisierung der Wohnungen in der Altstadt. Viele der alten Straßen, über die mehr als 1000 Jahre Geschichte gegangen sind, werden rekonstruiert. Wir haben also viel vor für unser friedliches Leben.

Davon träumte vielleicht auch ein Sohn des amerikanischen Volkes, Josef Polowsky, der an der historischen Begegnung 1945 teilgenommen hat. Er wählte diese Stadt als seine letzte Ruhestätte. Er, der seit den Apriltagen 1945 unermüdlich für die Freundschaft zwischen dem amerikanischen und dem sowjetischen Volk eintrat, der sein ganzes Leben dem Gedanken des Friedens und der Völkerverständigung widmete, ihm wird heute in der Stadt Torgau ein ehrendes Gedenken entgegengebracht. Aus Anlaß des 40. Jahrestages des Treffens an der Elbe fand in Torgau ein Treffen amerikanischer und sowjetischer Kriegsveteranen mit Bürgern der Stadt Torgau statt. 25 000 Menschen nahmen an dieser Kundgebung für Frieden, Völkerverständigung und der Beibehaltung des Geistes der Koalition der Vernunft teil. Über 200 amerikanische Bürger waren Gast in unserer Stadt. Sie konnten sich persönlich davon überzeugen, daß hier ein friedliches Aufbauwerk vor sich geht.

Mit großer Freude haben wir deshalb eine Einladung zum 41. Jahrestag des Treffens an der Elbe nach Chicago/USA angenommen. Ich hatte die Ehre, an diesem Treffen teilzunehmen, und konnte den amerikanischen Menschen die Grüße der Bürger unserer Stadt übermitteln. Es waren unauslöschliche Eindrücke, die wir gemeinsam mit fortschrittlichen Menschen der Vereinigten Staaten sammeln konnten.

Wenn ich für dieses Buch einen Beitrag schreibe, so in der Gewißheit, den amerikanischen Lesern den tiefen Wunsch zu übermitteln, den die Bürger unserer Stadt und alle Bürger der Deutschen Demokratischen Republik hegen, den Wunsch nach Frieden und Völkerverständigung. In diesem Sinne werden wir alles tun, um den Geist von Torgau, jenes Schwures amerikanischer und sowjetischer Kämpfer gegen den Faschismus, wachzuhalten, damit nie wieder von deutschem Boden ein Krieg ausgehe.

Horst Strähle, damaliger Bürgermeister der Stadt Torgau.

Gekürzte Fassung

Bill Robertson

Und wenn wir auch nur zwei sind – es gibt Hunderte von Millionen wie wir

Zum ersten Mal erfuhr ich, daß Leutnant Silwaschko den Krieg überlebt hat, im Jahre 1975, als ich nach Moskau reiste, um an der gemeinsamen amerikanisch-sowjetischen Feier zum dreißigsten Jahrestag des Endes des zweiten Weltkrieges teilzunehmen. Zehn Jahre später trafen wir uns erneut zu den Feierlichkeiten des vierzigsten Jahrestages. Da begegneten wir uns in Minsk, Moskau und Torgau. Neulich erst, 1987, sahen wir uns in Washington wieder, als er und Alexander Olschanski gekommen waren, um sich anläßlich der Gipfelkonferenz Reagan–Gorbatschow mit amerikanischen Elbe-Veteranen zu treffen.

Alexander ist noch bei guter Gesundheit. Heute arbeitet er als Direktor einer Mittelschule in der kleinen belorussischen Stadt Kolki, nicht weit von Minsk. Er hat eine entzückende Frau, Sina, und drei wundervolle Töchter.

Wir sind Freunde geblieben. Wenn wir zusammenkommen, erinnern wir uns an den Krieg, an unsere Begegnung an der Elbe. Von ihm erfuhr ich den Grund dafür, warum die Soldaten seines Zugs an jenem Aprilnachmittag so hartnäckig auf mich geschossen haben. Er erklärte sich aus einer bösen List der Deutschen. Einige Stunden zuvor war eine Gruppe Deutscher, die bis zuletzt Widerstand geleistet hatten, mit weißen Fahnen herausgekommen und hatte dann die Russen niedergeschossen, die ungeduldig zum Fluß gelaufen waren, um die Kapitulation entgegenzunehmen. So verstehe ich denn jetzt, warum er damals so vorsichtig gewesen ist.

Alexander erzählte mir, daß der erste Soldat, den ich auf der Brücke getroffen hatte – Sergeant Nikolai Andrejew –, eine Woche später in Prag getötet wurde, als die 58. Gardedivision in die tschechische Hauptstadt einmarschierte.

Der Geschützführer der Panzerabwehrkanone, der auf mich schoß, als ich die Fahne auf dem Schloßturm schwenkte, lebt noch. Er wohnt als pensionierter General in Wolgograd, dem ehemaligen Stalingrad. Wir sahen uns bei meinem Besuch in der Sowjetunion im Jahre 1985.

Aber alles liegt so lange zurück. Alles scheint jetzt ein bißchen unwirklich geworden zu sein. Die Lebenswege von Alexander Silwaschko und Bill Robertson berührten einander kurz, vor langer Zeit und an einem weit entfernten Fluß in Deutschland. Wir beide haben nichts gemeinsam, oder doch? Bis 1975 wußte ich nicht einmal, daß er den Krieg überlebt hatte – dreißig Jahre nach unserer Begegnung. Er wußte von mir auch nicht mehr. Was anderes also teilen wir heute miteinander als die Erinnerung an einen längst vergangenen wichtigen Tag in der Geschichte?

Aber nicht zu schnell! Wir, die wir zehntausend Meilen von einander entfernt leben, haben doch sehr viel gemein. Nach dem Krieg kehrte Alexander Silwaschko zur Schule zurück, ging ins Erziehungswesen und wurde Lehrer. Jetzt ist er Schuldirektor. Er heiratete und gründete eine Familie.

Bill Robertson tat Ähnliches. Ich besuchte das College, absolvierte ein Medizinstudium und ging in die Praxis. Ich heiratete und gründete eine Familie. Alexander und ich haben wirklich viel mehr miteinander gemein als nur unser Treffen an der Elbe.

Obwohl wir, durch die halbe Welt getrennt, in Nationen mit weit auseinandergehenden Ideologien leben, leben wir gemeinsam in dieser Welt. Wir bekämpften vor mehr als vierzig Jahren einen gemeinsamen Feind, um die Welt zu einem besseren Ort für *alle* Menschen zu machen.

Darüber habe ich mit Alexander gesprochen. Wir wollen *noch immer* eine bessere Welt. Wir wollen einen besseren Frieden als den, den wir seit dem Krieg haben. Wir wollen, daß unsere Familien in Frieden le-

---

William Robertson und Alexander Silwaschko 1945 an der Elbe (S. 260)

Die Elbe-Veteranen William Robertson und Alexander Silwaschko, Moskau 1987 (S. 261)

262

ben. Wir wollen, daß unsere Kinder die Hoffnung auf eine hellere Zukunft haben, in der sie leisten, was sie können, und glücklich dabei sind. Alexander und ich hoffen noch immer, daß sich alle Nationen einmal verstehen werden.

Ja, wir teilen vieles miteinander, das unsere lange zurückliegende Begegnung an der Elbe übersteigt. Und wenn wir auch nur zwei sind – es gibt Hunderte von Millionen wie wir.

Turm des Schlosses Hartenfels, von dem Bill Robertson die Fahne schwenkte

Ann Stringer

Menschen können miteinander auskommen

Ist es wirklich schon so lange her? Die Schlacht um Aachen. Unsere Flammenwerfer peitschen in den ehrwürdigen Dom von Jülich. Die unerwartete Einnahme der Brücke von Remagen? Und der unvergeßliche Nachmittag in Torgau, als ich den jungen russischen Soldaten sah, der, nur mit einer Mütze und einem Paar Unterhosen bekleidet, über die leere Straße rannte, Allan Jackson und mich erkannte und «Bravo, Amerikanski!» schrie?

Wir glaubten damals, eine neue Welt würde entstehen, nicht nur für uns, sondern für die ganze Menschheit.

Für Millionen von Menschen in ganz Europa war es wirklich wie eine Befreiung aus der Sklaverei. Diejenigen unter uns, die so nahe bei den Kämpfen gewesen waren, hatten ihre persönlichen Tragödien erlebt. Ich hatte meinen Mann, Bill, verloren, der im Kampf getötet wurde, als er für Reuters berichtete. Einige sagten, ich hätte «mit Tränen in den Augen» seinen Platz eingenommen. Ein unnötiger Verlust, ein unnötiger Tod unter so vielen unnötigen Toden in diesem schrecklichen Krieg.

Aber ich kann noch immer nicht die unbekümmerten, grenzenlosen Hoffnungen des Treffens bei Torgau vergessen, nicht die Russen, die Allan und mich begrüßten, indem sie wie wahnsinnig mit ihren Gewehren in die Luft schossen, ihre überschäumenden Rufe «Willkommen, Amerikanski!».

Wenn ich mich daran erinnere, denke ich daran, daß all das jubelnde Gewehrfeuer nicht vom Feind kam, sondern von den Russen – unseren Alliierten und Freunden. Seltsamerweise klang es freundlicher, als es in Wirklichkeit war.

Nein, an diesem Tag gab es keine Sprachschranken. Jeder war so froh, überlebt zu haben. Wir alle demonstrierten in Torgau vor mehr als vierzig Jahren die Möglichkeit, daß Menschen miteinander auskommen, daß menschliche Wesen unterschiedlichen Glaubens eine gemeinsame Grundlage finden. Es war ein Tag, den wir alle im Gedächtnis bewahren müssen – jedes Jahr –, ein Tag, den die Führer unseres Landes und der Sowjetunion nicht vergessen sollten.

BARNEY OLDFIELD

Ich kann kaum die plötzliche Wärme beschreiben, die über unserem riesigen Tisch aufstieg

Ich befand mich unterwegs auf einer Geschäftsreise in der Sowjetunion. Es war am Abend des 2. Dezember 1986 in Iwanowo, einer Stadt ungefähr sechshundert Meilen nordöstlich von Moskau. Ich saß mit sowjetischen Handelsleuten bei einem großen Abendessen. Unser Gastgeber war Wladimir Kabaidse, ein geborener Georgier und weltoffener Generaldirektor der Maschinenfabrik von Iwanowo.

Während des Toastes sagte Wladimir, daß er seinem ersten Amerikaner an der Elbe begegnet sei. Wir überprüften unsere Geographie und stellten fest, daß wir ungefähr zwölf Meilen voneinander entfernt gewesen waren, als die beiden Armeen sich an dem deutschen Fluß trafen. Dort in Iwanowo überkam mich die Tragweite des lange vergangenen Ereignisses auf äußerst unerwartete Weise.

Ich kann kaum die plötzliche Wärme beschreiben, die über unserem Tisch aufstieg. Sie durchdrang alles. Wladimir widmete mir einen langen Trinkspruch – einem «alten Mitstreiter». Der Trinkspruch brachte das Gefühl für ein anderes «historisches Ereignis» herauf, das sich um uns herauszubilden begann, nämlich im Ost-West-Handel. Wenn wir zu einem Übereinkommen gelangten, würde es die Erinnerung an ein anderes «Joint venture» in sich bergen, die Erinnerung an das gemeinsame Unternehmen nämlich, das zum großen Sieg im zweiten Weltkrieg geführt hatte. Die Begegnung an der Elbe war ein phantastischer Bezugspunkt, von dem aus vielleicht ein neuer gemeinsamer Erfolg vorauszusagen war.

Wladimir erzählte, daß der erste Amerikaner, dem er begegnete, ihm einen Dollarschein gab, auf den er seinen Namen und seine Adresse geschrieben hatte. Als Gegengeschenk hatte er dem Amerikaner einen Rubelschein mit seinem Namen und seiner Adresse gegeben. Wladimir sagte, er habe sich immer gefragt, was aus diesem «ersten Amerikaner» geworden sei, und er besitze noch immer den Dollar, doch die mit Tinte geschriebene Adresse sei verblaßt. Ich schlug vor, er solle zur Polizei gehen und sich erkundigen, ob sie eine Methode wüßten, mit der man die alte Tintenschrift wieder lesbar machen könnte. Er versprach mir, es zu tun.

In meinem Trinkspruch sagte ich Wladimir, wie tief ich davon berührt sei, daß wir einst so nahe beieinander gewesen waren und doch keine Verbindung hergestellt hätten. Ich sei aber froh, fügte ich hinzu, daß wir uns nach einundvierzig Jahren in Iwanowo gefunden hätten. Ich sagte, es tue mir leid, daß er nicht dabeigewesen sei, als ich am 1. Juli 1945 mit der ersten amerikanischen Formation in Berlin eingezogen sei. Spät an diesem Tag hatte ich etwas getan, was zu tun ich mir immer gewünscht hatte: Ich war zur Reichskanzlei gegangen, in Hitlers Büro, wo so viele der Entscheidungen getroffen worden waren, die unser aller Leben beeinflußten.

Das einzige, was in dem Büro zurückgeblieben war, war Hitlers Schreibtisch mit Marmorplatte. Er war umgestürzt, aber für Plünderer zu schwer zum Wegtragen.

Ich glaubte, allein zu sein; aber es war noch ein kleiner Sowjetsoldat im Raum, vielleicht aus Usbekistan. Er sah mich sehr ängstlich an. Keiner von uns konnte die Sprache des anderen, aber ich machte ihm ein Zeichen, zu mir zu kommen, als ich auf diesen alten Schreibtisch zuging. Er kam zu mir.

Als er sah, wie ich meinen Hosenstall aufknöpfte, überzog ein breites Lächeln sein Gesicht, und er tat das gleiche. Wir beide boten ein Bild der Zufriedenheit, wie wir dastanden und auf Hitlers Schreibtisch pinkelten!

Ich sagte zu Wladimir, es stimme mich doppelt traurig, daß er erstens nicht derjenige war, der mit mir dort gestanden hatte, und daß man uns zweitens den Platz in der Geschichte, auf den wir ein Recht besäßen, nicht eingeräumt hatte – nämlich den als Teilnehmer an der ersten gemeinsamen sowjetisch amerikanischen Handlung in Berlin, die von der *absoluten Übereinstimmung*, was das Richtige und Angemessene sei, getragen war.

Colonel Barney Oldfield war vor seiner Offizierslaufbahn in der U. S. Army Air Force Redakteur an Veteranenzeitungen, Radiosprecher und Presseagent in der Filmindustrie. Lieutenant General William H. Simpson erinnerte sich: «Barney leitete das beste Presse-Camp in der Armee – das war die Meinung auch in meiner 9. Armee.» Nach dem Krieg avancierte Colonel Oldfield zum Direktor des Informationsdienstes des Luftabwehrkommandos. Gegenwärtig ist er als Berater von Litton Industries tätig.

Bill Shank

Eine Weihnachtsgeschichte

Als die Russen im April 1945 auf die Amerikaner trafen, trafen scheinbar Fremde auf Fremde. Jeder war neugierig auf den anderen. Doch vor allem diejenigen von uns, die es miterlebten, waren voller Jubel über «die Hoffnung, die ewig sprießt in Menschenbrust». Ein Geist der Brüderlichkeit floß in diesem April die Elbe entlang. Keine Politiker waren dort. Nur einfache Menschen. Keiner war für den anderen wirklich ein Fremder.

Der Geist der Brüderlichkeit, der die Alliierten an der Elbe vereinte, war der gleiche wie der in einer kalten Winternacht im ersten Weltkrieg, der Feinde veranlaßte, ihre Gräben zu verlassen und gemeinsam Weihnachten zu feiern – im Niemandsland. Es war der «Geist der Elbe», der Männer in Uniform dazu bewegte, Verbündete und Gegner als Mitmenschen anzusehen.

Im Herbst 1944, als ich mit der 104. Infanteriedivision ostwärts durch Deutschland stieß, hatte die Armee Verbrüderung mit dem Feind verboten. In einem Vorort traf ich mit meinen vier Leuten auf elf deutsche Zivilisten – Frauen, Kinder, ein alter Mann –, die sich gegen die Kälte in einem Kälberstall zusammengedrängt hatten. Einer von ihnen fragte mich, den Sieger, was sie tun sollten.

Es gab ein einsames zweistöckiges Haus in der Nähe des Kälberstalls. Das Haus stand leer. Ich ging mit einer der Frauen durch alle Zimmer. Ich erklärte ihr, daß wir fünf das untere Stockwerk besetzen würden. Sie und die anderen könnten den Rest des Hauses übernehmen. Ungläubig fragte sie mich: «Sie meinen also, wir können die ganze obere Etage für uns haben?»

In dieser Nacht studierte ich beim Licht der Taschenlampe in einem verdunkelten Raum die Landkarte. Plötzlich hörte ich, wie jemand an die Tür klopfte. Schnell verdeckte ich die Karte und öffnete die Tür einen Spalt breit.

Die Frau stand allein im Dunkeln. In einer Hand hielt sie zwei

Scheiben Schwarzbrot, belegt mit Käsecreme und Endiviensalat, in der anderen ein Glas Milch. Ja, vielleicht hatte sie in ihrem Leben niederträchtig gehandelt. Aber ich auch. Und auch der heilige Paulus.

Am nächsten Nachmittag verließen wir fünf in einem Jeep und einem Panzerkampfwagen den Ort. Der alte Mann, die Frauen, sogar die kleinen Kinder winkten uns zu, als wir davonfuhren. Einige weinten.

Das Nachhutkommando unserer Division befand sich in Stolberg. In der Nähe der Stadt traf ich auf ein Mädchen, das mit seinen Eltern und seinen beiden Babys, von denen das jüngere krank war, zusammenlebte. Der Mann des Mädchens war als Soldat im Krieg getötet worden. Es war Erntedanktag. Ich gab «meiner Familie» etwas vom Truthahn ab und leierte bei unseren Ärzten Medizin für das Baby heraus...

Am Heiligen Abend ging ich in Eschweiler in ein zerschossenes Warenhaus. Einen großen Weidenkorb in der Hand, durchstöberte ich das verlassene Geschäft und stopfte den Korb voll mit Spielzeug, Kleidung und einem Paar Damenschuhe. Ich kam mir vor wie der wirkliche Nikolaus, stieg in meinen Jeep und fuhr zurück zu der Familie in Stolberg. Ohne Verdeck und Windschutzscheibe, mit gelöschten Scheinwerfern, sauste ich im hellen Mondlicht über das dunkle Band der Landstraße an verschneiten Feldern vorüber. Um nicht die Aufmerksamkeit unseres Divisionsbefehlsstands zu erwecken, fuhr ich hinter das Mietshaus, in dem die Familie wohnte, kletterte am Regenrohr hoch und klopfte an ihr Fenster in der zweiten Etage.

Man empfing mich mit Freude und Überraschung. Das Mädchen war ganz aus dem Häuschen, als es die Schuhe sah, und weinte dann, als sie eine Nummer zu klein waren. Um Mitternacht brachte die «Mama» einen Napfkuchen, ein paar Kerzen, etwas Dekoration und eine Flasche Branntwein, die die Familie lange für eine besondere Gelegenheit aufbewahrt hatte. Der Geist von Weihnachten verbreitete sich in dem Zimmer wie einst im Stall von Bethlehem.

Der Geist, der an diesem Heiligen Abend «Feinde» zusammenführte, war derselbe, der im folgenden Frühjahr die Elbe entlang floß, als Russe und Amerikaner einander begegneten. Der Geist brauchte kein Atombombenarsenal zur Unterstützung. Er war eine Manifestation weltumspannender Brüderlichkeit, der weder Feinde noch Fremde kennt und der in der Religion im erhabensten Gebet aller Zeiten sich ausspricht: «Vater unser.»

Joseph Polowsky mit Elbe-Veteranen 1955 in Moskau

Ich hoffe, daß wir alle eines Tages nicht mehr von Russen, Amerikanern, Deutschen und anderen Nationalitäten sprechen, sondern nur noch von *Menschen*. Wenn diese Zeit kommt, wird der Geist der Brüderlichkeit wirklich an den Ufern der Elbe, der Wolga, des Mississippi und an allen Flüssen dieser unserer Erde herrschen.

Studs Terkel

Stell dir vor, was eine Million Menschen erreichen könnten – oder zwei Millionen oder auch weniger!

Meine Zeitgenossen – jene, die am zweiten Weltkrieg teilgenommen haben – sagen oft: «Wir waren in einem guten Krieg» oder «im letzten guten Krieg», weil es gegen den Faschismus und Hitler ging. Nachrichten vom Holocaust verbreiteten sich. Wir müssen uns eingestehen: Dieser Krieg hat die Menschen verkommen lassen und Wilde aus ihnen gemacht, auch auf der Seite derer, die für etwas kämpften, das wir Humanität nennen.

Viele, besonders Amerikaner, haben vergessen – sie besitzen keinen Sinn für Geschichte. Für viele unserer jungen Menschen gibt es keine Vergangenheit. Gibt es kein Gestern. Gab es keinen zweiten Weltkrieg. Vor einigen Jahren wurde eine Meinungsumfrage durchgeführt, und ungefähr vierzig Prozent der jungen Leute glaubten, wir hätten im zweiten Weltkrieg gegen die Russen gekämpft. Das ist verrückt! Wir sind das reichste Land der Welt, was materielle Güter angeht, aber das ärmste an Erinnerung.

Dann war da Joe Polowsky – der nicht vergaß. Wenn eine Lehre aus seinem kurzen Leben zu ziehen ist, dann, glaube ich, die, daß er ein normaler Mensch mit einem hartnäckigen Sinn für Geschichte war, ein normaler Mensch, der einen außergewöhnlichen Augenblick erlebt hat.

Als Joe den Russen 1945 begegnete, war das sein herrlichster Augenblick und – so fühlte er – der herrlichste Augenblick für die Welt. Nachdem er einmal seinen Friedensauftrag hatte, seinen Traum, seine Beharrlichkeit – und er war beharrlich, das weiß ich bei Gott –, ließ er nicht mehr locker. «Stell dir vor, was eine Million Menschen erreichen könnten – oder zwei Millionen oder auch weniger!»

Was uns abgeht, ist eine bestimmte Art von Leidenschaft. Das ist es, was Joe hatte: Leidenschaft! Leidenschaft ist ein Gefühl, das es unglücklicherweise heutzutage wenig gibt, nicht nur in unserer Gesellschaft, sondern in der ganzen Welt. Ich erwarte eine Art von Auferstehung dieses Gefühls. Hier gibt es die beiden Supermächte, bereit, einander in die Luft zu sprengen, und du weißt, wer sich einmal die Hände gereicht hat im Angesicht des größten Sieges der neueren Geschichte. Joe konnte nicht vergessen. Nicht lange vor seinem Tod sagte er: «Ich glaube, daß es noch Hoffnung für die Zukunft gibt, solange *irgend jemand* sich an den Tag erinnert, als diese beiden Gegner noch Freunde waren.»

Norman Corwin

Joe kannte die Macht der Freundschaft, eine Kraft, die größer ist als alle Bomben, die jemals geworfen wurden

Joe Polowsky war seiner Zeit voraus, als er sich dem Auftrag verschrieb, sich dafür einzusetzen, daß weder er noch irgend jemand auf der Welt die Kameradschaft unter den amerikanischen und den russischen Truppen vergessen dürfe, die entstand, als sie sich an der Elbe trafen und, ohne instruiert oder beraten worden zu sein, einander spontan in die Arme fielen. Joe kannte die Macht der Freundschaft, eine Kraft, die größer ist als alle Bomben, die jemals geworfen wurden.

Es herrschte fast ein halbes Jahrhundert kalter Krieg zwischen den beiden Giganten, die im grausamsten aller heißen Kriege Verbündete waren. Ein Maßstab dafür, in welchem Ausmaß beide Völker des chronischen Antagonismus müde sind, besonders jetzt, da unser beider Militärmacht so groß ist, daß sie uns alle hundertmal vernichten könnte, ist die neuerdings immer stärker werdende Bewegung der Freundschaft von Mensch zu Mensch: die halboffiziellen Besuche der kleinen Samantha Smith und ihrer sowjetischen Partnerin Katerina Lychewa; der stürmische Empfang für Wladimir Horowitz in Moskau; das grüne Licht, das Phil Donahue für seine Fernsehübertragungen aus der UdSSR erhielt; der Austausch von Fernseh-Livesendungen zwischen sowjetischen und amerikanischen Bürgern; die Rettung sowjetischer Seeleute aus Seenot durch ein Schiff der US-Marine und die anschließende Einladung ins Weiße Haus und zu einem Essen bei McDonald's. Polowsky hätte jedes dieser Ereignisse genossen.

Nichts erwärmt die Herzen so sehr und schafft unermeßliche Hoffnung wie Beweise guten Willens in der Vergangenheit und in der Gegenwart, von lebendigem Entgegenkommen der Nationen – das Geschenk der Freiheitsstatue durch französische Bürger; die japanische Stiftung von Kirschbäumen für das Tidal-Basin in Washington; Golda Meir, die in der Knesset neben Anwar Sadat stand und ihm ein Geschenk für sein Enkelkind überreichte; Schiffs- und Flugzeugladungen mit amerikanischen Lebensmitteln und Medikamenten für die Opfer von Hunger, Seuchen und Katastrophen in vielen Ländern während vieler Jahre; Athleten von hundert Nationen, die eingehakt miteinander singen unter dem amerikanischen Mond am Eröffnungsabend der Olympischen Spiele.

Ist das sentimental? War Joe Polowsky sentimental, als er sich so leidenschaftlich dafür einsetzte, die Erinnerung an das historische Freundschaftstreffen an der Elbe wachzuhalten? Wenn er es war, dann sind wir alle sentimental, und das ist eine gute Sache. Sind wir nicht gerührt, wenn wir das Bild von einem Affen sehen, der sein Junges streichelt, und wird es uns, fast gegen unseren Willen, nicht warm ums Herz, wenn in einer Werbesendung ein Kind einem verletzten und erschöpften Football-Spieler ein kaltes Getränk reicht? Sind wir nicht erfreut über eine so kleine Geste wie ein Lächeln oder ein Handzeichen von einem Autofahrer, dem wir die Vorfahrt gelassen haben, obwohl wir es nicht hätten zu tun brauchen?

Wenn heute noch eine freundliche Antwort den Zorn so wirkungsvoll abwenden kann wie seinerzeit, da so etwas zum ersten Mal in der Bibel beschrieben worden ist, dann sind wir nicht hoffnungslos und unheilbar zynisch, und dann gibt es eine Chance dafür, daß die Menschheit, ein relativ später Zuwachs des Tierreiches, eines Tages einander nicht mehr anknurrt und beißt, sondern jedem einen schönen Tag, ein schönes Jahr, ein schönes Jahrtausend wünscht.
Der Name für diesen Zustand ist: Frieden.

Norman Corwins bemerkenswertes Programm «On a Note of Triumph» wurde von CBS am Abend des Victory Day 1945 gesendet.

Associated Press

Sowjetische und amerikanische Soldaten, die sich an der Elbe trafen, erinnern sich in Chicago

Chicago – am Freitag trugen sowjetische Generale die Fahne mit Hammer und Sichel von Norden her die Michigan Avenue herauf, während zur selben Zeit amerikanische Veteranen des zweiten Weltkrieges die Stars and Stripes von Süden her brachten, und sie umarmten einander, als sie sich auf der Brücke über dem Chicago-Fluß trafen.

Die alten Soldaten hatten sich schon einmal getroffen, an einem anderen Fluß, zu einer anderen Zeit.

Das war am 25. April 1945 an der Elbe, im heutigen Ostdeutschland, als vorgeschobene Patrouillen der 69. Division der 1. Armee der Vorhut von Marschall Konews 1. Ukrainischer Front begegneten.

Das Treffen bezeichnete eine Demarkationslinie der Alliierten quer durch Nazi-Deutschland, das zwölf Tage später kapitulierte, womit der Krieg in Europa zu Ende ging.

Das Meeting am Freitag war dem Gefreiten Joseph Polowsky gewidmet, einem der Soldaten, die an der Elbe einen Eid auf die Freundschaft mit den sowjetischen Truppen ablegten.

Polowsky, ein Chicagoer Taxifahrer, der 1983 an Krebs starb, hielt dem «Schwur an der Elbe» mit schwärmerischer Besessenheit die Treue und hatte die Förderung der amerikanisch-sowjetischen Freundschaft zu seiner Lebensaufgabe gemacht.

Er wollte, daß der 25. April weltweit als «Tag der Elbe» gefeiert und dem Weltfrieden gewidmet werden sollte.

Als Besuche in Washington und Moskau ihn nicht zum Ziel brachten, stellte sich Polowsky an jedem 25. April auf die Michigan-Avenue-Bridge und propagierte sein Anliegen.

Er war todkrank und brach zusammen, als er vor drei Jahren zum letzten Mal seinen Posten bezog, und er äußerte den Wunsch, in Torgau begraben zu werden, wo die wichtigste Begegnung stattgefunden hatte.

Eine Zeitungsmeldung von Polowskys Tod bewog Ostdeutschland, seinen Letzten Willen zu erfüllen.

«Wir sind hier wegen Joe», sagte der zweiundsechzigjährige Kotzebue aus Colfax, California, Polowskys Patrouillenführer und der erste Amerikaner, der den Russen an der Elbe begegnete.

Das Aufsehen um Polowskys Begräbnis war der Anstoß für das erste Treffen der Elbe-Veteranen in Torgau im letzten Jahr, am 40. Jahrestag der Begegnung.

Kotzebue war einer der Amerikaner unter den Teilnehmern. Er wiederholte den «Schwur an der Elbe» und erklärte sich damit einverstanden, daß man sich an jedem 25. April in einem der beiden Länder treffen sollte.

Am Freitag lächelte er den ersten sowjetischen Soldaten, der ihm begegnet war, an, den Generalmajor Alexander Olschanski.

«Alexander ist zu diesem Meeting geflogen und auch zu dem im vorigen Jahr», sagte er. «Damals, neunzehnhundertfünfundvierzig, ist er zu Fuß gegangen, den ganzen Weg von Stalingrad bis an die Elbe.»

Andere ehemalige sowjetische Offiziere bei dem Treffen am Freitag waren Generaloberst Iwan Katyschkin, Generalmajor Alexej Gorlinski, ein alter Freund Polowskys, und Leutnant Alexander Silwaschko.

Zuvor hatte die sowjetische Delegation Cleveland, Detroit und Lansing und Kalamazoo in Michigan besucht. Bevor sie nach Hause zurückkehren, wollen sie noch nach Lawrence, Kansas, Dallas und Washington fahren.

«General MacArthur pflegte zu sagen: ‹Alte Soldaten sterben nie, sie verblassen nur›», meinte LeRoy Wolins von den Chicagoer «Veteranen für den Frieden», der das Fest organisieren half. «Joe Polowsky sagte: ‹Alte Soldaten sterben wohl, aber ihre Ideen müssen nicht verblassen›.»

Alexander Silwaschko

Eine Menschenbrücke des Friedens

1945 kehrte ich nach der Demobilisierung in die Ukraine zurück. Unser Dorf war verödet, das Elternhaus zerstört. Meine Mutter war von den Faschisten getötet worden. Kampfgefährten luden mich nach Belorußland ein. Ich fuhr mit meiner Frau dorthin, sie ist Lehrerin.

Ich absolvierte das Minsker Pädagogische Institut und arbeitete dann lange in der Hauptstadt der Republik. Schließlich ließ ich mich im Klezker Rayon nieder, in Kolki. Warum ich mich auf Geschichte und Staatsbürgerkunde spezialisiert habe? Weil ich meine Heimat liebe, weil ich möglichst viel über sie wissen und meine Kenntnisse der Jugend vermitteln will. In meiner pädagogischen Arbeit versuche ich all das maximal zu nutzen, was ich gesehen und erlebt habe. Ich möchte die Jugend so mutig, überzeugt und moralisch standhaft sehen, wie es die ältere Generation gewesen ist. Wann immer wir auf den vergangenen Krieg zu sprechen kommen – im Unterricht oder außerhalb –, setze ich alles daran, damit jeder begreift, was Krieg ist. Die Kinder wissen, daß alles, was ich sage, geradenwegs aus dem Herzen kommt. Deshalb sind die Unterrichtsstunden über den Großen Vaterländischen Krieg etwas Besonderes bei uns ...

Am 25. April, aber auch am Tag darauf, wurden Bill Robertson und ich oft fotografiert. Die bekannteste Aufnahme wurde von einem amerikanischen Reporter gemacht, den ich nie mehr gesehen habe.

1955 erhielten wir von den amerikanischen Veteranen des zweiten Weltkriegs eine Einladung zu einem Treffen in Washington. Aber das State Department der USA verweigerte uns die Einreisevisa. Das geschah in der Periode unguten Angedenkens, die in der Geschichte als kalter Krieg bekannt ist. Wir trafen uns dennoch – in Moskau. Neun Amerikaner, die an der Elbe gekämpft hatten, kamen zu uns. Die Delegation wurde von Joseph Polowsky geleitet. Er brachte eine Menge

Alexander Silwaschko mit Murry Schulman und John Gillman in Torgau,
25. April 1985

Fotos mit, die in dem Saal, wo das Treffen stattfand, sofort von einem zum anderen wanderten. Alle gaben sich redlich Mühe, sich auf den Bildern zu erkennen. Ein Foto zeigte Bill und mich. Viele wollten wissen, wer von den Anwesenden Robertson sei, wer Silwaschko. Ich trat vor. Dann war ich allgemein bekannt. Am nächsten Tag erschien die Aufnahme in der «Komsomolskaja Prawda» und in anderen Zeitungen.

Sowjetische und amerikanische Elbe-Veteranen Arm in Arm in Torgau,
April 1985 (S. 280/281)

Robertson war damals nicht in Moskau. Er kam 1975 zum 30. Jahrestag des Sieges. Zum erstenmal nach dem Krieg sahen wir uns wieder. Das war im Sowjetischen Komitee der Kriegsveteranen, wo uns der damalige Vorsitzende P. I. Batow empfing. Bill und ich unterhielten uns lange. Wir gedachten der Vergangenheit, tauschten Andenken und unsere Adressen aus. Und bis heute sind wir Freunde geblieben. Eine im Kampf geborene Freundschaft hält ewig. Wir stehen im Briefwechsel, besuchen uns.

Am 20. April 1987 traf eine amerikanische Delegation in Moskau ein, die an der Feier zu Ehren des 42. Jahrestages der Begegnung an der Elbe teilnahm. Die Delegation wurde von Bill geleitet. Er ist ein Mann guten Willens. Er hat sich den friedlichsten und humansten Beruf gewählt – Mediziner. Nachdem er die Militäruniform abgelegt hatte, zog er sich den weißen Arztkittel an. Ich habe mit ihm lange über seinen Beruf gesprochen – und über meinen ebenfalls. Man bedenke nur – ich bin nun schon vierzig Jahre Lehrer. Wie viele Schüler ich hatte, von denen ich erzählen könnte!

1986 war ich mit einer Delegation des Sowjetischen Komitees der Kriegsveteranen in den USA. Wir besuchten sechs Staaten und zehn Städte. Die einfachen Amerikaner empfingen uns herzlich und gastfreundlich.

Im Dezember 1987 hatte ich erneut Gelegenheit, in die USA zu reisen – nach Washington, anläßlich des sowjetisch-amerikanischen Treffens auf höchster Ebene. Auf dem Flugplatz war auch mein alter Freund Bill zu unserer Begrüßung erschienen.

Am Vorabend des Besuchs von M. S. Gorbatschow in Washington hatten sich Hunderte von Amerikanern bei den Händen gefaßt und eine «Menschenbrücke des Friedens» gebildet, die das Weiße Haus mit der Botschaft der UdSSR verband. In der Washingtoner Kathedrale wurde ein Gottesdienst zelebriert, der während des Gipfeltreffens keinen Augenblick unterbrochen wurde. Vier Tage lang, vom frühen Morgen bis in die späte Nacht, läuteten die Glocken. Außerdem wurde eine «Gebetswache für den Erfolg des sowjetisch-amerikanischen Gipfeltreffens» gehalten.

Die Mitglieder beider Delegationen von Elbe-Veteranen – der sowjetischen und der amerikanischen – besuchten das Internationale Pressezentrum und beantworteten die zahlreichen Fragen der Korrespondenten aus vielen Ländern der Welt.

Im Weißen Haus machten wir hochgestellte offizielle Persönlichkeiten mit den Zielen der Begegnung der amerikanischen und sowjetischen Kriegsveteranen bekannt. Sie versprachen, den Präsidenten der USA ausführlich zu informieren. Am 8. Dezember wurde im Weißen Haus der historische Vertrag über die Liquidierung der Raketen mittlerer und kürzerer Reichweite unterzeichnet. Das war ein großer Schritt in die Zukunft.

Wieder überzeugte ich mich, daß mein Freund Bill Robertson ein echter Kämpfer für den Frieden und sein Beitrag zur Sache der Freundschaft zwischen unseren Völkern bedeutend ist. In seinen Reden hebt Bill unermüdlich hervor, daß nichts uns hindern darf, in Frieden zu leben. Diesen Gedanken bringt die gemeinsame Erklärung zum Ausdruck, in der die sowjetischen und die amerikanischen Veteranen ihren im April 1945 geleisteten Schwur bekräftigen, ihr Leben der Verbesserung der Beziehungen zwischen den Völkern der UdSSR und der USA zu widmen, damit sich der Krieg niemals mehr wiederholt. Niemals! Wir waren gute Kämpfer in den Kriegstagen und müssen jetzt noch bessere Kämpfer für den Frieden sein.

Alexander Gordejew

Fünfzehntausend Amerikaner hießen uns willkommen

Nie werde ich das Treffen von Veteranen der Elbe vergessen, das dreizehn Jahre nach der ersten Begegnung, also 1958, in New York und Washington stattfand. Mitten im kalten Krieg wurden wir auf amerikanischem Boden herzlich willkommen geheißen. In Washington suchte mich Joseph Polowsky im Hotel auf. Ich kann mich nicht mehr genau an seine Worte erinnern, aber sinngemäß sagte er folgendes zu mir: «Alexander, mein Freund, die Elbe und der Geist unserer Begegnung sollen ein ewiges Symbol der Freundschaft zwischen dem amerikanischen und dem sowjetischen Volk sein. Wir müssen alles tun, damit es keinem gelingt, unsere beiden großen Völker zu entzweien.»

Lebhaft ist mir unser Besuch im Griffith-Stadion in Erinnerung, wo wir zu einem Baseballspiel der populären Mannschaften «Yankees» und «Senatoren» eingeladen waren. Als in der Pause über Lautsprecher bekanntgegeben wurde, daß russische Veteranen der Elbe anwesend seien, jubelten uns die fünfzehntausend Zuschauer zu und ließen die Freundschaft zwischen den sowjetischen und den amerikanischen Veteranen hochleben.

Heute ist der Friede auf Erden äußerst zerbrechlich und die Kriegsgefahr groß. Jeder von uns, welcher Nationalität, Hautfarbe und politischen Überzeugung er auch sei, hat die Pflicht, seine ganze Kraft für die Erhaltung des Friedens und des Lebens auf der Erde einzusetzen.

Wir Kriegsveteranen, die wir die Schrecken der vergangenen Schlachten durchlebten, tragen hierbei eine besonders große Verantwortung. Stets müssen wir des Schwurs eingedenk sein, den wir bei der historischen Begegnung an der Elbe leisteten – keinen neuen Krieg zuzulassen. Denn wir waren Waffenbrüder, Gefährten im Kampf gegen den gemeinsamen Feind.

Wladimir Orlow

Die Zeit ist machtlos

Der von den sowjetischen und amerikanischen Soldaten an der Elbe geleistete Schwur lebt in unseren Gedanken, in unseren Herzen. Und es ist eine gute Tradition geworden, ihn zu bekräftigen, sobald wir Veteranen von 1945 uns begegnen.

Das Gefühl der Freundschaft und der Treue zum Schwur beherrschte auch die Begegnung sowjetischer und amerikanischer Veteranen, die anläßlich des vierzigsten Jahrestages der Ereignisse von 1945 nach Torgau gekommen waren. Das Sowjetische Komitee der Kriegsveteranen wurde von unserer fünfundzwanzig Mann starken Delegation vertreten. Vor unserer Abreise aus Moskau hatten wir uns besorgt gefragt: Wie wird das Treffen verlaufen, wird es vom Geist der historischen Begegnung an der Elbe durchdrungen sein? Wir waren ja nicht mehr die jungen Soldaten von einst, sondern ergraute Männer mit unterschiedlichen Schicksalen und Überzeugungen.

Wir hatten uns umsonst Sorgen gemacht. Schon die ersten Augenblicke waren von aufrichtigen, echt menschlichen Gefühlen der Freundschaft und gegenseitigen Achtung geprägt. Und es zeigte sich, daß nichts vergessen ist.

Von der amerikanischen 69. Infanteriedivision waren sechzig Veteranen erschienen, davon vierundfünfzig mit Frauen. Die zweite amerikanische Gruppe – zu ihr gehörten fünfundvierzig Mann, darunter Bob Swan und LeRoy Wolins – war unter der Devise «Reise im Namen des Friedens» an die Elbe gekommen. Die Atmosphäre war stets herzlich und ungezwungen – im Hotel, beim Orgelkonzert in Leipzig, beim Rundtischgespräch, während des Empfangs beim Bürgermeister von Torgau Horst Strähle.

In der brodelnden, lärmenden, vielsprachigen Menge, auch Ortseinwohner und zahlreiche Korrespondenten waren dabei, feierten die Veteranen Wiedersehen. Da schloß William Robertson Alexander Silwaschko fest in die Arme, ein paar Schritte weiter unterhielten sich

Iwan Samtschuk und Alexej Gorlinski mit ihren alten Bekannten William Beswik und Charles Forrester. Alexander Gordejew machte den Veteranen der amerikanischen 104. Division Peter Sitnik ausfindig, der sich den sowjetischen Ruhmesorden angeheftet hatte. Die unerbittliche Zeit hatte die Gesichter verändert. Forschend blickten sich die Veteranen an. Und wenn sie sich erkannt hatten, stürzten sie einander in die Arme und klopften sich die Schulter.

Die Amerikaner stellten uns ihren Frauen und den Witwen der inzwischen verstorbenen Kriegsteilnehmer vor. Die gegenseitige Sympathie wurde vor allem durch Lächeln, Gesten und Blicke bekundet, die Sprachbarriere schien das allgemeine Einvernehmen nicht zu stören.

Einen unauslöschlichen Eindruck hinterließ bei mir die Großkundgebung. An einem kalten, trüben Tag machte das altertümliche deutsche Städtchen Torgau alle die wieder zu Freunden, die gegen den gemeinsamen Feind gekämpft hatten. Seite an Seite bahnten wir uns einen Weg zwischen den uns bestürmenden Korrespondenten aus vielen Ländern hindurch. Die Mützenschirme der amerikanischen Veteranen trugen die Aufschrift «Die rauflustige 69.» – so nennen sie ihre Division.

Die Großkundgebung fand auf dem hohen Elbufer statt, an dem vierflächigen Obelisken, der an die Begegnung der sowjetischen und amerikanischen Truppen am 25. April 1945 erinnert. Mit Beifall nahmen die Versammelten das Grußschreiben des Generalsekretärs des ZK der KPdSU M. S. Gorbatschow zur Kenntnis, seinen Aufruf, im Namen von Gegenwart und Zukunft für einen gerechten und dauerhaften Frieden einzutreten. William Beswik, Vizepräsident des Rates der Veteranen der 69. Division, und Alexander Olschanski, Vertreter der sowjetischen Delegation, verlasen eine gemeinsame Erklärung der Veteranen, in der sie, wie sie es vierzig Jahre zuvor getan hatten, ihre Bereitschaft bekundeten, ihr Leben der Festigung der Freundschaft zwischen den Völkern der UdSSR und der USA zu widmen, und sich verpflichteten, dem Geist der Begegnung an der Elbe die Treue zu halten. Die Einwohner von Torgau ließen zum Zeichen ihrer Solidarität mit dieser Erklärung fünfhundert weiße Tauben über dem Fluß aufsteigen.

Alexander Gordejew kniet am Grab von Joseph Polowsky, Torgau 1985

Am Grabe Joseph Polowskys und am Denkmal für die gefallenen sowjetischen Soldaten legten die Amerikaner und wir gemeinsam Kränze nieder. Als wir das Andenken unserer gefallenen Waffengefährten ehrten, standen wir wie in den Kriegsjahren nebeneinander. Es erwies sich, daß die Zeit unserer besonders in der jetzigen unruhigen nuklearen Epoche so notwendigen Freundschaft und Zusammenarbeit nichts anhaben kann.

Alexander Olschanski

Ein Wort über einen Freund

Aus «Krasnaja Swesda», 21. März 1987

Eine traurige Nachricht hat uns aus der amerikanischen Stadt Monterrey erreicht – Albert Kotzebue ist tot. Er war einer der ersten amerikanischen Soldaten, die 1945 mit sowjetischen Truppen zusammentrafen und so Teilnehmer der historischen Begegnung an der Elbe wurden.

Ich lernte den Führer einer Aufklärungspatrouille des 273. Infanterieregiments der 69. Infanteriedivision Lieutenant Albert Kotzebue am Morgen des 25. April 1945 unweit Strehla am Elbufer kennen. Die vielen anderen Eindrücke jenes Tages haben nie die Erinnerung an diesen Mann verwischt.

Obwohl er noch nicht fünfundzwanzig Jahre alt war, wirkte er auf mich, den Neunzehnjährigen, wie ein erfahrener Kaderoffizier. Und das war er tatsächlich. Sein Kampfweg hatte in der Normandie begonnen und durch ganz Westeuropa geführt.

Damals ahnten wir nicht, daß uns das Schicksal vierzig Jahre später von neuem an der Elbe zusammenführen würde. Im März 1985 trafen wir uns bei Strehla zu Dreharbeiten für den englischen Fernsehfilm «Yanks treffen Rote» wieder.

Bei der Gelegenheit gewann ich die Überzeugung, daß Kotzebue unserem Schwur treu geblieben war. «Wir kennen die Russen, und deshalb glauben wir, daß auch sie keinen Krieg wollen», sagte Albert zu mir. «Die Russen wissen, was Krieg bedeutet. Niemand hat im Krieg so viele Menschen verloren wir ihr. Meine Freunde, meine Nachbarn und meine ehemaligen Regimentskameraden wollen ebenfalls keinen Krieg.»

Und es gab noch eine Begegnung. Im April 1986 reiste ich mit einer Gruppe sowjetischer Kriegsveteranen in die USA. Wir waren eingeladen, an der Woche der Aktionseinheit im Kampf für den Frieden teilzunehmen, die in den Staaten Ohio, Michigan und Illinois im Zu-

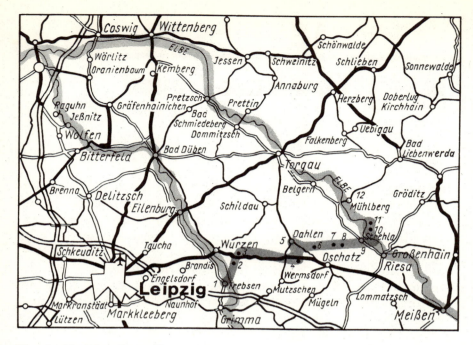

Weg der Kotzebue-Patrouille

1 Trebsen
2 Burkhartshain
3 Kühren
4 Deutsch-Luppa
5 Dahlen
6 Lampertswalde
7 Clanzschwitz
8 Leckwitz
9 Strehla
10 Groba
11 Kreinitz
12 Mühlberg

sammenhang mit dem Jahrestag der Begegnung an der Elbe durchgeführt wurde. Es gab ein Wiedersehen mit vielen unserer alten Freunde – Teilnehmer von Front- und Nachkriegsbegegnungen. In zahlreichen Gesprächen und Diskussionen mit Vertretern der verschiedensten Bevölkerungsschichten der USA wurde uns klar, daß sich unsere Völker im Kampf gegen den Atomtod vereinigen müssen – wie wir das vier Jahrzehnte zuvor taten, als wir gemeinsam den Sieg über den Faschismus errangen.

In den USA wurden wir von Albert Kotzebue und anderen Teilnehmern der Begegnung an der Elbe begrüßt. Auf der Gedenkveranstaltung für den kurz zuvor gestorbenen amerikanischen Veteranen Joseph Polowsky übergab mir dessen Sohn Theodor namens der Familie und der Veteranen der amerikanischen 69. Infanteriedivision den Militärkompaß des Verstorbenen für das Zentralmuseum der

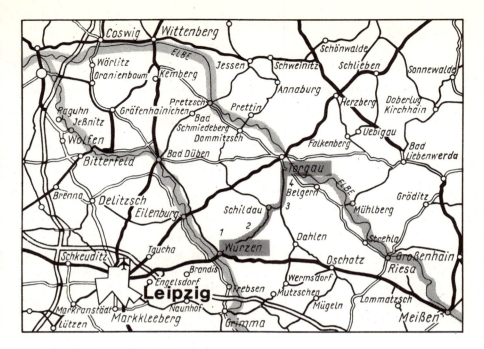

Weg der Robertson-Patrouille
1 Wurzen 2 Falkenhain 3 Sitzenroda 4 Leckwitz

Streitkräfte der UdSSR in Moskau. Als er ihn mir, dem ehemaligen Soldaten des 175. Gardeschützenregiments der 58. Gardeschützendivision, reichte, sagte er, dieser Kompaß habe seinen Vater an die Elbe geführt, wo er mit uns zusammentraf und den Schwur ablegte, sein Leben dem Kampf für den Frieden und die Festigung der Freundschaft zwischen den Völkern unserer Länder zu weihen. Sein Vater habe Wort gehalten.

Solch einen Schwur hat Albert Kotzebue nicht geleistet. Aber er hat sein Leben ebenso ehrlich gelebt und ist bis zum Schluß dem Vermächtnis derjenigen treu geblieben, die sich an einem Apriltag des Jahres 1945 an der Elbe, mitten in der Höhle der faschistischen Bestie, die Hände schüttelten. Wir werden das nie vergessen.

Wladimir Kabaidse
Frank Parent

Ich kann es kaum glauben...

Aus «Sowjetskaja Rossija», 9. Mai 1987

Auf den Tag genau nach zweiundvierzig Jahren fand Wladimir Kabaidse, Generaldirektor der Werkzeugmaschinenbau-Vereinigung Iwanowo, den amerikanischen Lieutenant wieder, mit dem er sich umarmt und mit dem er die Adressen getauscht hatte, als sie sich an der Elbe begegneten. Weil nichts Besseres vorhanden war, hatte der junge sowjetische Offizier seine Adresse, die eigentlich die Adresse seiner Großeltern in Ordshonikidse war, auf einen Rubelschein geschrieben – der Vater, Berufssoldat, war ebenfalls an der Front und die Mutter evakuiert. Der amerikanische Offizier hatte ihm seine Adresse auf einen Dollarschein geschrieben: «California, Frank...»

Zehn Jahre später war die Tinte verblaßt und die Schrift kaum noch zu erkennen. All die Zeit hatte dieses Andenken an das Jahr fünfundvierzig mit den Fotos der Frontkameraden in Kabaidses Familienarchiv gelegen.

Ende vergangenen Jahres kamen Spezialisten der amerikanischen Firma «Litton» in die Iwanowoer Werkzeugmaschinenbau-Vereinigung, um über technische Zusammenarbeit zu verhandeln. Unter ihnen war der Oberst a. D. Barney Oldfield, aktives Mitglied der amerikanischen «Gesellschaft Begegnung an der Elbe». W. Kabaidse kannte ihn bereits – er hatte ihn in Amerika kennengelernt. Die erste Frage, die sie sich stellten, lautete: «Sind wir uns vielleicht an der Elbe begegnet?» Sie fanden dann heraus, daß das nicht möglich war. Sie hatten zwar beide an dem historischen Ereignis teilgenommen, aber ungefähr zwölf Meilen voneinander entfernt, wie sie sich anhand einer Karte überzeugten. Beim Abschiedsessen in Iwanowo fiel Kabaidse der amerikanische Lieutenant Frank ein.

«Wenn er noch lebt, finde ich ihn», versprach Barney Oldfield.

Experten machten die verblaßte Schrift wieder lesbar, und einige Zeit später klingelte bei dem ehemaligen Lieutenant der amerikanischen 30. Infanteriedivision Frank W. Parent, der jetzt in Galveston, Staat Texas, wohnt, das Telefon. Barney Oldfield erzählte ihm von seiner Reise in die Sowjetunion, von den Begegnungen in Iwanowo und von dem ehemaligen sowjetischen Leutnant Wladimir Kabaidse, der sich an ihn, Frank Parent, erinnere.

«Ich kann kaum glauben, was ich da höre», antwortete Frank. «Gleich ist Mitternacht, um die Zeit hat man manchmal die seltsamsten Träume!» Hinter dem Scherz verbarg sich die Aufregung. «Ja, ich bin es, und ich freue mich, daß der Offizier lebt, daß er inzwischen so erfolgreich gewesen ist und in der Sowjetunion hochgeschätzt wird. Ich bin glücklich, daß er sich an mich und an die Begegnung an der Elbe erinnert.»

Von sich selbst teilte er mit, daß er siebenundsiebzig Jahre alt sei, sich mit Geophysik befaßt habe und nun im Ruhestand lebe. Seine erste Frau sei gestorben, den Rubel mit der Adresse werde er wohl nicht mehr finden, aber er habe ihn lange aufbewahrt. Und wieder sagte er: «Ich kann es kaum glauben, ich bin ja so glücklich!»

Am nächsten Tag schrieb Barney Oldfield einen Brief, der kurz vor dem Tag des Sieges in Iwanowo eintraf.

L. GLADYSCHEWA

Alexej Gorlinski

Mein amerikanischer Orden

Interview mit Eduard Zerkower, Korrespondent der Zeitung «Nedelja»

Nach dem Tag des Sieges bat das amerikanische Oberkommando unser Oberkommando um eine Liste der Generale und Offiziere, die sich in den letzten Kämpfen durch besondere Tapferkeit ausgewiesen hatten. Sie sollten mit Orden der USA ausgezeichnet werden. In diese Liste wurde auch mein Name aufgenommen. Während einer feierlichen Zeremonie in Leipzig überreichte General Hodges uns im Namen des Präsidenten der Vereinigten Staaten einen hohen Orden für verdienstvolle Offiziere.

«Alexej Kirillowitsch, ist Ihnen der Status dieses Ordens bekannt?»
«Selbstverständlich. Es handelt sich um eine sehr seltene Auszeichnung. In der Mitte eines Kreuzes befinden sich dreizehn Sternchen, Symbol der ursprünglich dreizehn Staaten der USA, und mein Orden, der mir einhundertzwanzig Jahre nach der Stiftung verliehen wurde, trägt erst die Nummer siebenhunderteinundsechzig. Jeder Amerikaner ist verpflichtet, vor den Trägern dieses Ordens aufzustehen und sie zu grüßen. Der Orden berechtigt zur freien Einreise in die USA, dort ein Grundstück zu empfangen und zeitlebens monatlich dreißig Dollar zu beziehen. Ich erhalte diese Dollars nicht. Damals, neunzehnhundertfünfundvierzig, baten wir frisch Dekorierten den Präsidenten der USA in einem Brief, das Geld einem Kinderheim zu überweisen, im Gebiet Iwanowo, wenn ich nicht irre, wo die Kinder von Soldaten erzogen wurden, die in den Kämpfen gegen die Faschisten gefallen waren. Viele Jahre gingen ins Land, die Kinder wurden erwachsen, und es gab niemanden mehr, dem unsere Dollars geschickt werden konnten. Als ich neunzehnhundertsechsundachtzig mit einer Delegation des Sowjetischen Komitees der Kriegsveteranen in den USA war, nahm ich während eines Treffens mit amerikanischen Kongreßabgeordneten das Wort und bat, das Geld dem Sowjetischen Friedensfonds zu überweisen.»

«War das Ihre erste Reise in die USA?»

«Die dritte. Neunzehnhundertfünfundsiebzig fuhr ich anläßlich des dreißigsten Jahrestages der Begegnung an der Elbe dorthin. Neunzehnhunderteinundachtzig nahm unsere Veteranendelegation an der ersten Internationalen Konferenz der Befreier von Häftlingen faschistischer Lager teil, die vom Rat zum Gedenken der Opfer des Faschismus beim Präsidenten der USA einberufen worden war; die Konferenz fand in Washington statt; im Gebäude des State Department. Damals gab es viele ergreifende Begegnungen, eine bewegte mich besonders. Eine ältere Frau, die erfahren hatte, daß ich unter den Befreiern der Häftlinge des Konzentrationslagers Theresienstadt gewesen war, sprach mich an und sagte dann zu ihrer erwachsenen Tochter: ‹Verneige dich vor diesem Mann, ihm verdanke ich, daß ich am Leben geblieben bin!› Neunzehnhundertsechsundachtzig starteten wir zu einer Amerikarundreise; in Dallas wurde ich zum Ehrenbürger der Stadt ernannt, ich erhielt auch den Ehrenbürgerbrief des Staates Kansas.»

«Sicherlich sind Sie auch an der Elbe gewesen, dort wo ...»

«Natürlich. Aber nicht nur aus freudigem Anlaß. Wir fuhren hin, um Joe Polowsky zu bestatten. Neunzehnhundertdreiundachtzig hatte er an unser Komitee der Kriegsveteranen geschrieben und mitgeteilt, daß er nicht mehr lange zu leben habe und letztwillig verfüge, ihn, den Gütertaxifahrer, dort beizusetzen, wo er als Soldat einer Aufklärungspatrouille der 69. Infanteriedivision der USA zum erstenmal einem sowjetischen Soldaten die Hand drückte. Die amerikanischen Veteranen und wir beerdigten ihn in Torgau und ehrten sein Andenken auf einer Großkundgebung. Neben mir stand Joes Sohn, der junge Theodor Polowsky ... Bei der Gelegenheit kam vielen Veteranen der Gedanke, in einer gemeinsamen Erklärung den neunzehnhundertfünfundvierzig an der Elbe geleisteten Schwur der Freundschaft und Allianz zu bekräftigen. Der Text war binnen einer Viertelstunde verfaßt und gebilligt. Wir alle meinten dann: Ach, wenn doch die Diplomaten ebenso schnell wie wir Veteranen zu Vereinbarungen kämen!

Nun, wir hatten aber auch amerikanische Veteranen mehrere Male bei uns in der UdSSR zu Gast. Beispielsweise Joe Byerly. Der hat wirklich ein erstaunliches Schicksal durchgemacht! Als Sergeant der 101. Luftlandedivision kämpfte er in Frankreich; verwundet geriet er in die Gefangenschaft der Faschisten, floh aus dem Gefangenenlager,

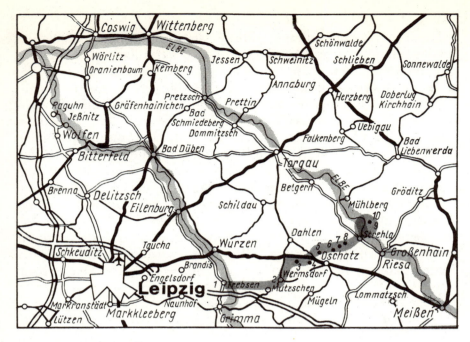

Weg der Craig-Patrouille

1 Trebsen	4 Calbitz	7 Leckwitz	10 Kreinitz
2 Wermsdorf	5 Terpitz	8 Zausswitz	
3 Deutsch-Luppa	6 Clanzschwitz	9 Strehla	

stieß auf sowjetische Panzersoldaten und kämpfte in den Reihen der Roten Armee. Gelegentlich ist er mit Georgi Konstantinowitsch Shukow zusammengetroffen.

Auch Donald Hull hat uns besucht, Teilnehmer der Begegnung an der Elbe, heute Präsident des Internationalen Amateurboxverbandes. Neunzehnhundertsechsundachtzig war er zu Goodwill-Spielen bei uns. Einst hatte Donald dem Marschall Shukow vorgeschlagen, einen Wettkampf der Armeesportler der UdSSR, der USA, Englands und Frankreichs durchzuführen; der Marschall antwortete damals, der Gedanke gefalle ihm, doch bedürfe es einer sorgfältigen Vorbereitung, um ihn zu verwirklichen. ‹In den Goodwill-Spielen ist meine Idee, wenn auch in etwas anderer Form, verwirklicht!› rief Donald aus ...»

«Was sagen die amerikanischen Veteranen zur nuklearen Bedrohung der Welt?»

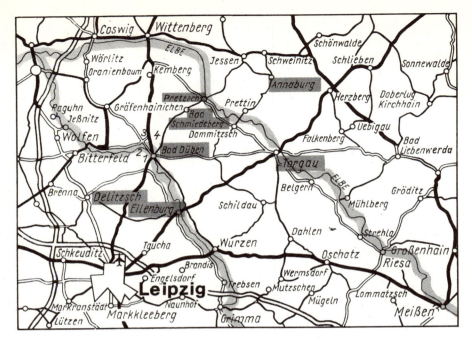

Die Ortschaften, durch die Bill Shanks abenteuerliche Patrouille führte
1 Wellaune[1]   2 Rösa   3 Schwemsel   4 Söllichau

[1] Die in der Legende aufgeführten Orte sind in der Karte nicht mit Namen versehen

«Ich könnte eine Menge Äußerungen von ihnen anführen, aufrichtige und entschlossene Äußerungen. Derselbe Joe Byerly erklärte: ‹Wir alle wollen den Frieden und dürfen nicht zulassen, daß ein nuklearer Winter unseren Planeten überzieht.› Und so denken alle, ‹die uns an der Elbe umarmten ...›, mit denen wir uns damals verbrüderten.»

Nedelja - H. 48/1987

Alexej Gorlinski wurde 1918 in Kiew geboren. Er studierte Chemie an der Kiewer Universität. An der Front war er Artillerieoffizier. Nach dem Krieg wurde er Fachlehrer an der Generalstabsakademie. Heute ist er Generalmajor a. D.

Grigori Prokopjew

Der Friede besiegt den Krieg

Nach vierzig Jahren, am 25. April 1985, stand ich in Torgau erneut am Ufer der Elbe. An diesem denkwürdigen Tag trafen sich die ehemaligen Soldaten und Offiziere der verbündeten Truppen, die gegen das faschistische Deutschland gekämpft hatten. Allerdings waren sie nicht mehr so jung und forsch wie 1945. Dennoch erkannten sich viele wieder. Alle waren gut gelaunt. Voller Erregung besichtigten wir die einstigen Kampfstätten.

Um manche Probleme entwickelten sich Diskussionen. Das ist verständlich. Zugleich waren wir uns über die Notwendigkeit einig, den Frieden zu erhalten und zu festigen.

Auf Einladung der Veteranen der amerikanischen 69. Division und von Organisationen, die für den Frieden kämpfen, weilte ich mit einer Delegation sowjetischer Veteranen im April 1986 in den USA. Wir besuchten Cleveland, Lansing, Detroit, Chicago, Dallas, Washington und andere Städte und hatten Begegnungen mit Veteranen des zweiten Weltkrieges, Arbeitern, Intellektuellen, Bürgermeistern, Schülern und Studenten. Unsere Gesprächspartner versicherten, daß sie für die Freundschaft mit der UdSSR eintreten, für die Entwicklung der Wirtschaftsbeziehungen und des Vertrauens zwischen unseren Ländern, für die Einstellung der Kerntests. Wir freuten uns, als wir erfuhren, daß einige Bundesstaaten den 25. April als Tag des Friedens begehen, als herausragendes nationales Ereignis.

Leider stellten wir fest, daß viele Amerikaner sehr wenig über unser Land, seine Geschichte, Geographie, Kultur, Wirtschaft und Politik wissen.

Wir müssen lernen, in Frieden zu leben und die Interessen aller Völker zu wahren. Der schöne, zu kleine Planet Erde, der uns nährt und kleidet, muß behütet werden. Der Krieg ist dem Menschen wesensfremd. Niemand möchte sterben. Ich glaube und hoffe, daß der Geist der Elbe triumphiert und der Friede den Krieg besiegt.

Bertolt Brecht

FRIEDENSLIED

(Frei nach Neruda)

Friede auf unserer Erde!
Friede auf unserem Feld!
Daß es auch immer gehöre
Dem, der es gut bestellt!

Friede in unserem Lande!
Friede in unserer Stadt!
Daß sie den gut behause,
Der sie gebauet hat!

Friede in unserem Hause!
Friede im Haus nebenan!
Friede dem friedlichen Nachbarn,
Daß Jedes gedeihen kann!

Friede dem Roten Platze!
Und dem Lincolnmonument!
Und dem Brandenburger Tore
Und der Fahne, die drauf brennt!

Friede den Kindern Koreas!
Und den Kumpels an Neiße und Ruhr!
Friede den New Yorker SchofförEn
und den Kulis von Singapore!

Friede den deutschen Bauern!
Und den Bauern im Großen Banat!
Friede den guten Gelehrten
Eurer Stadt Leningrad!

Friede der Frau und dem Manne!
Friede dem Greis und dem Kind!
Friede der See und dem Lande,
Daß sie uns günstig sind!

Es ist gesagt worden, daß die Vereinigten Staaten und die Sowjetunion nie und zu keiner Zeit Freunde werden können. Vielleicht. Aber jeden Frühling blüht der Flieder in Zentraleuropa, von der Ostsee bis zu den Mittelmeerländern, so wie er am 25. April 1945 bei Torgau blühte. Der geheimnisvolle Zusammenklang im Erinnern an den 25. April 1945 in San Francisco und an der Elbe ist nicht tot. 1983 ist ein wichtiges Jahr, aber wie ist es mit 1984 und den Jahren danach? Etwas, das beide Seiten zufriedenstellt, wird auf noch unvorhergesehenen Wegen zustande gebracht werden müssen – und so lange Joe Polowsky in Torgau an der Elbe begraben liegt, kann das nur einen wohltuenden schöpferischen, positiven Einfluß auf den Gang der Ereignisse haben. Bitte helfen Sie mir. Bitte helfen Sie mir, an der Elbe begraben zu werden. Vielen Dank. Vielen Dank an alle!

Joseph Polowsky
3. Oktober 1983

Kotzebue und Olschanski an der Spitze des Erinnerungsmarsches durch die Massachusetts Avenue in Lawrence, 25. April 1986

INHALTSVERZEICHNIS

Eine Vorbemerkung der Herausgeber 8

Teil I   Von der Normandie zur Elbe

Einleitung 14
JOE POLOWSKY 18
Wir schworen, nie zu vergessen
BUCK KOTZEBUE 26
Wir reichten einander die Hand
BILL SHANK 34
Die Russen rannten auf unseren Jeep zu,
umarmten und küßten uns und schrien aus Leibeskräften
JÜRGEN HERZOG 46
Räumungsbefehl erhalten. Stadt wird
kampflos den Russen übergeben
HEINZ BLÜTHCHEN 54
Das war das Ende eines mörderischen Krieges
BILL ROBERTSON 58
Ungefähr über der Elbmitte glitten der russische Soldat
und ich jeder auf einer Seite eines riesigen «V» hinunter,
das durch den verbogenen Träger gebildet wurde
GEORGE PECK 71
Wir winkten wild und rannten auf die Brücke zu
BILL FOX 83
Der Kavallerist galoppierte auf uns zu
ANN STRINGER 95
Bravo, Amerikanski!
Bericht von Allan Jackson 104
ANDY ROONEY 105
Handelstag an der Elbe
HAROLD DENNY 108
Diese Russen sind prima Jungs
BEN CASMERE 111
Wir sind nur über den Fluß gekommen,
um Ihre Armee willkommen zu heißen
CECIL ELLZEY 119
Für zwei Stunden wurde ich wie ein König behandelt

JEFF BOEHM 125
Wenn es Amerikaner sind, sollten sie
nicht hinter Stacheldraht sein

Teil II   Von Stalingrad nach Torgau

ALEXEJ SHADOW 138
Mein Treffen mit General Hodges

GRIGORI GOLOBORODKO 144
Augenblicke ungetrübten Glücks

ALEXANDER GORDEJEW 147
Eine herzliche Begegnung

ALEXANDER OLSCHANSKI 151
Der Weg nach Hause führte über Torgau

LJUBOW KOSINTSCHENKO (ANDRJUSCHTSCHENKO) 156
Eine Krankenschwester unter feindlichem Feuer

PAWEL RUDENKO 161
Vor der Elbe lag die Oder

TOSSOLTAN BITAROW 164
Bei Freunden in «Gefangenschaft»

ALEXEJ BARANOW 170
Wir kamen vom Don und von der Wolga

POLINA NEKRASSOWA (DUSCHTSCHENKO) 173
Bei der Rettung Verwundeter

ALEXANDER SILWASCHKO 176
Dem rauhen Soldaten standen Tränen in den Augen

MICHAIL TSCHISHIKOW 181
Beim Aufklären

GRIGORI PROKOPJEW 186
Von der Front kehrte jeder zweite nicht zurück

GLEB BAKLANOW 189
Die Regimenter stießen zur Elbe vor

WLADIMIR ORLOW 204
Wir schworen, die Freundschaft zu festigen

IWAN KONEW 208
In aufgeschlossener Atmosphäre

JURI TIMOSCHENKO, JEFIM BERESIN 218
Das Konzert jenseits der Elbe

SERGEJ KRUSCHINSKI 224
Bei Torgau

MICHAIL SHDANOW 229
In jenen denkwürdigen Tagen

KONSTANTIN SIMONOW 231
Die letzte Dienstreise

Teil III Vierzig Jahre danach

Einleitung 238

Murry Schulman 244
Plötzlich waren wir reich

Buck Kotzebue 250
Erklärung in Genf, 18. November 1985

Horst Strähle 253
Dem Geist der Vernunft verpflichtet

Bill Robertson 258
Und wenn wir auch nur zwei sind –
es gibt Hunderte von Millionen wie wir

Ann Stringer 264
Menschen können miteinander auskommen

Barney Oldfield 266
Ich kann kaum die plötzliche Wärme beschreiben,
die über unserem riesigen Tisch aufstieg

Bill Shank 269
Eine Weihnachtsgeschichte

Studs Terkel 272
Stell dir vor, was eine Million Menschen erreichen könnten –
oder zwei Millionen oder auch weniger!

Norman Corwin 274
Joe kannte die Macht der Freundschaft, eine Kraft, die größer ist
als alle Bomben, die jemals geworfen wurden

Associated Press 276
Sowjetische und amerikanische Soldaten,
die sich an der Elbe trafen, erinnern sich in Chicago

Alexander Silwaschko 278
Eine Menschenbrücke des Friedens

Alexander Gordejew 284
Fünfzehntausend Amerikaner hießen uns willkommen

Wladimir Orlow 285
Die Zeit ist machtlos

Alexander Olschanski 289
Ein Wort über einen Freund

Wladimir Kabaidse, Frank Parent 292
Ich kann es kaum glauben

Alexej Gorlinski 294
Mein amerikanischer Orden

Grigori Prokopjew 298
Der Friede besiegt den Krieg

Bertolt Brecht 299
Friedenslied